한중 대학생이 찾아낸

인천의 미래가치

한중 대학생이 찾아낸
인천의 미래가치

인천대학교 중어중국학과 기획 | 권기영 엮음 | 인천대 중어중국학과 학생들 지음

學古房

이 책은 '2021학년도 인천대학교 중어중국학과 학과특성화사업'으로 진행한 '한중 대학생들이 찾아낸 인천의 미래 가치'에 대한 세미다큐멘터리 기록입니다. 한중 양국의 대학생들이 한 팀을 이루어 '인천의 미래 가치'에 대해서 숙고하여 조사하고, 동영상 콘텐츠를 기획, 설계, 제작하였으며, 최종적으로 중국 대륙에서 유튜브의 영향력을 가지는 bilibili, xigua shipin(西瓜視頻) 등에 영상 자료를 업로드함으로써 인천의 매력과 인천대학교를 중국에 알리고자 기획하게 되었습니다. 이 모든 스토리가 본서에 집약되어 집필되어 있습니다.

본 프로젝트에는 총 41명의 학생들이 10개 조로 나누어 참여하였습니다. 학생들이 선정한 주제를 훑어보면, Z세대의 담백함과 독창적인 센스를 찾아볼 수 있습니다. 목차 순서대로 다음과 같습니다. 「영종도에서 인천의 미래를 만나다」, 「"인중 대"; 인천사이클로중국 대통합」, 「보여줄게, 水마트한 인천의 미래」, 「흙빛 바다, 그 속에 담긴 인천의 미래를 찾아서」, 「문학과 해양의 도시, 인천」, 「과거의 숨결을 간직한 도시, 그 속에서 미래를 찾아내다」, 「인천으로 떠나는 '뉴트로' 시간여행」, 「어서오세요, 인천으로!」, 「인천을 소개합니다」, 「살기 좋은 도시, 살고 싶은 인천」.
본 책에는 다양한 관점에서 바라보는 대학생들이 생각하는 인천의 미래 가치, 이에 대한 아젠다, 그리고 인천에 생활 반경을 두면서도 잘 알지 못했던 인천의 의의가 체계적이고 종합적으로 분류 및 정리되어 있습니다. 뿐만 아니라 프로젝트 참여 과정에서 느꼈던 사고의 흐름을 수필 형식으로 담담하게 적고 있는데, 경험과 기억이 아우러지는 일상과 같은 글은 잔잔한 감동을 담고 있습니다. 한중 대학생들이 반년 동안 함께 힘쓰고 노력하여 창출한 인천 이야기가 바다 건너 중국 땅에서 조회수 차트 순위에 올라 이슈가 되는 것은 아닌가 하는 상상을 하니 가슴 벅차기도 합니다만, 그 여부를 떠나 이 일을 끝까지 해낸 학생들이 마냥 자랑스럽습니다.

프로젝트 과정에서 여러 기관의 전문가분들께 인터뷰와 자료 요청을 드렸습니다. 응해 주시고 협조해 주신 여러 선생님들께 진심으로 감사 인사를 드립니다. 또한 이 사업을 위해 주야장천으로 애써 주신 인천대학교 중어중국학과 권기영 교수님, 그리고 학생들을 믿고 지지해 주신 학과의 모든 교수님들께도 감사의 말씀을 전합니다.

마지막으로 열심을 다해 참여한 우리 학생들 - 1학년 강인영, 고은비, 김민지, 김한아, 민지홍, 박성혁, 박예나, 심화영, 신유림, 엄준서, 오민경, 윤서연, 이지원, 이채은, 임지혜, 태가영, 한희정, 2학년 김민주, 심희정, 양가은, 이덕비, 임수민, 허지영, 3학년 박지은, 심보경, 양준철, 이하늘, 이호윤, 임수경, 정다진, 조아진, 4학년 박서현, 이유나, 최지혜, 중국 학생 까오루高露, 류쉐柳雪, 리치샹黎琪香, 인팡하오殷方皓, 자오멍치趙夢琪, 쩌우리치웅鄒麗瓊, 한칭韓晴 - 이 학생들에게 큰 박수를 보냅니다.

2022년 1월
학과장 최윤경

비대면 시기 협업의 가치를 체험하다

코로나 시대가 이렇게 오래 갈 줄은 몰랐다. 2021년에도 코로나19는 사그라질 줄 몰랐고 학생들은 여전히 학교에 나올 수 없었다. 20학번들은 2년째 대학에 오지 못하는 대학생활을 이어갔고, 21학번 신입생들은 2학년 선배들의 뒤를 그대로 따르고 있었다. 2021년 중어중국학과 특성화 사업 역시 2020년과 같이 국내에서 최대한 비대면으로 진행해야 했고, 작년의 경험을 살려 올해도 동영상 제작과 결과보고의 출판을 진행하기로 했다. 다만 작년과 다른 점은 학과의 특성을 살려 학생들이 제작한 동영상을 중국의 동영상 서비스 플랫폼에 올려보자는 것이었다. 당연히 동영상은 중국어 버전으로 제작되어야 했고, 이를 위해 현재 인천대학교에 와있는 중국유학생들을 참여시키는 프로그램으로 기획하게 되었다. 동영상 콘텐츠의 주제는 '한국과 중국의 대학생들이 찾아보는 인천의 미래 가치'로 잡았다.

본 프로그램의 기획 의도는 다음과 같다. 우선 메타버스Metaverse 시대 동영상 콘텐츠의 기획과 제작은 학생들에게 창의력과 상상력, 영상물의 기획과 제작 능력, 팀원들과의 협업 능력 등 다양한 역량을 실험하고 향상시킬 수 있는 교육 프로그램이라고 생각했다. 실제로 동영상 콘텐츠의 완성도 여부와 상관없이 학생들은 강의실에서는 결코 할 수 없는 다양한 역할들을 수행했다. 둘째, '인천의 미래 가치'라는 주제는 4차 산업혁명, 메타버스, 기후환경의 변화 등 삶의 패러다

임이 급변하는 시대에 학생들이 취업과 진로의 문제를 포함하여 장기적으로 자신의 비전을 구상하는데 도움이 될 수 있을 것이라고 생각했다. 물론 이번 프로그램에 참가했던 학생 가운데에는 인천이 고향이 아닌 학생들도 있다. 그러나 그건 문제가 되지 않는다. 중요한 것은 거대 담론이 횡행하는 시대의 한 가운데에서 구체적인 고민의 지점을 잡아보는 것이었다. 인천대학교 학생들인 만큼 인천이라는 지역의 미래를 상상해 보고, 지역의 미래를 선도할 자원이 무엇인지를 조사해 보는 것은 미래를 대비하는 좋은 출발점이 될 수 있다고 판단했다.

학생들에게 중국어 버전의 동영상을 만들어 중국의 플랫폼에 올려보자고 했을 때 학생들은 적잖이 당황해 했다. 참가 학생들의 절반이 1학년 신입생이었고, 한국어 시나리오를 짜기도 벅찬데 중국어로 만들라……. 학교에 나오지 못하니 학생들은 우리 대학에서 유학하고 있는 중국인 학생들을 만날 기회도 없었다. 급하게 중국인 유학생 지원 센터를 통해 참가자를 모집했으나 참여하겠다는 중국유학생은 극히 적었다. 나중에 들은 얘기지만 중국유학생들 역시 이런 프로그램이 생소했고, 한국 학생들과의 협업 프로젝트에 많은 부담과 두려움을 느끼고 있었다. 그럼에도 불구하고 센터의 도움으로 7명의 유학생이 본 프로그램에 참여했고, 결과적으로 한중 대학생 모두 만족할만한 협업을 진행할 수 있었다. 중국유학생들은 단순히 번역만이 아니라 기획 단계부터 촬영까지 전 과정에 참여하면서 한국 학생들과 돈독한 우정과 값진 경험을 쌓았다고 털어놓았다. 한국과 중국의 청년들이 이런 기회를 통해 서로를 이해하고 소통할 수 있기를 희망한다.

학생들은 인천의 미래 가치를 무엇이라고 보았을까? 인천공항과 인천항은 가장 많은 학생들이 관심을 보였던 인천의 미래 가치였다. 국제도시로서 송도, 영종, 청라와 함께 백제 시대 대중국 교류의 창구였던 능허대, '뉴트로' 감성으로 아트플랫폼, 조양방직 카페, 배다리마을 등도 주목을 받았던 장소였다. 갯벌에 주목했던 그룹도 있었고, 문학과 책을 컨셉으로 배다리 헌책방거리나 한국근대문학관을, 그리고 해양친수도시 혹은 스마트 관광도시로서의 인천을 조사한 그룹들도 있었다. 이러한 것들이 왜 인천의 미래 가치가 될 수 있는지에 관해 학생들은 다양한 각도에서 설명하고자 노력했다. 아쉬운 점은 코로나19로 인해 촬영 역시 대단히 어려웠다는 점이다. 1차 기획에서 인천의 '섬'을 선택했던 팀은 촬영의 어려움으로 주제를 변경해야 했고, 인천공항이나 인천항, 그리고 바이오 기업들은 촬영을 불허함에 따라 기획했던 내용을 영상으로 충분히 담지 못하기도 했다. 그럼에도 불구하고 학생들은 어떻게든 콘텐츠를 만들어 냈다. 이것도 소중한 경험이라 생각한다.

모든 프로그램이 그렇듯이 끝나고 나면 아쉬움이 더 큰 법이다. 그러나 학생들은 콘텐츠 제작 못지않게 더 소중한 경험과 추억을 쌓아 올렸다. 같은 학번 동기이면서도 이 프로젝트를 진행하면서 처음 만난 친구들도 있었고, 선후배가 처음 대면하기도 했다. 중국유학생과는 어눌한 한국어와 중국어를 섞어가면서도 충분히 공감하고 소통할 수 있다는 점도 체험했다. 프로그램 후기에서 학생들은 예외 없이 이러한 관계를 가장 소중한 가치로 꼽았다. 비대면 시대에 사람의 가치, 함께 하는 가치, 협업의 가치를 조금이나마 제대로 느낄 수 있었다면, 이것도 예상치 못한 효과라 할 수 있을 것 같다. 함께 해준 모든 학생들과 도움을 주신 선생님들께 이 자리를 빌어 진심으로 감사의 말씀을 드린다.

2022년 1월
권기영

CONTENTS

인천을 소개합니다!

고은비1, 박성혁1, 한희정1, 까오루高露1

살기 좋은 도시, 살고 싶은 인천

김한아1, 박예나1, 신유림1, 이채은1, 추려경鄒丽琼3

영종도에서
인천의 미래를 만나다

박서현4 양준철3 이유나4 최지혜4

1 영종도 기획의도

처음 주제를 선정할 때는, 단순히 인천의 잘 알려진 것으로부터 시작하려고 했다. 하지만 그렇게 정해진 첫 주제는 이미 누구나 잘 아는 관광지나 관광요소를 소개하는 것에 지나지 않았고 이건 이 사업의 주제와 벗어나는 내용이었다. 이미 소개할 필요 없이 잘 알려진 곳이었고 '인천'하면 누구나 떠올리는 것이었다. 그렇게 난감한 상황에 부딪혔다. 인천을 소개하는 영상으로, 다시 말하면 인천의 관광명소 소개로 영상 주제를 잡고 있었던 우리는 '인천의 미래가치'라는 것에서부터 다시 시작했어야 했다.

본격적으로 활동을 시작하기 위해 주제를 정할 때 '인천의 미래가치'가 과연 무엇일지 정말 많은 고민을 했다. 인천에 있는 학교를 다니면서 여기저기서 많이 놀고 구경하고 해봤지만 인천의 가치에 대해서는 생각해본 적도 없을 뿐만 아니라, 심지어 미래의 가치가 무엇일지 예상해보라고 하니 그 말이 더 어렵게 다가왔다. 우리 조의 최종 선택지는 영종도였지만, 영종도 외에도 강화도, 송도 등 여러 후보가 있었다. 하지만 우리는 그 중에서 최종적으로 영종도를 선택했고, 교수님께서 소개해주신 차광윤 선생님과의 인터뷰 덕분에 그 선택에 큰 추진력을 더할 수 있었다.

사실 영종도를 주제로 프로젝트를 진행한 사람으로서 부끄러운 얘기지만 이번 특성화 사업을 진행하기 전까지는 영종도에 대해 잘 알지 못했었다. 나에게 영종도란 단지 인천공항과 을왕리 해수욕장이 있는 인천의 한 지역이었을 뿐, 이곳에 어떤 자원이 있고 어떤 활동들이 이루어지고 있는지 전혀 알지 못했다. 그래서 선생님을 뵙고 인터뷰를 진행하기 전에 팀원들과 영종도에 대해 간단하게 조사 겸 공부를 했다. 인터넷에서 영종도와 관련된 기사, 정보 등을 검색해보았다. 공부하면서 안 사실인데 영종도는 생각보다 큰 섬이었고 나에게 익숙한 송도와도 꽤 가까웠으며 기존에 알고 있던 곳 외에도 매력적인 장소가 많이 있는 곳이었다. 그리고 이런 생각은 선생님과의 인터뷰 후에 더 커졌고, 영종도를 우리 활동의 목적지로 삼아도 되겠다는 확신이 생겼다. 선생님은 인터넷에서 보지 못했던 영종도와 관련된 다양한 정보들을 알려주셨다. 인터뷰에서 나눴던 주제들을 요약해보자면 영종도가 생기게 된 계기 및 과정, 그 과정에서 있었던 환경파괴 문제 및 대립, 환경과 관련된 문제들, 현재 영종도에서 진행되고 있는 사업들과 진행 예정인 사업들, 영종도가 가진 친환경적 요소, 그리고 우리나라의 독특한 자원 중 하나인 갯벌과 관련된 얘기 등이 있었다.

선생님과의 인터뷰 내용을 정리해본 후 많은 정보를 얻은 우리는 영상에 대해 고민하기 시작했다. 정말 많은 정보를 알게 되어 든든했지만 한편으로는 이 모든 얘기들을 어떻게 나누어 어떤 주제를 가지고 영상으로 만들어 내야 할지 조금은 막막하기도 했다. 우리는 인위적으로 만들어진 섬이며 그 과정에서 발생했던 환경파괴와 그로 인한 환경단체와의 대립을 극복하여, 현재는 여러 사업을 통해 자연환경을 보존하고 경제적 성장을 이뤄가고 있는 영종도에 흥미가 생겼고 이를 영상으로 제작해 우리나라와 영상이 게재될 중국에 영종도에 대해 알리고 싶었다.

미래가치라는 말이 잘 알 것 같은 보편적인 말 같으면서도 인천이라는 지역에 한정되어 있으니 꽤 어려웠다. 인천의 미래가치라는 것을 깊게 생각해본 적이 없었다. 이미 많이 발전되어 있는 분야만 생각했었지 앞으로의 미래에 대한 획기적인 생각은 하지 않았었다. 덕분에 이번 기회를 통해 눈앞의 이익이 아니라 지역에서 낼 수 있는 앞으로의 이익 가치, 앞으로의 지역 먹거리 사업을 생각해본다는 것의 중요성을 알게 되었다. 인천의 미래가치를 생각하며 가장 중요하게 여긴 요소가 있다. 한계가 있는 성장이 아닌 지속가능한 성장이 진정한 미래 가치라고 생각했다. 앞으로 성장 가능성이 무궁무진하고 개발 확률이 높으며 앞으로 우리 다음 미래 세대에게 전해줄 수 있는 의미 있는 가치라고 생각하였다. 그래서 인천의 미래가치라는 말을 들었을 때 떠오른 곳은 송도와 영종도 두 곳이었다. 두 곳 모두 국제도시라고 불린다. 송도는 여러 국제기구가 입주하고 있고, 주변 환경과 인프라 또한 최신식의 형태이다. 반면 영종도는 대한민국의 관문인 인천국제공항이 있고 현재 영종도의 신도시와 카지노 복합 관광단지를 조성 중이다.

송도와 영종도 중에서 영종도를 선택한 이유는 송도는 현재 인천에서 가장 활발히 개발과 발전이 이루어지는 곳이기도 하고 누가 봐도 미래가치가 보이는 도시인 반면, 영종도는 인천국제공항이 위치한 곳으로만 알려져 있고 다른 부분에서 영종도의 가치가 덜 부각이 되는 것 같아서 아쉬웠다. 영종도는 송도와 청라에서 쉽게 접근할 수 있도록 영종대교와 인천대교가 있고, 수도권에서도 접근성이 매우 좋다. 영종하늘도시, 운서 신도시, 미단시티처럼 거주지가 많이 형성되었고, 개발이 가능한 공터가 많아 앞으로도 더 큰 주거단지나 관광단지가 들어설 수 있을 것이라고 생각했다.

더불어 거주지가 많이 개발되면서 인구유입과 학교, 상가 등 도시 인프라가 많이 갖추어졌다. 예를 들면 2017년도 개장한 파라다이스시티 호텔은 약 2년간 3200명의 일자리를 생성하였고, 인천공항 4단계 확장 공사 기간에만 6만 명의 고용 인력을 창출한다는 통계 결과가 있었다. 뉴스 보도에 따르면 푸리 시저스 복합 리조트, 인스파이어,

미단시티 굿 몰, 한상 드림 아일랜드, 무의 솔레어 해양리조트 등 대형 관광복합단지를 구축하기 위한 초대형 사업이 진행 중이며, 앞으로의 영종 국제도시가 가진 성장잠재력을 많은 사람들에게 알리고 싶다는 바람에 더욱이 영종도를 선택했다.

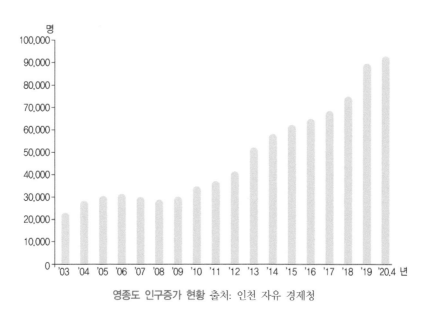

영종도 인구증가 현황 출처: 인천 자유 경제청

위 자료는 앞서 언급한 바와 같은 복합상가, 리조트 등의 건설로 인한 인구상승률의 증가를 보여준다. 그리고 최근 2020년 기준으로 인구는 92,528명을 기록하였다. 인구 유입의 연령대 통계는 20대 후반의 인구 상승 폭이 가장 컸고 이는 영종도의 젊은 층의 유입의 증가와 여러 관광복합단지가 개발 진행 중인 사실로 미루어 볼 때 영종도의 미래 성장가능성을 더욱 확인할 수 있었다.

영종도의 미래가치는 관광단지 개발, 인천공항의 존재에서만 찾을 수 있는 것만은 아니었다. 또한 지속가능한 성장은 환경과 함께해야 한다고 생각했다. 성장 가치를 환경적인 면에서도 생각하고자 했고, 그때 교수님께서 인천의 갯벌의 역할에 대해서 말씀해주셨다. 그때 서해 갯벌이 세계 5대 갯벌로 인정되었다는 것과 갯벌의 기능에 대한 이야기를 들으며 도시를 정화해주는 갯벌의 순기능과 그 갯벌을 매립해 지은 영종도와의 관계에 대해서 더 고민해봤다. 그렇게 주제는 환경을 매립하여 만든 영종도가 단순히 환경을 파괴한 것에 그치는 것이 아니라 그것을 기반으로 어떻게 성장하고 있고, 환경은 어떻게 스스로 회복을 하고 있는지 그 관계성에 대해 알아보면 환경과 함께 성장하는 지속가능한 성장이라는 미래가치를 찾을 수 있을 것 같았다.

이렇게 미래가치에 대한 큰 주제를 정했고 팀원들끼리 여러 번 회의를 통해 조사 지역은 영종도로 결정하였다. 우리 팀은 최종 두 개의 영상을 제작했어야 했고 다음과 같이 2개의 컨셉으로 결정했다.

(1) 카지노 복합 리조트 개발과 물류센터, 반도체 공장유치, 어촌 뉴딜 사업의 내용을 구성한 경제 편
(2) 갯벌과 자연환경의 내용으로 구성한 환경 편

2 제작 과정

컨셉을 정하고 영종도에 관한 건 모두 찾아봤지만 인터넷 조사만으로는 채울 수 없는 지식과 역사의 보다 전문적인 정보가 필요했고 그것을 배우기 위해 교수님께서 연결해주신 영종 지역의 전문가분과 인터뷰를 진행했다. 우선 영종도의 역사적인 일화와 인천국제공항이

개발된 배경에 대해 질문을 드리면서 영종도의 역사와 기본 지식을 알 수 있었다. 전문지식이 필요했던 매립 관련 이야기, 그리고 현재 영종도가 어떻게 발전하고 있고, 환경을 파괴하고 만들어졌지만 어떻게 환경이 복원되고 또 복원되지 않은 환경은 어떻게 새롭게 이용하고 있는지, 앞으로의 미래가치에 대해서는 어떻게 생각하시는지에 관한 얘기를 나눴다. 이야기를 나누고 나니 영종도와 관련한 주제가 정리가 되는 것 같았고 이러한 인터뷰 내용을 바탕으로 영상 방향을 더 확실히 할 수 있었다.

그렇게 우리 팀은 인천의 미래가치는 환경과 함께 성장하는 지속가능한 성장이라고 보았고 더 구체적으로는 환경을 파괴하고 만들어진 영종도가 단순히 피해를 준 단계에서 그치는 것이 아니라 어떻게 다시 회복하게 하고 그 바탕에서 어떤 경제력을 갖추고 지금 성장하고 있는지를 중점적으로 나누어 제작하기로 했다.

동영상 1. 영종도의 환경

먼저 환경과 관련된 부분은 어떻게 매립하여 설립되었는지, 그 과정에서의 피해, 그리고 피해를 극복하기 위한 지역단체나 시민들의 노력 또는 갯벌 스스로 파괴를 회복하는 능력, 또 환경을 복구하며 어떻게 성장을 하고 있고 현재 어떤 성장을 이루고 있는지를 알아보는 것으로 큰 틀을 잡았다.

각 부분에 대해 알아본 결과 영종도는 원래 여러 개의 섬으로 각각 나누어져 있어 자연적인 면적은 작았지만 인천국제공항을 건설하기 위해 대규모 간척사업을 진행하여 지금의 넓이를 가지게 되었다고 한다. 전문가의 인터뷰 내용에 따르면 인천공항이 생기기 전에는 용유도, 삼목도, 신불도, 영종도 이렇게 네 개의 섬이 존재했는데 이 섬들 중에 영종도가 제일 컸기 때문에 간척을 통해 하나의 섬으로 만들며 이름을 영종도라고 지었다고 한다. 그리고 현재는 인천경제자유구역 영종국제도시가 구성 중이다.

그렇다면 간척사업을 진행하며 구체적으로 어떤 환경적인 피해를 입었을까? 매립하여 건설하는 과정에서 입은 자연 환경적인 피해는 방조제를 쌓고 산을 깎음으로써 산이 200m에서 50m로 낮아졌다는 것이다. 또한 전문가의 인터뷰에 따르면 신불도의 모래와 갯벌을 진공청소기처럼 빨아들이면서 새우, 꽃게, 민어 등의 어종들이 잘 잡히지 않았고, 이에 따른 어업 관련 보상 문제가 시민단체와 부딪힌 문제였다고 한다. 그러나 이런 어업과 관련된 부분에서 파괴된 갯벌이 스스로 회복을 하며 10년 전부터 잘 잡히지 않던 어종들도 잡히게 되고, 이로 인해 조개 등을 먹이로 하는 철새들도 다시 찾아오게 되었다는 전문가의 말씀을 듣게 됐고 우리는 여기서 스스로 회복하는 자연의 힘이라는 주제도 추가적으로 고려했다.

그런데 영종도가 단순히 이러한 어촌 환경에 피해를 끼치기만 하는 골칫덩어리일까? 지금의 영종도가 가진 경제적인 효과에 대한 내용도 조사해보았다. 여러 조사를 통해 느낀 점은 영종도의 가장 큰 장점은 해양과 맞닿아 있다는 것이고, 해양의 가장 큰 가치는 환경과 관련하여 탄소 배출과 관련해서 습지 역할을 해준다는 것이었다. 또, 갯벌이 야생생물의 서식처가 되어주고 갯벌 자체가 하나의 레저 콘텐츠가될 수 있다는 것, 그리고 모래 해변과 같은 곳이 한국의 드라마, 영화 촬영지가 되고 있다는 것, 공항을 건설하는 과정에서 산을 훼손하기도 했지만 그 지역이 서부의 사막지대에 온 것 같은 분위기를 낸다는 것 이렇게 문화적인 가치로도 재활용이 될 수 있다는 것이 단순히 파괴 단계에 그치지 않고 나아가 영종도가 앞으로 기대할 수 있는 가치가 되는 것이라고 생각했다. 해양환경적인 가치뿐만 아니라 피해를 문화적인 가치로도 재활용하여 해양문화와 함께하는 도시, 이런 것이 영종도가 가진 미래 가치적인 힘이라고 보았다.

인터뷰를 토대로 정리한 주제로, 우리의 메인 콘텐츠는 동영상이었기 때문에 조사하는 내용은 근거가 있는 기사와 논문을 보고 자료조사를 하는 것이 우선이었다. 그리고 영상에 쓰일 배경자료들을 찾는 것이 우리가 기획한 정보전달을 목적으로 하는 동영상 제작의 순서였다. 자료조사를 하며 찾아보니 인천의 환경과 관련하여 가장 많이 등장하는 키워드가 갯벌이었고 갯벌이 도시에서 배출되는 탄소를 정화하는 역할을 한다는 사실이 가장 흥미로웠다. 그리고 인천의 갯벌에 오는 저어새라는 철새가 있는데 저어새 또한 조사 가치가 충분했지만 정보를 찾기가 쉽지 않았다. 세계멸종위기종이고 아시아 쪽을 주로 서식지로 택하며 그 중 인천도 포함이 된다는 글들은 많이 보았지만 어쩐지 신뢰도가 있는 논문이나 책은 없었다.

저어새라는 철새가 인천에 머무르는 계절과 시간대를 파악하여 직접 촬영을 할 수 있으면 정말 좋았겠지만 어려운 일이었다. 우리가 얻을 수 있는 자료는 인터넷으로 조사를 하고 찾은 정보를 활용하는 것이 주였다. 또, 우리가 얻고 싶은 자료는 갯벌의 매립으로 인해 철새가 머무를 곳이 사라져 철새의 서식지가 줄어들고 철새가 찾아오는 비율도 줄어들었다는 객관적인 수치가 표시된 자료를 얻고 싶었는데 그런 도표화 된 자료는 생각보다 찾기 어려웠다. 또 찾는다고 해도 출처 문제 때문에 복잡한 것도 많았다. 이전의 기업인터뷰 영상을 제작할 때는 모든 것을 팀원들이 만들고 배경 영상과 촬영지 또한 모두 우리 손으로 직접 촬영했기 때문에 출처와 저작권과 관련하여 큰 문제가 없었지만 이번 영상은 정확한 정보전달을 목적으로 하는 영상이었기 때문에 따져봐야 하는 것이 많아 좀 까다로웠다. 그리고 환경과 관련된 배경들을 촬영하기도 제약이 많아서 원하는 그림을 얻기가 쉽지 않았다.

영상은 앞서 조사했던 스토리 라인대로 구성했다. 갯벌이 처음에는 어떤 모습을 하고 어떻게 매립이 되어 그곳이 영종도라는 지역으로 된 것인지 구글맵을 이용해서 영상을 구성했다. 연도에 따라서 네 개의 섬 사이가 매립되며 하나의 땅이 되어 가는 모습이 참 신기했다. 한편으로는 한국이라는 작은 땅의 매립과정까지 기록되어 있는 구글맵의 기술이 정말 대단하다고 생각했다. 영상을 보는 사람들도 한눈에 어떻게 매립하여 지금의 인천국제공항을 품은 영종도가 될 수 있었는지 확인할 수 있을 것 같다. 하지만 갯벌을 매립함으로써 겪은 피해도 어자원의 감소, 김 양식장 황폐화, 저어새 서식지 감소 등 구체적인 수치와 정확한 자료를 얻고자 했지만 그렇다더라는 글만 많이 보일 뿐 정확하게 조사되어 수치화된 최신 자료는 많이 부족했다. 어쩔 수 없이 논문이나 기사 등 객관적인 자료들을 최대한 수집하여 그것은 자막을 활용해 내용으로 설명을 했고 영상 배경 등은 영종도에 직접 가서 찍은 사진들도 많이 활용했다.

또한, 지역단체나 시민들의 노력에 대한 정보도 상당히 많았다. 알아보니 갯벌보존을 주장하는 시민단체에서 갯벌 사진전이나 해양생물 사진전을 올해 열었었다고 한다. 사진전이 열렸던 시기는 이미 올해 여름이어서(프로젝트 촬영은 10월) 직접 가보지는 못했지만 갯벌과 관련하여 혹은 인천의 자연환경과 관련하여 검색해보며 내가 미처 알지 못했던 다양한 단체와 개인의 노력이 많다는 것을 배웠다. 이미 그 사람들은 환경과 자연의 중요성을 알고 또 미래 가치를 알고 보존하고 개발시키기 위해 노력하고 있었다는 사실을 직접 마주하니 우리 주제의 중요성이 더 크게 와 닿았다. 시간이 충분했고 또 노력을 더 쏟았다면 환경단체에 자문을 구해 어자원과 저어새 등의 정보도 얻을 수 있었을 텐데 더 풍부한 영상을 제작하지 못한 것 같아서 아쉬운 마음이다.

영상을 제작하는 단계에서 논문이나 기사에서 찾을 수 있는 정보는 내용으로 구성을 하고 이외의 영상 배경 등은 영종도와 인천국제공항의 모습을 직접 담는 것이 좋겠다고 생각했다. 그렇게 내용으로 활용되는 곳의 장소는 직접 알아보고 촬영을 나갔다. 예를 들면 방탄소년단의 뮤직비디오 촬영지인 인천국제공항 인재개발원 뒤에 위치한 택지에 직접 올라가서 촬영을 했다.

인천국제공항 인재개발원 뒤 택지

영종도의 제주로 불리는 예단포 둘레길, 마시안 갯벌 등 생동감 있는 영종도의 모습을 보여주고 싶어서 최대한 찾아갈 수 있는 곳은 직접 찾아가 촬영을 했다. 차를 가지고 이동을 해서 돌아다니기에 훨씬 수월했다. 그리고 영종도에 을왕리 해수욕장이 있었기 때문에 볼거리, 먹을거리도 즐길 것이 참 많았다. 마시안 해변 쪽은 카페들이 즐비해 있었는데 자연환경을 보는 것에 방해가 된다기보다는 노을을 즐길 수 있게 루프탑이나 앞에 파라솔을 둔 야외테이블까지 잘 구비하고 있어서 마시안 해변을 200% 즐길 수 있게 해주었다.

만조, 간조의 차이에 따라 달라지는 해변과 갯벌을 둘 다 볼 수 있는 것도 또 다른 즐거움이었다. 또한, 아직까지 영종도는 차로 이동을 하는 것이 더 수월했다. 대중교통으로 이동하진 않았지만 영종도 곳곳을 둘러보기에는 대중교통이 많이 불편할 것 같았다. 또 갔을 때 많은 사람들이 자가용을 끌고 왔었다. 현재는 대부분의 인천 사람들이나 인천과 가까운 서울, 경기 권에서 주로 오는 곳이 영종도, 을왕리일텐데 앞으로 이 지역이 더 활성화되어서 이곳을 찾는 사람들이 많아진다면 대중교통이 더 발달하던가 렌터카 서비스가 꼭 필요할 것 같다는 생각이 들었다. 도로가 잘 정리되지 않은 곳도 많았고 길이 대부분 투박했기 때문에 걸어서 다니기에도 힘들 것 같다. 만약 마시안 해변의 카페들처럼 영종도 내에 즐길 것이 많아진다면 공항을 경유하며 시간을 보내야 하는 사람들에게도 경유지로서의 관광지 역할을 할 수 있을 것 같다는 생각을 했다. 또 경유하며 보낸 즐거운 추억이 단순히 단발성에 그치는 것이 아니라 인천, 나아가 한국에 대한 좋은 이미지로 남아 이번엔 여행지로서 인천을 선택할 수도 있을 것이라고 생각한다.

예단포 카페

동영상2. 영종도의 경제

　최근 강조되고 있는 '지속가능성'이란 단어에 따르면 환경이 미래에 지금보다 더 큰 소중한 가치를 가진 것은 분명하다. 하지만 환경과 마찬가지로 해당 지역의 활발한 경제활동 역시 그 지역의 가치를 증명할 수 있는 분야라고 생각했기 때문에, 우리 조가 제작한 또 다른 영상의 주제는 '영종도의 경제활동'이었다. 인터넷에 영종도를 검색했을 때 나오는 결과는 대부분 환경과 관련된 기사들이고, 그 외에는 주로 인천공항, 호텔 등과 관련된 기사를 찾아볼 수 있다. 그래서 우리는 영종도에서는 인천공항을 중심으로 경제활동이 이루어지고 있다고 생각했다. 아무래도 인천공항은 이미 세계적으로 우수한 공항이라고 인정받고 있기도 하고 그만큼 수많은 사람들이 공항과 관련된 일을 할 것이라는 생각도 있었던 것 같다. 하지만 차광윤 선생님과의 인터뷰를 통해 우리는 영종도에서 진행되고 있는 다양한 경제활동들에 대해 들을 수 있었다. 그리고 그 활동들에 대해 조금 더 구체적으로 조사를 해보았다.

우리는 영상에 담을 내용을 구성할 때 이미 잘 알려진 인천공항과 관련된 활동들은 배제하기로 했다. 왜냐하면 우리가 굳이 정리해서 영상으로 제작해 알리지 않아도 이미 인천공항의 경제적 영향력은 유명하다고 판단했기 때문이다. 오히려 우리는 코로나19 이후 정체된 항공 산업에 대해 언급하며 영종도에 대한 편견을 깨보고자 하였다. 우리가 그랬듯이 다른 사람들도 영종도 주민들은 주로 공항과 관련된 일에 종사할 것이라 여길 것으로 판단했고, '코로나19로 항공 산업이 어려워졌으니 주민들의 생활도 어려워지지 않았을까?'라는 편견이 있을 것이라 생각했기 때문이다. 그래서 도입부에 이와 같은 내용을 담아 반전을 보여주는 영상을 제작하고자 했다.

선생님께서 말씀해주신 영종도의 경제활동은 여러 가지가 있었지만 이를 바탕으로 우리가 추가로 조사한 것을 정리해보자면 크게 세 가지로 정리할 수 있다. 첫 번째는 영종도 내에 있는 기업들이다. 영종도는 바로 근처에 공항이 있고 서울과도 가깝다는 지리적 이점이 있다. 이러한 지리적 이점은 기업의 무역 활동에 큰 도움이 된다. 그래서 그런지 생각보다 많은 기업들이 영종도에서 활발한 경제활동을 하고 있거나, 앞으로 활동을 시작할 계획 단계에 있었다.

우리가 조사한 기업은 싱가포르에 본사를 둔 반도체 기업인 스태츠칩팩 그룹의 해외 공장 중 하나인 '스태츠칩팩코리아'와 스카이로지스코리아, 한국토지주택공사(LH), 인천도시공사의 합작으로 건립 예정인 '스카이로지스코리아 항공물류센터'이다. 스태츠칩팩코리아는 2015년에 경기도 이천시에서 영종도로 이전한 뒤 활발하게 경제활동을 펼치고 있으며, 경제활동뿐만 아니라 인재 양성, 일자리 창출 등에 힘을 쏟고 있는 기업이다. 한편 스카이로지스코리아 항공물류센터는 2017년 첫 투자 협약 이후 난항을 겪으며 사업 진행이 지연되었지만, 2019년 다시 투자계약이 체결되어 사업이 재개되었다. 아직 사업이 미완성 단계라 결과물 없이 앞으로의 영향과 효과를 예상할 수밖에 없는 상황이지만, 확실히 영종도의 미래에 큰 도움이 될 것이라고 생각된다.

기업과 관련해 조사하며 좋았던 점은 위에서 언급했듯이 알게 모르게 가지고 있던 영종도에 대한 편견을 깰 수 있었다는 것이다. 인천공항이 엄청난 영향력을 끼치는 거대한 기업인 것은 사실이지만 그렇다고 해서 '영종도는 인천공항이 있는 곳이다.'라고 생각했던 것은 성급한 판단이었다. 차광윤의 선생님도 이러한 부분을 짚어주시며 공항 외에도 다양한 기업이 있다는 것을 언급해주셨고, 이에 대해 파고들어 조사한 결과 우리의 성급한 오해를 정정할 수 있어 뜻깊은 공부가 되었다. 반면 아쉬웠던 점은 프로젝트를 학업과 병행하다 보니 시간적인 여유가 없어 기업과 직접적으로 소통을 하거나 방문을 할 수 없었다는 것이다. 직접 회사 관계자들을 만나 인터뷰를 하거나 기업 내부를 탐방할 수 있었다면 조금 더 생생하고 구체적인 영상을 제작할 수 있었을 것이다. 하지만 그렇게 연락을 취하고 인터뷰 약속을 잡을 만한 여유가 없어 인터넷 조사를 통해 얻은 자료로만 영상을 제작하려고 하니 영상 제작을 하는 우리도 부족한 점을 많이 느꼈고 아쉬움이 컸다.

두 번째는 복합 리조트 사업이다. 복합 리조트에 가본 적이 없어서 복합 리조트라는 말을 들었을 때는 조금 생소한 기분이 들었었다. 그래서 또 인터넷에 검색해보니 영종도에는 비교적 최근에 생긴 '파라다이스 시티'라는 엄청난 규모의 복합 리조트가 있었다. 가보진 않았지만 이미 유명한 곳이라 이름을 들으니 복합 리조트가 무엇인지 대충은 이해가 됐다. 조사한 내용을 바탕으로 선생님과 인터뷰를 할 때 복합 리조트에 대해 여쭤봤고, 선생님은 파라다이스 시티에 대한 설명과 함께 건설 예정 중인 또 다른 복합 리조트에 대해 설명해주셨다.

예전엔 복합 리조트라는 개념보다는 호텔은 호텔, 카지노는 카지노, 이런 식으로 단일 시설로 건설되고 운영되었었는데, 요즘엔 이러한 숙박시설과 놀이시설 등을 합쳐 복합 리조트로 만들어 고객이 한 시설 안에서 다양한 즐길 거리를 누릴 수 있도록 한다고 한다. 특히 외국인을 위한 카지노를 중심으로 한 복합 시설을 짓는 것이 추세인데, 이는 외국인 관광객을 끌어들이고 외화를 벌어들일 수 있는 좋은 수단이 된다.

2017년에 지어진 파라다이스 시티는 호텔, 사우나, 놀이공원, 클럽, 카지노 등 다양한 시설을 가진 복합 리조트로, 영종도를 대표하는 복합 리조트이자 관광객들의 여러 가지 욕구를 충족하는 시설이다. 파라다이스와 관련한 선생님과의 인터뷰 중에 기억에 남았던 부분은 중국에는 카지노와 그 안에서 즐기는 게임이 불법인데 중국과 비교적 가까운 인천, 특히 영종도에 이런 카지노 시설이 있다는 것은 엄청난 규모의 시장인 중국인의 관심을 얻기 충분하다는 것이었다.

또 다른 복합 리조트로는 현재 2023년 개장을 목표로 건설 진행 중인 인스파이어 복합 리조트가 있다. 인스파이어 복합 리조트 역시 파라다이스 시티와 마찬가지로 호텔, 놀이공원, 카지노 등 다양한 시설을 갖춘 복합 리조트로, 아직 공사 중이지만 완공된다면 영종도를 통해 유입되는 외국인 관광객은 물론 국내 관광객들의 필요를 충분히 만족할 것으로 예상된다. 그리고 복합 리조트가 경제적으로 가치가 있는 하나의 이유는 엄청난 일자리를 창출한다는 것이다. 다양한 시설로 구성된 시설인 만큼 원활한 경영을 위해선 여러 분야에서 엄청난 직원을 고용해야 하기 때문에 그만큼의 가치가 있는 사업이다.

파라다이스 시티

　영종도의 복합 리조트에 대해 조사한 후 영상에 담기 위해 영종도에 갔을 때 파라다이스 시티 근처를 지나갔는데 생각보다 더 크고 웅장해서 위압감이 느껴질 정도였다. 아쉬웠던 점을 뽑자면 낮이 아니라 밤에 갔으면 더 멋진 야경을 볼 수 있었을 텐데 낮에 가는 바람에 야경을 놓친 것은 조금 아쉬웠다. 그래도 충분히 멋진 외관을 가진 파라다이스 시티였고, 이곳에서 호캉스를 즐긴다면 제대로 된 호캉스를 즐길 수 있지 않을까? 하는 생각이 저절로 들 만큼 멋졌다. 다만 당시에 코로나19로 인해 파라다이스 시티의 클럽, 카지노 등 화려한 시설들이 영업을 중단한 상태였기 때문에 그 안을 들여다보거나 취재할 수 없었던 점 또한 큰 아쉬움으로 남는다. 한편으로는 인스파이어 복합 리조트도 영상에 담을 수 있었다면 더 다채로운 모습을 담을 수 있었을 텐데 영상을 찍을 당시에는 아직 착공도 하기 전이었기 때문에 조감도로 대체할 수밖에 없었던 점에 대해서는 아쉬움이 남는다.

마지막으로 어촌 뉴딜 사업이다. 선생님과의 인터뷰 전 인터넷에서 영종도에 검색해 보다가 어촌 뉴딜 사업을 진행할 예정이라는 기사를 보았다. 어촌 뉴딜 사업이라는 단어는 굉장히 생소한 단어였기 때문에 어렵게 다가왔고. 아무리 기사를 읽어봐도 제대로 이해하기 어려워서 선생님께 어촌 뉴딜 사업이란 무엇인지 질문을 드렸다. 어촌 뉴딜 사업이란 해양수산부가 어촌을 그 지역의 특색에 맞게 기존 어촌에 있는 도로, 상수도, 주차장, 낙후된 건물 등을 새로 고쳐 어촌을 새롭게 만드는 사업으로, 도시로 치면 도시 재생 사업이라고 생각할 수 있다. 낙후된 시설을 고쳐 현대적으로 깔끔하게 만들면 그곳에서 생활하는 주민들의 삶도 더 윤택해질 수 있고 관광객이 머물기에도 좋아져 더 많은 관광객을 끌어당길 수 있을 것이라고 하셨다. 현재 전국 곳곳에서 어촌 뉴딜 사업이 진행되고 있거나 진행될 예정이며, 영종도에서는 올해부터 삼목항에서 어촌 뉴딜 사업이 진행될 예정이라고 한다.

이러한 정보를 가지고 영상을 촬영하기 위해 팀원들과 삼목항에 갔었다. 사실 삼목항에 갔을 땐 많이 당황스러웠다. 그냥 흔히 볼 수 있는 수산시장 정도에 불과한 것으로 보였기 때문이다. 낡은 건물에서 상인들이 생선들을 팔고 있었지만 딱히 어시장 외에는 다른 시설이 없었기 때문에 어딜 들어가 보거나 오래 머물 수는 없었다. 아직 뉴딜 사업이 진행되기 전이라고 하지만 제대로 된 어촌의 모습을 찾아볼 수 없었을 만큼 낙후돼 보이긴 했다. 그래도 영종도는 삼목항의 뉴딜 사업을 원활하게 하기 위해 한국어촌어항공단과 위·수탁 협약을 맺고 삼목항 어촌 뉴딜 300 소프트웨어 사업을 시행하는 등 삼목항을 발전시키기 위해 노력을 하고 있다고 하니 몇 년 후의 삼목항의 모습은 크게 달라질 것으로 기대된다.

삼목항

조사해 보니 영종도는 삼목항 뿐만 아니라 다른 항구의 어촌 뉴딜 사업도 지속적으로 지원하고 있다고 한다. 그래서 영종도의 또 다른 항구인 예단포항에도 가보았다. 예단포항 근처에는 식당, 카페 등이 나란히 있었지만 그 외에는 딱히 관광객이 갈 수 있을 만한 공간이 없어 보였다. 그래도 예단포에서 소중한 추억을 쌓을 수 있었다. 팀원들과 한 카페에서 커피를 마시면서 잠깐 쉬다가 바로 옆에 예단포 둘레길이라는 작은 산책로가 있다는 것을 알고 함께 구경을 갔다. 그런데 생각보다 훨씬 더 한적하고 풍경이 예뻐서 우리끼리는 '제주도에 온 것 같다.'며 사진도 찍고 바람도 쐴 수 있었다. 그 풍경을 다시 보기 위해서라도 영종도를 다시 방문할 만큼 너무 예쁜 풍경을 가지고 있었고, 여기를 사람들이 모른다는 게 안타까울 정도였다. 예단포가 더 발전할 일이 생겨 그 산책로를 조금 더 정비하고 마케팅을 해서 새로운 관광 명소로 만들 수 있다면 관광객들의 시선을 더 끌 수 있을 것 같다.

예단포 둘레길

프로젝트를 마무리하며

최지혜

　이번 인천의 미래가치를 홍보하는 영상을 제작하며 가장 크게 느낀 것이 있다면 예전 기업 인터뷰 영상과는 기획, 제작 전 과정에서 차이점이 있다는 것이다. 인터뷰 영상은 우리가 얻고자 하는 정보를 가장 많이 얻을 수 있는 기업으로 골라 인터뷰를 해야 하는 대상을 추리고 전화를 하거나 메일을 보내서 직접 인터뷰의 동의를 구하고 기업 측의 담당자에게 인터뷰 내용을 보내고 질문지를 확인받고 촬영을 할 일정을 조율하는 등 촬영 전의 단계가 많이 복잡했다. 그리고 기업이 한 번에 영상 촬영에 동의를 해주는 게 아니었기 때문에 시간을 꽤 많이 투자해야 했었다. 그러나 영상 제작 과정은 인터뷰 영상을 어떻게 촬영할 것인지 구성만 잡고 그거에 따라 질문을 주고받는 상황을 촬영하기만 하면 됐고 또 각자가 생각하는 영상의 콘티로 영상 편집을 부탁했기 때문에 오히려 촬영 전보다는 수월했다. 그런데 우리가 이번에 준비한 정보 전달 목적의 영상은 자료조사에 많은 시간과 노력을 투자했어야 했다.

　먼저 영상 제작의 큰 틀을 잡을 때 인천의 미래가치를 소개하는 영상이니, 영상의 종류는 사람이 등장하지 않고 자막과 내레이션으로 정보만 전달해 주는 것이 우리의 주제를 가장 효과적으로 한눈에 전달할 수 있을 것이라고 생각했다. 처음 관광 목적의 영상으로 주제를 잡았을 때는 사람이 등장하여 관광명소들을 소개해 주는 브이로그식의 영상을 제작하는 게 어울리겠다고 생각했었다. 그러나 다시 주제로 삼은 미래가치는 사람이 등장하는 것보다는 최대한 영상에 집중하여 짧은 시간 동안 우리가 하고 싶은 말을 효과적으로 할 수 있도록 배경 영상이나 사진 등을 활용하는 것이 더 효율적이라고 생각했다. 지금 생각해 보면 영종도나 인천 갯벌과 관련된 해양생태계 전문가들의 인터뷰를 영상 중간 중간 넣는 것도 영상의 신뢰도 측면에서 더 좋았을 것 같다는 생각이 든다. 다음에 더 전문적으로 인천과 관련된 영상을 다시 제작해 볼 일이 있다면 그땐 지금의 아이디어를 더 추가하여 더 풍부하게 영상을 기획해 보고 싶다는 생각을 했다.

처음 영상을 제작할 때는 이전처럼 사람을 상대로 하는 인터뷰 영상도 아니고 정보 전달을 위주로 하는 비교적 짧은 영상이라 간단할 것이라고 생각했다. 그러나 사람이 나오지 않는 만큼 영상을 볼 때 시청각 자료가 더 풍부해야 함을 느꼈다. 그래도 처음 스토리보드를 짜고 영상이 이렇게 구성되었으면 좋겠다는 상상의 영상과 거의 일치하게 최종 완성물이 만들어져서 나름 만족스러웠다. 영상 촬영을 잘하는 촬영 및 편집 팀원이 있어서 우리의 영상이 단순히 기획에서 그치는 것이 아니라 더 풍부하게 영상이라는 결과물로 만들어질 수 있었다.

저번과 이번의 영상 제작 과정을 통해 또 느낀 점이 있다. 지난번 기업 인터뷰 촬영 때는 편집 인원이 우리 영상 말고도 다른 영상을 하나 더 맡았기 때문에 우리가 원하는 영상의 그림을 설명하는데 어려움이 있었다. 이번처럼 처음부터 기획과 과정을 함께하지 않았기 때문에 우리가 어떤 그림을 그리고 인터뷰를 했는지에 대한 의사소통이 원활하지 못했다. 그런데 이번엔 한 명이 우리 팀에 배치되어 기획도 처음부터 끝까지 의견을 나누고 편집 팀의 의견도 듣고 어떤 영상 촬영을 할 것인지 지속적으로 얘기를 나눴기 때문에 소통이 빨랐고 또 영상편집을 담당하는 사람도 시간이 덜 걸렸을 것 같다.

영상 제작에 있어 기획과 편집 역할이 분명히 다르고 맡은 업무에 대한 책임감도 다르다는 것을 알고 있었다. 때문에 한때는 업무를 분담하고 그에 맡는 각자의 일을 하는 것이 효율적인 것 같다고 생각하기도 했었다. 그런데 이번 프로젝트를 통해 내 분담 역할이 아닌 것을 지켜보고 그 업무에 대한 의견을 공유하는 것이 시간 낭비가 아니라 그러지 않아서 나중에 다시 오랜 소통과 설명을 거쳐야 하는 것이 더 시간 낭비가 된다는 것을 크게 느꼈다. 인천의 미래가치라는 것을 고민해 보며 지식을 더 많이 얻게 된 것과 더불어 영상 제작이라는 결과물은 같은 두 사업이었지만 영상의 종류도 다르고 과정도 달랐기에 비교하며 많은 것을 배울 수 있었다. 정보를 전달하는 영상은 인터뷰 영상과 준비과정과 촬영과정이 많이 다르다는 것을 배웠고 어떤 목적의 영상인지에 따라 전 과정이 많이 달라지게 된다는 것을 배울 수 있었다.

이유나

작년에 이어 학과 특성화 사업에 참여할 수 있어서 책임감과 부담을 느꼈다. 하지만 내가 태어나고 자란 인천의 미래가치를 알리기 위함이라는 목적이 마음에 들었고 가치 있는 일이라고 생각했다. 인천은 서울, 경기와 거리적으로 접근성이 뛰어나고 역사적인 면과 공항, 항구 등 발전할 수 있는 요소가 매우 많은 도시이다. 인천에 애정이 많고 인천만의 매력과 자랑거리를 많이 알고 있는 나로서는 좋은 기회라고 생각했다. 이번 특성화 사업은 최종적으로 영상을 제작하고 완성시키는 거라 영상촬영과 편집에는 소질이 없어서 걱정하였다. 하지만 다행스럽게도 촬영과 편집이 가능한 팀원과 한 팀이 되어서 안심이 되었다.

우선 인천의 미래가치가 무엇일까에 대해 많은 고민을 했다. 팀원들과 전문가님의 조언을 듣고 영종도의 환경과 경제 두 파트로 나누어서 기획을 하게 되었다. 처음에 기획이라는 업무가 쉽게 느껴졌지만 처음부터 모든 것을 계획하고 한정된 자료 안에서 검색하는 것이 매우 어려웠다. 기획부터 제작까지의 과정이 막막하게 느껴졌지만 기획서부터 영상 콘티까지 만들다 보니 정말 기획자가 된 것 같아서 재미있었다. 실제 촬영을 위해 영종도에 방문했을 때 원하는 사진과 영상이 나오기까지 어려웠다. 하지만 팀원들과 같이 하는 활동이라 서로 믿고 의지하면서 결과물을 낼 수 있었다.

영상을 찍고 편집하는 과정에 대해 잘 몰랐다. 옆에서 지켜보니 영상 편집은 자막, 배경음악 삽입, 효과 삽입 등 손이 많이 가는 힘든 작업이었다. 한편의 짧은 영상이 나오기까지 많은 사람들의 노력과 시간이 소요되는 힘든 일임을 느꼈다. 이번 특성화 사업을 통해 평소에 몰랐던 인천의 매력과 숨은 명소들을 알릴 수 있어서 재미있었다. 한 학기 동안 팀원들과 여러 생각을 공유하고 하나의 과제에 대해 고민하면서 값진 팀워크를 만들어낼 수 있었다. 결과적으로 멋진 영상이 나온 것 같아 매우 뿌듯하다. 팀원들이 있었기에 특성화 사업을 무사히 끝마칠 수 있다고 생각한다. 이번 특성화 사업을 통해 나 스스로도 인천의 미래가치에 대해 깊게 고민해 볼 수 있는 좋은 계기가 된 것 같아 뜻깊은 시간이었고 앞으로도 많은 사람들과 세계인들이 인천의 진정한 미래가치를 알게 되었으면 좋겠다.

작년에 진행됐던 학과 특성화 사업에 참여했었고, 하면서 많은 보람을 느꼈던 터라 이번에 공지가 올라왔을 때도 주저하지 않고 바로 지원했다. 하지만 솔직히 말하면 내가 이 프로젝트에 지원한 동기는 이 프로젝트의 주제와 맞지 않는다. 처음 특성화 사업 참가자를 모집한다는 공고를 봤을 땐 이 프로젝트의 주제가 '인천시 홍보하기'인 줄 알았고, MICE를 공부하고 있는 학생으로서 인천의 관광지를 발굴하고 홍보해 보고자 이 사업에 지원했었다. 그런데 막상 지원 후 교수님의 말씀을 들어보니 인천의 미래가치를 발견하고 홍보해야 하는 훨씬 어렵고 심오한 주제여서 조금 당황스러웠다. 물론 끝까지 관광에 대한 미련을 버리지 못해 주제를 선정할 시기에 강화도의 웰니스 관광에 대해 영상을 제작해 보자는 의견도 제시했지만, 이건 내 개인 프로젝트가 아닌 팀 프로젝트이기 때문에 내 의견만을 고집하기는 어려웠다. 그래서 주제 선정 시기에 많이 혼란스러웠고 알 수 없는 부담감과 막연함이 따랐던 것 같다. 나조차도 잘 알지 못하는 주제인데 사람들에게 이를 성공적으로 홍보할 수 있을지 자신이 없었다. 그래도 교수님이 인천의 갯벌, 환경 문제 등 다양한 주제들을 제시해 주셔서 조금이나마 프로젝트의 물꼬를 틀 수 있었다.

그리고 교수님이 소개해 주신 차광윤 선생님과의 인터뷰도 굉장히 많은 도움이 됐다. 막연하게 영종도, 그리고 몇 가지 세부 주제들로 영상의 틀을 잡고 촬영을 시작했다면 굉장히 막막했을 것이다. 의존할 곳은 인터넷에 올라와 있는 정보들뿐이었기 때문이다. 하지만 인천, 그리고 영종도에 대해 보다 더 자세하게 공부를 하고 계시는 선생님과의 인터뷰를 통해 영종도의 현실, 구체적인 역사와 변화 과정 등에 대해 들을 수 있었고, 이를 토대로 영상의 구성 방향을 정할 수 있었다.

이런 팀 프로젝트를 진행할 때 좋은 것 중 하나는 새로운 사람들을 만나 교류할 수 있다는 점이라고 생각한다. 비록 나를 포함한 4명의 팀원 중 3명이 이미 친한 친구들이었기 때문에 사실상 새로 만난 사람은 한 명이었지만, 그래도 친구들 덕분에 어색함을 이겨낼 수 있었고 다 같이 즐겁게 프로젝트를 잘 진행할 수 있었다. 영상을 제작하는 과정에서 제일 기억에 남는 건 아무래도 팀원들과 직접 영종도에 가서 촬영을 핑계 삼아 즐겼던 드라이브다. 인천과 가까운 곳에 살고 인천에서 학교를 다니고 있지만 영종도에서 그렇게 제대로 놀아본 것은 처음이었다. 그나마 을왕리 해수욕장은 나에게 익숙하지만 을왕리가 영종도에 있다는 사실도 이번 프로젝트를 통해 처음 알았을 정도로 영종도는 나에게 낯선 곳이었다. 팀원들과 같이 인천대교를 지나 영종도의 해안가를 따라 드라이브를 하면서 해변을 걸으며 시원한 바람도 쐬고 갯벌도 밟아보고 깔깔 웃으며 사진도 찍고 놀았다. 멋진 노을을 보면서 같이 감탄도 하고 저녁 식사로 진짜 맛있었던 칼국수와 해물파전도 먹었는데 하나하나 너무 소중하고 즐거운 기억으로 남아 지금도 그때를 생각하면 기분이 좋아진다. 코로나 상황으로 친구들과 여행을 자유롭게 즐기지 못해 아쉬운 시기인데, 졸업 전에 좋은 추억을 쌓을 수 있는 핑곗거리가 생겨 너무 다행이었다.

다만 언제나 그렇듯 아쉬움도 남는다. 일단 팀원 모두 휴학을 하지 않아 학업과 프로젝트를 병행해야 하는 상황이었고, 그래서 프로젝트에 온전히 집중하기 어려웠다. 다들 시간적으로 더 여유가 있는 상황이었다면 더 자주 영종도에 가서 더 다양한 영상을 담아올 수 있었을 텐데 그러지 못해 아쉬움이 크다. 앞에서 언급했듯 영상에 나오는 기업들을 직접 방문하거나 갯벌을 제대로 체험해 볼 수 있었다면 영상의 내용에도 더 무게가 실리고 촬영하는 우리도 더 재밌게 참여할수 있었을 텐데 시간의 제약으로 인해 많은 부분을 다른 자료로 대체해야 했다. 그리고 인스파이어 복합 리조트, 어촌 뉴딜 사업처럼 아직 미완성 단계이거나 시행 전인 사업들이 많아서 이런 부분에 대해서는 직접 취재가 불가했고 인터넷에 올라와 있는 자료들에 의존해야 했기 때문에 영상의 완성도가 떨어진다는 느낌이 드는 것도 아쉽다.

처음 프로젝트가 시작된 9월부터 영상 제작을 완료하고 보고서를 쓴 12월까지 약 4개월간 태어나서 처음으로 영종도에 대해서 심도 있는 고민을 했다. 그것도 그 지역의 미래를 내다봐야 하는 미래가치라는 주제로 고민을 하며 많이 어렵기도, 눈앞이 깜깜하기도 했었다. 어려웠던 만큼 가치 있는 프로젝트였다고 생각한다. 관심 분야인 관광 산업 외에 다른 관점에서 그 지역을 관찰해 보는 능력을 키울 수 있는 계기가 되기도 했다. 그리고 영종도에서 지금 계획 중인 사업들만 제대로 진행된다면 미래의 영종도는 지금보다 훨씬 더 멋진 장소로 거듭날 수 있을 것이라고 생각한다. 영상에 담지는 않았지만 영종도의 아주 훌륭한 경제적 발판인 인천공항뿐만 아니라 새로 생길 기업과 기존에 있던 기업들 사이의 시너지 효과를 기대해 볼 수 있고, 어촌 뉴딜 사업을 통해 훨씬 더 윤택해질 어촌 주민들의 삶과 동시에 많은 관광객이 유입되어 관광지로서의 새로운 모습도 기대가 된다.

양준철

먼저 '인천의 미래가치를 찾는 프로젝트'를 주제로 6월 초에 팀이 짜여진 이후 이렇게 긴 호흡을 가지는 학과 특성화 프로젝트가 될 것이라고 생각하지 못했다. 그저 인천의 미래 가치를 설명하고 소개하는 그런 콘텐츠를 만들면 되겠지라는 안일한 생각을 했었다. 보통 깊은 생각보다는 간단한 인천의 관광 자원을 소개하고 인천을 홍보하면 되겠지라고 생각했었다.

팀별로 모인 이후에 미래가치를 찾는 주제를 정하기 위해 수차례 화상회의를 하고 서로의 의견을 나누면서 의견이 처음에 송도와 영종도 그리고 강화도 등 인천시의 대표적인 장소들로 좁혀졌고 위에서 생각했다시피 홍보 영상에 가장 대중적이라고 할 수 있는 여행 자료를 활용하여 첫 번째 기획안을 만들었었다. 하지만 교수님께서 미래가치에 부합하기에는 어느 정도의 문제점이 있다고 지적하셨고 우리는 좀 더 범위를 좁혀 나가기 시작했다. 사실 그 지역의 정보를 그 지역 사람들이 명확하게 다 아는 것은 아니었기 때문에 여러 자료를 찾아보고 하면서 다른 지역보다 영종도가 아무래도 인천의 관문이고 내외국인 할 것 없이 모든 사람들이 스쳐 지나가는 대한민국의 대표적인 공항이 있고 다른 인천 지역에 비해 덜 알려져 있다고 생각이 되어 희소성이 있다고 생각했다.

미래가치라는 말을 생각해볼 때 지속가능성을 염두에 두고 보는 시선으로 볼 수 있고 우리는 영종도의 자연과 경제를 이야기하는 것이 가장 주제와 부합한다고 생각했다. 감사하게도 영종도라는 범위가 정해졌을 때 권기영 교수님께서 영종도 전문가 분을 소개해주셔서 약속 끝에 인터뷰를 진행하여 의미 있는 이야기를 들을 수 있었다. 이야기를 듣고 우리 팀원들끼리 주제를 다듬었는데 첫 번째로 자연환경이 파괴되어 만들어진 영종도가 자연 스스로의 힘과 인간의 약소한 도움으로 자연적으로 회복을 하고 있음을 보여주고 이를 활용하여 다른 산업에 연계하여 발전시키고 있는 모습을 조명하고 싶었다. 또 다른 영상에서는 영종도의 경제적인 소득을 실질적으로 벌어다 주는 것이 대부분의 사람들이 인천국제공항이라고 생각하는데 이런 주장에 의문이 들었다. 인천국제공항이 도움이 되기는 하지만 독자적으로 영종도에서 발전시켜 나가고 있는 사업 프로젝트를 소개하여 공항이 존재하는 이점을 강점으로 삼아 새로운 산업의 발판을 만들어 나가고 있는 영종도의 모습을 소개하고 싶었다.

영상의 대체적인 틀을 잡았고 우리는 영상을 어떻게 만들지 고민하기 시작했다. 사실 기획이나 촬영, 편집을 따로 역할을 나누셨지만 기획하는 사람도 어떤 영상으로 만들어질지 알아야 하고 촬영, 편집하는 사람들도 기획 의도를 알아야만 제대로 된 영상을 만들 수 있다고 판단하여 우리 조는 다 같이 열심히 참여했다. 기획을 하기 위해 다 같이 만나서 영상의 스토리 보드를 구성하고 촬영 일자를 맞춰 영종도에 직접 방문하여 촬영을 했다. 마시안 갯벌, 인천국제공항, 인재개발원, 삼목항, 예단포 등 다양한 곳에 가서 활기찬 모습을 담고 싶었다.

촬영을 진행한 이후 우리에게는 영상을 자르고 자료를 첨부하며, 중국어 자막과 내레이션을 넣는 작업을 해야 했고 모든 조원들이 자막을 구성하고 내레이션을 읽고 자료 첨부한 것을 찾아 만들어냈다. 다 만들고 나서 주변 사람들에게 영상을 보여주었을 때 신기해하기도 하고 인천에 오래 살았는데 이런 것을 처음 알았다는 이야기를 들었을 때 뿌듯했다. 사실 영상 전문가가 아니다 보니 팀원들에게 폐를 끼칠까 걱정을 많이 했던 터라 영상을 짜임새 만들기 위해 기획을 해주었던 팀원들이 탄탄하게 스토리보드를 짜주었던 것이 아주 큰 도움이 되었다.

처음에 거창한 '인천의 미래가치를 찾는 프로젝트'를 할 때 뭔가 그냥 아무 생각이 없이 '그냥 재밌겠다.'라고 생각하고 지원했었던 나 자신이 사실 이렇게 6개월간 팀원들과 힘들게 구성하고 기획하고 촬영하며, 편집했던 것을 생각하면 그냥 아무 책임감 없이 지원한 내가 정말 바보 같았다. 하지만 힘든 만큼 팀원들과 함께 해서 나도 묵묵히 나의 일을 책임감 있게 할 수 있었다고 생각한다. 또한 영상을 제작하면서 조사했던 많은 자료와 그런 많은 자료를 하나의 스토리로 엮어가는 과정에서 팀원들에게 기획하는 것과 소통하는 것에 많은 점을 배울 수 있었다. 마지막으로 주제를 선정하는 과정에서 사실 편하고 쉬운 것 혹은 대중적이거나 모두가 생각할 수 있는 분야로 생각하게 되었는데 이를 깨고 어렵고 새로운 분야에 대해 찾아볼 수 있게 되어 나름대로 학습적인 프로젝트를 하게 되어 2021년 활동 중에 뜻깊은 활동 중에 하나로 기억될 것이다.

다만, 아쉬웠던 것은 아무래도 우리가 전문적인 영상 제작팀이 아니다 보니 생동감 있는 영상을 촬영하지 못했다는 것인데, 프로젝트를 하면서 아무래도 여러 자료를 활용하다 보니 생동감이 떨어지는 것이 매우 아쉬웠다. 영상을 촬영할 때 온전하게 내가 촬영한 영상을 다 활용했더라면 더욱 신빙성도 있고 확실하게 내가 전달하고자 하는 의사를 제대로 전달할 수 있을 텐데라는 생각을 했지만, 주어진 시간과 학기 중에는 아무래도 학업과 병행해야 하는 입장이었기 때문에 이런 프로젝트에 집중을 하기보다는 집중하다 잠시 과제나 학업을 하다 다시 프로젝트에 집중해야 하는 이런 상황이 주제에 대한 몰입도를 낮게 하였고 처음에 뭔가 큰 그림을 원했던 그런 영상을 만들기보다는 조금 수정이 되어 최대한 자료를 활용하여 표현하게 된 것이 아쉬웠다.

또한, 나 자신의 개인 역량이 조금 아쉬웠는데 영상을 조금 만들어봤다면 만들어 본 사람이라고 생각했지만 웹 예능 형식의 플랫폼을 많이 다뤄본 터라 이런 다큐멘터리 형식의 창작물을 만들어 본 것이 거의 처음에 가까웠다. 그러다 보니 조금 헤매는 경우도 없지 않아 있었는데 감사하게도 교수님과 팀원들이 잘 이끌어줘서 매우 감사했다. 다양한 창작물을 제작해 보려고 시도하고 노력해야겠다는 생각이 들었다.

"인중 대";
인천 · 중국 대통합

심보경3 강인영1 엄준서1 리치샹黎琪香1

1 인천의 가치에 대하여

"모든 길은 인천으로 통한다". 인천광역시는 예로부터 대한민국의 관문으로 다양한 사람들이 모여들고 언제나 열려 있는 매력적이고 개방적인 도시다. 은은하고 비릿한 바다향이 매력적인 인천광역시, 지리적인 특징을 잘 활용하여 내륙과 해안 지역의 고혹적인 요소들이 두루 발달한 곳이다. 대표적인 해양관광지로는 을왕리 해수욕장을 비롯해 문화의 거리가 갖춰진 월미도 등이 있으며, 한국 속 작은 중국이라 불리는 차이나타운도 인천 여행지로 관광객들이 자주 찾아가는 장소들이다. 이외에도 인천 각처에 오랜 역사 유물들이 산재해 있어 역사를 테마로 여행 코스를 잡아보는 것도 인천을 느낄 수 있는 하나의 방법이다.

또한 인천은 예로부터 세계 기록문화와 한국 문학과 문화의 원조라 할 수 있다. 강화도에 외규장각과 의궤가 있으며, 신문물의 관문인 인천 제물포항을 중심으로 1888년에는 삼문출판사가 설립되어 근대 출판의 중심도시로서 역할을 다하였고, 또 1922년에는 대한민국 최초의 시립도서관이 현 율목동에 자리했다. 그리고 의외로 인천에는 최초인 것들이 많다. 조선 후기, 외국에 문호를 개방하며 서양 문물을 가장 먼저 받아들인 항구도시로 대한민국에서 최초인 것들이 다양한데, 그 예로 음식 중에는 짜장면, 쫄면이 있고, 운동 중에는 축구, 야구가 있으며, 또 자유공원, 경인선, 경인고속도로, 대불호텔, 내리교회, 제물포구락부, 애관극장, 팔미도 등대, 하와이 이민, 해수욕장, 성냥 공장, 담배 공장, 탄산 음료 제조회사 등 의외의 것들이 최초로서 입지를 다져놓고 있었다.

2 인천(인천대학교)과 중국의 밀접한 관계

먼저 인천은 항상 중국을 바라보고 있는 도시다. 다시 말해 인천은 대한민국에서 중국과 가장 가까운 위치에 자리하고 있다. 그렇기 때문에 인천대학교는 국내 대학교 중 중국과 지리적으로 가장 가까이하고 있다. 외부와 교류가 많고, 중국과 교류가 많은 인천광역시의 인천대학교는 자연스레 중국에 대한 본격적인 연구를 촉진시키고 연구에 대한 깊이의 정도를 심화시키기 위해 인천대학교의 중어중국학과와 동북아통상대학 중국통상 전공 등의 관련 전공 학생들에게 중국에 대한 폭넓은 정보를 경험하게 함으로써 국가와 지역사회의 발전에 이바지하고자 한다. 언어와 역사, 철학, 문화, 사회, 정치, 경제 등 중국의 전반적인 영역에 대한 체계적인 교육을 통하여 중국 전문가가 되는 것에 목적을 두고 특히 중국사회의 심층을 형성하는 문화 전반에 대한 이해를 하고자 함으로서 글로벌 인재의 요람을 꿈꾸고 있다.

다음으로 인천에서만, 인천이기에 열리는 중국 문화 행사가 하나 있다. 바로 인천 중국의 날 문화축제이다. 이 축제는 한·중 수교 10주년을 맞아 차이나타운의 활성화와 양국의 우호 증진, 인천경제자유구역 지정을 계기로 인천광역시의 미래 발전을 위해 2002년부터 개최된 축제로 인천광역시가 주최하고, 인천문화축제발전협의회, 기호일보가 주관하며, 인천광역시의회, 인천문화재단, 인천국제교류센터, 인천관광공사 등이 후원한다고 한다. 2002년 제1회는 인천-중국의 날 페스티벌로 시작하였고, 이듬해부터 지금의 이름으로 열리고 있다고 한다. 프로그램은 공식·공연행사, 참여·체험행사, 기타·이벤트행사, 연계행사로 구성되어 있다. 공식·공연행사로는 개막식, 차이나 갈라쇼, 한중 문화예술 공연이 있고, 참여·체험행사로는 개항장 역사탐방, 중국 야시장 체험, 한중 전통놀이 체험, 한중 전통 차 체험, 중국 전통 의상 체험, 인차이나 캐리커쳐, 인차이나 포토 갤러리 등이 있으며, 이벤트 행사로 중국인 노래자랑 대회가 열리고 있습니다. 연계행사로는 중국 전통혼례를 체험해 볼 수 있는 행사가 준비되어 있다고 한다.

이렇듯 인천광역시는 중국과 뗄래야 뗄 수 없는 관계로 지내왔으며, 또한 미래에도 이 관계가 유지될 것으로 보여진다. 위에 언급된 내용 이외에도 다양한 활동으로 중국과 밀접한 관계를 구축하고 있는 지금, 인천광역시는 이색적 문화를 만들어내고 있다!

3 중국인 유학생이 바라본 인천에 대한 첫인상

许多人对于仁川的第一印象来自于繁忙便捷的国际机场，我也不例外。仁川给我的第一印象就是现代化都市。干净明亮的机场，良好的无线网络，都让我有很好的体验。除此之外，机场内各种独特的造型都让我眼前一亮。尤其是当我来到松岛，这里的建筑简约却有特色，到处都弥漫着现代化的气息。餐厅里的自助点餐、商店的自助结款等给消费者带来了极大的便利。这里同样有着错综复杂的交通网络，地铁、公交车可以载你区京畿道的绝大部分地区。但是这里却有着不同于其他城市的安静，没有生产噪音和黑烟的工厂。不管在哪里，总能找到免费的饮水处。每次上车时，司机永远是那么彬彬有礼，只要看见行人过人行道，必定停车让行。去到商场或者饭店时，服务员永远是那么亲切。还有这里的各种韩国特色美食，都让人印象深刻。同时，在仁川开展的各种文化活动和特定景点的古典的建筑，蕴含着浓厚的文化气息，也让我体验到了韩国文化，足以说明仁川是一座集历史文化与现代化的城市。

　인천에 대한 많은 중국인들의 첫인상은 분주하고 편리한 국제공항에서부터 시작되는데, 이건 나 또한 예외가 아니다. 인천이 나에게 준 첫인상은 바로 현대화 도시였다. 깨끗하고 밝은 공항, 양호한 무선 인터넷은 모두 내가 좋은 경험을 가질 수 있도록 해주었다. 이밖에도 공항 내 각종 독특한 조형들이 눈에 띄었다. 특히 송도에 왔을 때 이곳의 건축물은 간결하면서도 특색이 있어 곳곳에 현대화의 분위기가 풍겼다. 식당의 셀프 주문, 가게의 셀프 결제는 소비자에게 큰 편리함을 가져다주었다. 이곳은 또한 복잡하게 얽힌 교통망을 가지고 있어 지하철이나 버스를 타고 경기도 대부분의 지역을 갈 수 있다. 하지만 여기는 다른 도시와 달리 조용하고, 소음과 검은 연기를 생산하는 공장이 없다. 어디서나 항상 무료로 이용할 수 있는 정수기를 찾을 수 있다. 매번 차를 탈 때마다 기사님은 항상 공손하고 예의 바르며, 행인이 도로를 건너는 것을 보면 반드시 차를 세우고 양보한다. 백화점이나 식당에 가면 종업원은 언제나 친절하다. 또한 이곳의 각종 한국 특색 음식은 모두 나에게 깊은 인상을 주었다. 뿐만 아니라 인천에서 펼쳐지는 다양한 문화 행사와 특정 명소의 고전적인 건축물, 짙게 베여있는 문화의 기운들은 내가 한국 문화를 느낄 수 있게 해주었고, 그만큼 인천은 역사문화와 현대화가 집약된 도시임을 알 수 있다.

4 인천공항을 선정하게 된 이유 및 대한민국에서 인천공항의 입지, 현재가치 등

인천국제공항은 세계적인 공항으로 도약하며 인천 시민뿐만 아니라 대한민국의 자부심이 되었다. 인천국제공항은 인천 운수 산업에서

큰 비중을 차지하고 있으며, 항공 운송업뿐만 아니라 서비스, 관광, 문화 등 다양한 산업과 연관되어 있다. 또한, 인천 국제공항은 인천 지역 일자리 창출과 더불어 인천이라는 도시에 새로운 기능을 부여했으며, 인천 지역 경제 발전의 한 축을 담당해왔기에 선정하게 되었다. 인천공항은 항공수요는 물론이고 최고의 서비스 및 운영체계 구축으로 정상급 공항으로 도약했다. 그러나 이러한 성과 외에 글로벌 공항으로 도약하기 위해서는 차별화된 요소가 필요하다고 느낀 인천공항은 그 화두를 문화와 예술에서 찾아냈다. 뛰어난 시설은 갖춘 공항은 어느 나라라도 만들 수 있지만 독특한 문화와 전통은 그 나라만이 할 수 있는 것이다. 오랜 역사를 가지고 있는 우리나라는 어느 나라보다 문화, 예술적인 측면에서 보여줄게 많다. 이에 따라 인천공항은 최첨단 시설의 디지털적 측면과 문화예술의 아날로그적 측면의 절묘한 만남을 컨셉으로 문화공항을 뉴 패러다임으로 선정했고 2007년부터 본격적으로 문화예술 콘텐츠에 대한 연구에 들어갔다. 이렇게 인천공항은 꾸준히 문화예술 공항을 넘어 아름다운 감동과 추억이 가득한 공간으로 만들기 위한 노력을 지속해 매력적인 공항으로 거듭나 현재 세계 최고공항으로 선정되고 있다.

5 인천항을 선정하게 된 이유 및 대한민국에서 인천항의 입지, 현재가치 등

인천항은 서해안 지역의 전략적 요충지에 위치한 항만으로, 서울로 진입하는 관문항이자 국내 최대 공업지대의 하나인 수도권 공업지대와 중부지방을 세력권으로 하는 서해안 제일의 무역항이다. 또한 인천항은 동북아시아와 연결될 수 있는 중심 항만으로서 네트워크 중심지 전략의 중심에 있어 다국적 기업 및 국제무역항으로서 기대를 모을 수 있는 항만이다. 단순히 배가 드나드는 곳이 아닌 19세기부터 21세기까지 대한민국 역사와 사회, 문화, 경제를 지탱해 온 문화유산이자 산업유산인 인천항이 이제는 중국, 일본, 동남아시아 위주의 항로에서 중동, 미주, 유럽으로 진출을 확대하고 있다.

인천항은 1883년 우리나라에서 세 번째로 개항을 맞았고, 이때부터 본격적인 상업항으로서, 그리고 수도권 관문항으로 성장하여 근대산업항의 역사가 시작되었다. 개항 20년 만에 우리나라의 대표 항구로 떠올랐고, 국내 최초 컨테이너 부두, 양곡전용부두, 8부두 개발 등으로 내항 확장 및 인천항 기능도 대폭 확대되었다. 이후 한중 수교 이후 대중국 교역 거점으로 자리매김하여 인천항의 대중국 수출은 1992~1993년 수교 직후 200% 이상 증가하였고, 이후 IMF 외환위기 전후를 제외하고 매년 두 자릿수의 증가율을 기록하였다. 그 결과 중

국은 1993년부터 인천항의 최대 수출국으로 부상하였으며, 1996년부터는 수입에 있어서도 최대 수입국으로 등장하였다. 또한 물동량 증가, 선박대형화 등에 대응하여 외항이 본격 개발되어 남항의 컨테이너부두, 북항 철제부두 등 항만 시설이 확충되었다. 그리고 2005년에는 인천항만공사(IPA)가 출범하였다.

인천항은 단순한 생산과 유통기능을 넘어 관광과 환경정책이 어우러진 기능을 수행하는 공간이다. 또한 개발 및 정책관리, 실천에 있어서 시와 주민이 함께 적극적으로 참여하는 공간이다. 마지막으로 인천항은 지속가능한 발전을 통해 국제무역항의 공간으로서 나아가야 한다. 최근 인천시는 〈인천항 종합발전계획 2030〉을 발표하면서 더 큰 발전이 기대되고 있으며, 이것이 우리가 인천항을 주목하게 된 계기이자 인천항을 인천의 미래가치로 선정한 이유이다.

6 인천공항의 미래가치 및 비전

최근 인천국제공항공사에서 밝힌 '인천공항 新비전 2030'에 따르면 인천공항을 '연결'을 통해 삶의 새로운 가치를 창출하는 사람중심 공항, 허브 그 이상의 문화 네트워크를 통한 품격있는 공항, 新영역을 개척하며 패러다임을 혁신하는 미래공항으로 도약을 펼칠 계획이라고 한다. 인천공항은 미래 기술을 공항에 적극적으로 적용하고, 선도적 디지털 혁신을 통해 미래형 공항을 구축하기 위해 여러 가지 혁신 기반을 마련할 예정이다. 이미 세계적으로 경쟁 우위에 있는 인천공항을 포스트 코로나 시대에도 경쟁 우위를 선점할 수 있도록 노력할 것으로 보인다. 더불어 그간 쌓아 온 공항 인프라 개발, 운영, 해외사업 노하우를 바탕으로 동북아 최대 규모의 공항 인프라 확장은 물론 해외사업 포트폴리오를 신공항 개발, 터미널 위탁운영, 지분투자 등으로 다각화해 안정적인 해외사업 수익모델을 구축하고, 대한민국의 경제영토를 전 세계로 확장해 나갈 것이라고 한다. 인천공항은 국제여객 세계 5위, 국제화물 세계 3위라는 개항 이래 최고 실적을 달성했다. 지구촌 곳곳에 제2, 3의 인천국제공항을 만들고, 새로운 미래 도시를 만들어가는 미래지향 공항을 꿈꾸며 미래 항공산업을 리드하는 인천공항은 대한민국 경제의 새로운 성장동력으로 거듭날 것으로 보인다.

7 인천항의 미래가치 및 비전
: 인천항 종합발전계획 2030 프로젝트

　인천항의 물동량은 국내 항만 중 4위 수준으로 컨테이너 물동량은 매년 기록을 갈아치우며 비약적인 증가세를 이어오고 있지만 전체 물동량 증가율은 전국 평균치인 3.97%에 크게 못 미치고 있는 실정에서 인천항은 새로운 미래 성장 동력으로 〈인천항 종합발전계획 2030 프로젝트〉를 계획했다. 2016년 12월 27일, 해양수산부와 인천항만공사는 국제·문화·관광도시를 지향하는 인천시 미래비전과 발맞춰 고부가가치 해양문화공간을 확대하는 내용의 〈인천항 종합발전계획 2030〉을 발표한 것이다. 인구 300만을 넘으면서 서울, 부산에 이어 국내 제3의 도시로 올라선 지금, 외형에 걸맞도록 속을 채우기 위해 새로운 미래 창출에 다각도의 노력을 기울여야 하는 상황에서 이 프로젝트는 오랫동안 잃어버렸던 정체성 찾기, 즉 역사성과 지역성을 모두 살리고, 마리나와 크루즈와 같은 해양 관광 교통의 발달, 랜드마크로서의 문화

시설 건축 등을 통해 세부적으로는 인천항에 대한 가치 재창조사업과 해양부문을 활발히 이룰 필요성을 가진다. 이러한 측면에서 〈인천항 종합발전계획 2030〉은 인천이 물류와 해양중심도시로 세계를 향해 도약할 수 있는 계기가 될 수 있을 것으로 보고 있다.

8 팀원별 주관적으로 바라본, 인천의 현재가치의 한계·영향력 등

심보경

복합기능을 가진 수도권 산업항으로서 인천항의 존재가치는 여전히 높다. 즉 수도권 관문항으로서, 그리고 미래의 환황해권 해운물류를 주도해나갈 중심항만으로서의 존재가치를 지닌다. 현재 중국과의 교역이 직접교역으로 바뀌면서 교역량은 지속적으로 증가하고 있고,

기타 아시아 국가들과의 교역도 이와 비슷한 추세에 있다. 그런 의미에서 국제무역항으로서의 인천항은 다음과 같은 미래발전방안이 요구된다.

첫째, 인천항이 가지는 역할과 잠재력을 국제화 시대에 제대로 적용하려면 단지 화물교역의 창구에 머물러서는 안 된다. 이 프로젝트를 통해 인천항은 단순한 생산과 유통기능을 넘어서 포트 비즈니스 밸리로서의 면모를 높이고, 역사성과 지역성을 모두 살려 국제항으로서의 혼합 용도 개발 및 단계적 개발로 도시의 통합과 지속성을 달성해야 한다. 그리고 이러한 경제적 기반을 바탕으로 문화·관광적 효율을 높임과 동시에 환경적 정책을 수반해야 한다.

둘째, 개발 및 정책관리, 그리고 실천에 있어서 도시와 주민이 함께 적극적으로 참여하는 공간으로 나아가야 한다. 현재 인천시, 인천항만공사, 물류항만업계와 시민단체까지 힘을 합치고 있기는 하지만 기존의 국가 주도 사업과는 달리 스스로의 지역정체성을 회복하려면 그간 인천이 지녔던 타자지향성을 극복해 나감으로써 보다 차별성을 가져야 한다. 게다가 인천은 여전히 서울을 향한 종속성이 내재되어 있음을 부인할 수 없다. 그런 의미에서 〈인천항 종합발전계획 2030〉 프로젝트가 단계별로 잘 추진될 수 있도록 시민 의 적극적인 개입이 필요하다.

셋째, 지속가능한 발전을 통해 항만도시로서 새로운 상생모델을 제시한다는 측면은 고무적이다. 다시 말해, 항만 배후단지의 환경적 건설을 도모하고, 도시 기능과 연계한 신산업 및 해양·항만분야의 첨단산업 연구단지 등을 조성하여 저탄소 친환경 항만 정책을 추진하겠다는 계획은 긍정적이다. 그러나 배후교통망의 확충과 환경정책 간에는 다소 이질감이 공존하는 것도 사실이다. 그나마 친환경 항만의 필요성을 공감하고 있다는 점은 다행이지만 이에 관한 문제는 지속가능성의 관점에서 계속 지켜봐야 할 것이다.

강인영

코로나19로 인해 우리 사회와 생활에 많은 변화와 제약이 생겼다. 이는 지역 경제에 큰 영향을 미쳤다. 제2의 도약기에 접어들었던 인천국제공항 또한 최근 코로나19로 인해 급격한 변화를 맞이하게 되었다. 인천국제공항은 코로나19로 인한 여객 감소 말고도 몇 가지 문제점에 직면했다. 세계적인 공항으로 성장하고 경제 비중은 증가 중이지만 공항 관련 산업생태계는 아직 초기단계이다. 특히 공항 관련 기업 본사는 대부분 타 지역 소재이며, 공항 관련 핵심 산업 투자가 지체되고, 일자리의 질이 악화되기도 했다. 따라서 인천국제공항은 코로나19 위기와 같은 급격한 대외 환경의 변화에도 공항지역 경제가 버틸 수 있도록 새로운 보완 산업의 육성이 필요하다. 인천 지역 경제에 큰 부분을 차지하고 있는 인천국제공항이 흔들리지 않아야 지역 경제 또한 불안정하지 않게 성장할 수 있을 것이라 생각한다.

리치상

仁川是距离中国最近的港口城市。得天独厚的地理位置使这个城市自古以来在与中国交流中发挥着重要的作用。仁川拥有韩国最大的国际机场和历史悠久的港口，空港和海港优势造就了今天的仁川。与此同时，仁川加大了海港基础建设投入，并借鉴机场管理经验，还在机场内开展各种演出，让游客们可以免费观看演出及展览，也能切身体验韩国文化。不仅如此，还扩充了多种服务，并采用人工智能技术，最大限度地服务旅客，使仁川海港不仅成为世界一流的物流港，也成为世界一流的休闲港。同时，仁川还拥有韩国最大最现代化的"中华街"。那里有着传统的中国美食，蕴含着浓重的中国文化底蕴。不管在过去，还是在将来，仁川中华街都会继续起到中韩交流的桥梁作用。最后，除了仁川港及仁川国际机场对仁川经济的影响以外，仁川旅游业的发展对仁川也有着极大地促进作用。月尾岛、童话村、国立博物馆等具有韩国文化特色的景点，吸引着许多来往的游客。

인천은 중국과 가장 가까운 항구도시다. 우월한 조건의 지리적 위치를 가진 이 도시는 예로부터 중국과 교류하는 데 중요한 역할을 하였다. 인천은 한국 최대의 국제공항과 유구한 역사의 항구를 보유하고 있고, 공항과 항만의 강점은 오늘 날의 인천을 만들었다. 이와 함께 인천은 항만 인프라를 확충을 위한 건설에 투입하고, 공항 관리 경험을 살려 공항 내 다양한 공연을 펼쳐 관람객들이 무료로 공연 및 전시를 관람하고 한국 문화를 체험할 수 있도록 했다. 뿐만 아니라 다양한 서비스를 확충하고 AI 기술을 적용하여 최대의 여행객 서비스를 제공함으로써 인천항은 세계 1위 물류항뿐 아니라 세계 1위 레저항으로 거듭날 수 있게 되었다. 또한 인천은 국내 최대의 현대식 거리인 '중화거리'도 보유하고 있다. 그곳에는 전통적인 중국 맛집이 있고 중국 문화의 저력이 짙게 배어 있다. 과거에나 미래에나 인천 중화거리는 한·중 교류의 가교 역할을 계속할 것이다. 마지막으로 인천항과 인천국제공항이 인천 경제에 미치는 영향 외에도 인천 관광의 활성화 또한 인천에 큰 도움이 되고 있다. 월미도, 동화마을, 국립박물관 등 한국 문화의 특색을 살린 관광지로 많은 관광객들을 끌어들이고 있다.

앞서 결과보고서 초반부에서도 언급했듯이 인천은 세계로 통하는 관문이다. 그 이유로는 우리나라는 한반도이지만 사실상 해외로 통하는 길목을 북한이 막고 있기에 육상 교통으로는 해외로 나갈 수 없다. 그래서 배나 비행기를 통해 해외에 접근할 수 있는데 우리 남한에서 가장 규모가 크고 발달되어 있는 공항과 항구가 모두 인천에 있다. 공항과 항구가 인천에 위치할 수 있었던 이유로는 당연히 자연적인, 지리적 조건 덕분이었을 수도 있다. 우리나라 지형상 북쪽은 북한이 막고 있고 남쪽은 망망대해이며 서쪽으로는 중국을 마주하고 동쪽으로는 일본과 태평양이 있기에 사람이 많은 곳으로 교류를 하러 가기 위해선 인천이 오가는 관문으로서 적합한 장소였던 것 같다. 그래서 나는 위 이유를 빗대어서 사고해봤다. 인천은 적어도 대한민국의 다른 도시들보다는 국·내외로 활동이 활발하기 때문에 인천광역시란 도시가 굶어 죽을 일은 없겠구나! 라는 결론을 내렸다. 인천의 현재 한계점이 있을까 아무리 고민을 해봐도 도무지 답이 도출되지 못했다. 그만큼 '인천이 장점이 많은 도시구나'라고 생각해도 될 것 같다.

⑨ 미래 인천의 비전, 방향성, 영향력 등

탄탄한 미래가치를 계획하고 있는 만큼 전망이 더욱 기대되는 도시 인천광역시. 인천은 예정된 도시 즉 계획도시이다. 여러 도시, 환경, 복지 정비 사업을 통해 밝고 열린 미래를 꿈꾸고 있다. 그중에서도 항만도시로서 발판을 닦고 있는 인천은 해양친수도시를 계획하며 시민과 바다를 잇겠다는 미래가치를 정했다.

　이에 근거로 몇 가지를 내세웠는데, 먼저 수변과 배후도심을 연결
하자는 것이다. 철광과 조선산업으로 융성했던 도시지만 경제 불황으
로 쇠락의 길을 걸었던 스페인 빌바오를 예로 들어, 이 도시를 살린
것은 친수도시로의 공간구조 재편전략이었다는 것을 근거로 들었다.
도시 계획 수단은 보행에 의한 네트워킹 기법이라고 한다. 강 주변의
공공·문화시설들을 수변 산책로로 이어주고 원도심의 상권과 광장을
수변에 연결하는 것이다. 빌바오 사례는 내항 1·8부두 재개발이나
월미도 워터프런트, 북성포구 매립지 등 원도심 내 사업에 시사하는
바가 크다. 그렇지만 해양친수도시 인천을 원한다면 친수공간 조성
이외에 원도심과의 연계체계를 정비하는 것이 중요할 것 같다. 또한
인근 지역과 역할도 나누어야 한다. 수변과 원도심 간의 보행과 기능
적 교류가 활성화되고 파급효과도 키울 수 있기 때문이다. 원도심에
서의 접근이 용이한 곳, 해변과 원도심 간 수변 산책로 이용이 활성화
될 수 있는 사업을 먼저 고려하는 인천은 미래가치를 보유하고 있다
고 보여진다.

이제 인천은 나아가는 도시가 되기 위해 시민들과의 공감대 형성이 중요할 것 같다. 시민의 의견을 지속적으로 듣고 이를 반영하기 위해 노력해야 할 것이다. 또한 선택과 집중에도 지속적인 발전을 도모할 수 있도록 신중하게 해야 한다. 인천은 이제 해양친수도시로 되살리기 위해 수변 공간을 관리하며 시민들의 지혜를 모아 대한민국의 제2의 수도로서 인천광역시를 보여줄 것이다!

10 인천을 연구하고 현장 답사하면서 느낀점

심보경

이번 프로그램에 참여하면서 '인천의 미래 가치 개발'이라는 취지에 맞게 인천에 대해 연구할 수 있는 계기가 되었고, 특히 미래 발전 가치가 높은 인천항에 대해 자세히 알 수 있었다. '하늘길·물길 동시 보유'라는 지리적 이점을 가진 인천은 해외 관광객을 유치하는 관광도시일 뿐 아니라 과거부터 미래까지 한국과 중국의 교류에 있어서도 중요한 역할을 하는 중심 해양도시가 아닐 수 없다. 인천대학교 중어중국학과의 학생으로서 우리가 미래에 중국과 협력해나가는 과정에서 인천의 미래 가치를 찾는 것은 필연적이자 의무일 것이다. 팀원들과 함께 인천항과 인천공항 현장을 직접 방문하여 답사하고 촬영하는 과정은 그 자체로 의미 있고 소중한 경험이 되었다. 인천의 현재 가치를 어떻게 보존하고 지켜나갈 것인지, 또 인천이 지니고 있는 미래 가치를 어떻게 개발하고 발전시켜나갈 것인지는 앞으로 우리가 책임을 가지고 지속적으로 연구하고 실행에 옮겨야할 것이다.

강인영

인천의 미래 가치가 무엇인지 생각해보며, 우리가 무엇에 초점을 맞추어 영상 콘텐츠를 제작해야 하는가를 열심히 고민했다. 고민하던 과정 중 여러 지역들이 '지속가능한 도시'를 위한 정책과 사업을 펼치고 있음을 알게 되었다. 인천 또한 지속가능한 도시가 되기위해 발돋움 중인 도시인데, 이는 인천의 미래 가치와 깊은 연관이 있다고 생각했다. 인천은 지속가능한 도시 뿐만 아니라 미래의 인천을 위해 어떤 모습을 만들어왔는지 조사해본 결과, '동북아시아의 관문도시 인천'이라는 해답을 얻었다. 그 해답에서 우리는 인천항과 인천공항을 떠올렸고, 대한민국의 최고의 물길과 하늘길 이라는 유일무이한 장점을 인천의 미래 가치로 선정하기로 했다. 인천항과 인천공항의 현장 답사와 인터넷 조사를 통해 인천의 항공물류와 항만물류의 기능, 즉 중국과 일본 등 동북아시아와 인천을 잇는 종합물류 네트워크를 구축한다는 것을 알게 되어 인천이 대한민국에서 역량있는 도시임을 실감하게 되었다.

리치샹

对于第一次参加这类活动的我来说，这次的活动对我来说虽然有着很大的挑战，但也学到了很多。首先，之前从来没有认真地了解过仁川，在这次活动中，通过对仁川的研究，我对仁川这座城市有了更详细的了解。仁川是一座集历史与现代化为一体的城市。仁川通过文化的影响，逐步形成了以文化产品为龙头、带动旅游业发展的产业链条。由于仁川优越的地理位置，仁川不仅仅只是一座旅游城市，更是中国与韩国交流的桥梁。仁川机场和仁川港以港湾物流管理体系的自动化系统将仁川与中国和日本等东北亚连接起来，是重要的交通枢纽。同时也了解到仁川机场对仁川经济的巨大影响，并通过机场的演出了解到了韩国文化，以及仁川港悠久的历史。其次，在这次活动中，交到了韩国朋友，通过与韩国朋友的合作，让我认识到不同国家的人的思维方式，也积累了关于拍摄视频及翻译的经验。与不同国家的人一起参与这次活动，对我来说，是一种新奇的体验。

이런 활동에 처음 참여하게 되었던 나에게 이번 프로그램은 큰 도전이었지만 많은 것을 배울 수 있었다. 우선 그동안 인천에 대해 제대로 알지 못했는데 이번 활동에서 인천에 대한 연구를 통해 인천이라는 도시에 대해 더 자세히 알게 되었다. 인천은 역사와 현대화가 하나로 통합된 도시이다. 인천은 문화의 영향을 통해 점차 문화 상품을 선두로 하여 관광업의 발전을 이끄는 산업 고리를 형성하였다. 인천의 우수한 지리적 위치로 인해 인천은 관광도시일 뿐 아니라 중국과 한국 교류의 다리 역할을 하고 있다. 인천공항과 인천항은 항만 물류 관리 체계의 자동화 시스템으로 인천을 중국과 일본 등 동북아와 연결하는 중요한 교통 허브이다. 또한 인천공항이 인천 경제에 미치는 거대한 영향과 함께 공항의 공연을 통해 한국 문화 및 인천항의 유구한 역사에 대해 이해할 수 있었다. 두 번째로 이번 활동에서 한국 친구들을 사귀고 한국 친구들과의 협력을 통해 다른 나라 사람들의 사고방식을 깨달을 수 있었고, 동영상 촬영 및 번역에 대한 경험을 쌓았다. 다른 나라 사람들과 함께 이번 활동에 참여한 것은 나에게는 신기한 경험이었다.

사실 인천이라는 도시는 나에겐 꽤나 생소했다. 왜냐하면 인천대학교를 재학하기 전에 인천에는 손에 꼽을 만큼 방문했기 때문이다. 그저 우리나라에서 가장 큰 공항이 있는 도시로서만 인식하고 별다른 생각을 해보려, 할 수도 없었다. 그런데 이번 중어중국학과 특성화 프로그램을 하게 되면서 인천에 어떤 것이 있고 또 유명하고를 찾아보게 되면서 느낀 점이 하나 있었다. 백문이 불여일견이라고 역시 내가 직접 보기 전에는 알지 못했던 것 같다. 인천은 생각보다 발전된 도시였다. 인천대학교에 몇 번 방문했을 때도, 송도 끝자락에 있는지라 아무것도 없는 심심한 대학교로서 느껴졌는데 그 대학교에서 몇 발자국 나와 돌아 다녀보니 인천은 제2의 수도라고 불리울 만큼 성장세를 보이고 있었다. 결론적으로 인천은 관광도시, 계획도시, 미래도시로서의 성공이다. 그 이유는 내가 그렇게 보았기 때문이다. 어쨌든 이렇게 인천에 대한 첫인상을 적어봤고 다음으로 학과 프로그램에 대해서 이야기해보고자 한다.

올해는 비대면의 해였다. 비대면이라는 이유로 팀원들과 활발한 소통을 하는 것이 너무 불편했다. 그래도 끝까지 최선을 다했지만 학교를 다니면서 활동을 하는 것과는 천지차이가 있을 것으로 느껴졌다. 이렇게 말했다고 해서 부정적인 것만 있었던 것은 전혀 아니다. 당연히 모든 것은 경험으로 잊혀지지 않을 것들이었다. 이후에 나에게 거름이 되어 분명히 열매로서 돌아올 것이다. 이번 학과 프로그램이 대학교에 들어와 첫 활동이었는데 다방면에서 미루어 봐도 정말 의미있고 재참여 의사가 있을 만큼 색다른 프로그램이었다. 결과보고서를 작성하면서 다시 회고해보니 또 다른 동기부여가 되는 것만 같은 느낌이다. 끝으로 꼭 코로나19가 종식되기를! 빌면서 글을 마치겠습니다.

보여줄게, 水마트한 인천의 미래

박지은3   이하늘3   이호윤3   임수경3

1 특성화 사업 참여 동기 및 주제 선정 이유

    미래가치를 생각했을 때 송도가 가장 먼저 떠올랐고, 해양친수도시를 조성한다는 내용을 알게 됐다. 프로젝트의 규모를 확인했을 때 이 사업을 주제로 한 영상이 무조건 있어야겠다는 생각을 했다. 이 프로젝트는 인천을 대표하는 브랜드가 될 수도 있을 것이고 환경적인 부분이나 관광산업에 있어서 중요하다고 생각했다.

    이와 반대로 스마트 관광은 처음에 바로 정한 주제가 아니었다. 나는 이 프로젝트를 하기 전부터 관광산업에 관심이 있었기 때문에 인천의 관광산업에 관한 영상 주제도 있었으면 좋겠다고 생각했다. 그래서 자료 조사를 시작하던 중 스마트 관광이 인천 중구에서 실행됐다는 정보를 보고 바로 이 주제를 제의했다. 그리고 나는 타 전공강의를 통해 4차 산업혁명에 대해 자료 조사를 한 적이 있었는데 4차 산업혁명의 파급력은 관광산업에도 영향을 미칠 것이고 그 영향이 클 것이라는 어떤 기사가 떠올랐다. 그래서 인천 e지와 같은 플랫폼이나 새로운 기술들을 관광산업과 연관 짓고 싶었다.

이하늘

    우선, 현재가 아닌 '미래 가치'인 만큼 '미래'에 초점을 두고 생각했다. 앞으로 내가 현재 사는 인천은 어떻게 변할 것이며, 그 변화됨 속에서 과연 어떤 미래 가치를 발견할 수 있을까 생각을 했고, "2030 인천바다이음"에 관해 흥미를 느꼈다. 2030 바다이음은 인천시가 해양도시로서의 정체성과 위상 강화를 위해 오는 2030년까지

해양친수공간 네트워크화를 추진하고 있는 프로젝트이다.(아래 표 참고)

1. 개방적 해양친수도시	2. 재생적 해양친수도시
• 정서진 친수 network • 영종 자전거 한바퀴 network • 소래 ~ 송도 친수 network	• 인천내항 친수 network • 용유 ~ 마시안 친수 network • 유휴공간 활용 해양공원 조성(2개소)

3. 상생적 해양친수도시	4. 보전적 해양친수도시
• 인천바다역 network • 항·포구 친수기반 확충 • 인천 해양치유지구 조성(3개소)	• 문화체험 : 강화 "돈대이음" • 경관 관리 : 친수공간 경관관리 • 생태 탐방 : 친수연안 이음길(6개소)

5. 국제적 해양친수도시
• 친수 페스티발 육성 • 인천공항 환승객 바다이음 project • "인천형 워터프론트" 가이드라인

2030 인천 바다이음 출처, 인천광역시 홈페이지

　인천이 더욱 해양도시로서 발전하기 위해 '2030 바다이음', 그중에서도 송도 워터프론트 형성에 대해 많은 기대를 할 수밖에 없을 것 같다. 해양도시로서의 인천을 위해서는 바다이음 사업이 필수고, 이것이 바로 인천이 추구해야 하는 미래 가치라고 생각이 들었다.

　또한, '미래'라는 것을 중점에 두었을 때, 자연스럽게 '스마트'라는 말이 떠오른다. 관광에서까지 스마트함을 함께한다면 어떨까? 문화체육관광부와 한국관광공사가 함께하는 스마트 관광도시 조성 사업은 관광객이 많은 찾는 관광 구역에 정보통신기술이 접목된 다양한 관광 서비스를 집약적으로 제공해 여행 편의와 만족도를 높이고, 축적되는 관광유형 정보를 분석해 지역관광 콘텐츠와 시설을 지속해서 개선하는 사업이다. 인천 중구는 2021년 7월에 출범한 국내 1호 스마트 관광 도시이다.

인천은 주로 '인천 e지'앱을 통해 이러한 스마트 관광을 실현하고 있는데, 이 앱은 문화체육관광부, 한국관광공사, 인천광역시, 인천관광공사, 인천시 중구가 공동으로 앱을 개발했고, 관광에 스마트 인터넷 기술을 접속시킨 것이다. 이러한 스마트 관광은 앞으로 인천을 관광도시로서의 미래에 있어 충분한 가치가 있을 것으로 생각이 들었다.

박지은

2021년 1학기를 마칠 무렵, 중어중국학과의 학과 특성화 사업 추진 계획이 어김없이 올라왔다. '인천의 미래 가치'에 대한 동영상 콘텐츠를 제작하는 것이 그 내용이었다. 사실 대학교 3학년이 될 때까지, 인천이 가지고 있는 매력과 그에 상응하는 가치에 대해 깊게 생각해 본 적이 없었다. 그저 인천은 바다와 인접해있고, 송도신도시가 주목을 받고 있다는 정도만 알고 있을 뿐이었다. 인천에서 23년을 살았지만, 지역에 대해 아는 것이 없다는 것에 부끄러움이 몰려왔다. 그리하여 이번 영상 제작을 통해 스스로 인천에 대해 조사 및 분석하고, 더 나아가 인천을 알릴 수 있는 좋은 경험이 될 것 같아 특성화 사업에 참여하게 되었다.

막상 인천의 미래 가치와 연관을 짓고 주제를 선정하려니 앞길이 막막했다. 그러던 중 '2030 인천 바다 이음 프로젝트'를 보게 되었고,

워터프론트 사업이 진행되고 있다는 것을 알게 되었다. '인천'하면 송도가 떠오를 정도로 송도신도시의 위상이 높아져 관광객들도 송도를 많이 찾고 있다. 이와 관련하여 워터프론트 사업을 진행한다면 지역경제 활성화뿐만 아니라 글로벌 관광객 유치 증가에도 효과적이라고 판단하여 '해양친수도시로서의 인천'을 주제로 잡게 되었다.

두 번째 주제 선정은 그 과정이 상당히 까다로웠다. 사실 조금만 더 생각하고 조사하면 생태계, 문화유산 등 선정할 키워드는 많았다. 그러나 초기 계획을 수립하기 위해 구체적인 자료를 찾아보면 잘 나오지 않는 것들도 있었고, 영상으로 제작하기에 다소 복잡한 부분도 있었기에 두 번째 영상의 주제를 선정하기까지는 꽤 시간이 걸렸다. 그러던 중 같은 팀원에게 '인천e지' 애플리케이션에 대한 얘기를 듣게 되었다. 중국 위챗에서도 통용되고 있는 이 앱은 인천의 개항장 일대를 중심으로 소개하고, 도움을 주는 관광 서비스의 일종이었다. 현재 코로나로 인해 이전만큼 관광사업이 활성화되어있지 않다는 점을 고려하여, 정보화 기술이 더욱 발달하고 AI 관광 서비스가 확산한다면 관광산업의 질이 높아지리라 판단했다. 특히 다른 지역에 비해 인지도가 낮아진 관광특구를 중심으로 이러한 서비스가 도입된다면 지역 관광을 부흥시키기에도 적합하겠다는 생각이 들어, '스마트도시로서의 인천'을 주제로 영상을 만들기로 하였다.

사실 본격적으로 콘텐츠 제작 계획을 세우기 전에는, 진행 상황과 앞으로의 기대효과에 대해 적절하게 설명하여 영상에 녹여내면 될 줄 알았다. 그러나 주제까지 정하고 나니, 이것이 단순히 주제에 대한 소개로만 보이면 안 되겠다는 생각이 퍼뜩 들었다. 특히 아무래도 관광과 연관이 되어있는 주제들을 선정하였기 때문에, 자칫하면 여행 소개 영상이 될 가능성도 존재하는 것이었다. 그렇기에 인천의 새로운 면모를 소개하여 앞으로의 발전 방향과 이에 대한 가치를 끌어내는 동영상을 제작해야 함을 다시금 인지하게 되었다. 각 주제의 내용에 어떠한 장단점이 있고, 왜 그것이 미래 가치가 될 수 있는가를 잘 담아내야겠다는 책임감이 속속 피어나고 있었다.

2 영상 제작 과정

해양친수도시로서의 인천

워터프론트 사업은 현재 진행이 되고 있지만, 아직 초기 단계이고 완공된 것이 없기 때문에 영상을 찍을 장소를 선정하기 까다로웠다. 4명이 머리를 맞대고 고민한 결과, 워터프론트 사업에 대해 설명을 하려면 송도의 지리에 대한 이야기도 나오기 때문에, 부동산 방문을 컨셉으로 하여 실내에서 촬영하기로 하였다. 대학 졸업을 앞둔 청년들이 레저사업 창업을 꿈꾸며 송도의 워터프론트 사업에 대해 자문하러 가는 것이다. 지금 우리의 모습과 딱 맞으니 잘 표현할 수 있으리라 생각했고, 송도의 워터프론트를 인천의 미래가치와 연관 지어서 자연스럽게 소개할 수 있을 것 같았다. 물론 실제 부동산을 방문하여 촬영하기는 힘들었기에 학교를 부동산인 것처럼 꾸며놓고 진행하기로 하였다. 바다이음 프로젝트에 대한 정보는 '인천 해양친수도시 조성 기본구상 요약보고서'도 있고, 인천경제자유구역청(IFEZ) 홈페이지에 들어가면 사업에 대한 대략적인 내용이 나와 있어 그것들을 참고하였다.

워터프론트는 '시민과 바다를 잇는 2030 인천 바다이음 프로젝트'

의 한 부분이며, 국제적 해양친수도시로의 목표에 속해있는 사업이다. 워터프론트의 사업 내용을 간단히 설명하자면 아래와 같다.

워터프론트 조감도, 끝내주게 멋지다! 출처: 인천경제자유구역청

1-1 단계: 서측 수로 '옐로 선셋 레이크'

송도 워터프론트의 중심적 공간. 관광 거점 공간으로 개발하여 수변 경관 창출.

1-2 단계: 북측 수로 '아함패밀리 리버'

가족 이용 중심 수변 레포츠 공원 조성. 다양한 워터프론트 레저 공간 조성. 건강하고 활력 넘치는 생활 가족공원 조성 목표

2 단계: 남측 수로 '사우스 마린 레인'

물을 활용한 창조적 해양문화 체험공간 조성. 대학 및 산업단지 서비스 담당 공간 조성. 공원·녹지·보행로 등 구축 계획.

2019년 4월 착공한 워터프론트 1-1단계(0.93km)는 22년 5월에 준공돼 6공구 인공호수와 바다가 수로로 연결된다. 인천신항 배후단지와 송도 시가지 사이에 조성되는 워터프런트 2단계(5.73km) 사업은 타당성 조사와 지방재정투자심사 등을 거쳐 2024년 착공, 2027년 완공할 예정이다. 송도 워터프런트는 전체 길이 16km·폭 40~500m 규모로, 총사업비 6천215억 원이 투입된다. 인천시와 인천경제청은 이 사업을 통해 송도를 이탈리아 베네치아나 네덜란드 암스테르담처럼 낭만이 넘치는 '물의 도시'로 조성할 계획이다.

워터프론트 사업의 가장 중요한 점은 물길을 연다는 것이다. 물길이 개방될 시 얻게 될 기대효과는 인천 해양친수도시 조성 기본구상 요약보고서를 인용했다.

1) 수질 개선 효과
해수 유입으로 약 15일간 순환이 되면 수질이 3등급 이상으로 유지된다. 수질 등급이 올라가면 자연히 물을 활용한 레저문화에도 긍정적인 영향을 미친다.

2) 방재 효과
물길 개방 시 약 1000만 t의 담수능력을 확보하게 된다. 이는 집중호우 발생 시 침수피해를 예방하는데 도움이 된다.

3) 생태적 지속가능성 및 장소성
수변공간을 통한 도시 내 녹지공간 제공, 수환경 확보를 통해 생태적 지속 가능성을 향상시킬 수 있다. 더불어 친수공간과 연계된 지역적 자산과 고려하여 도시공간 내의 장소성에 대한 가치를 확보할 수 있다.

4) 관광 효과 증대

물이 순환되는 'ㅁ'자 수로 건설로 아래와 같은 다양한 레저, 체험, 휴식공간의 확보가 가능해진다.

- 수변 레포츠 공원
- 마리나 항만시설
- 수상 터미널
- 수변공간 산책로

그렇다면 이러한 기대효과들이 인천의 미래 가치와 어떠한 연관이 있는가?

물길이 개방된다면, 앞서 언급한 내용을 통해 해양친수도시로서의 인천의 지위를 향상할 수 있을 것이다. 현재 단계마다, 승인되어 진행되고 있는 부분이 있고 협의를 통해 추진해야 하는 단계도 있다. 그러나 목적에 대한 정당성이 확보되고 연계방안의 다양한 제시가 이루어진다면 목표한 바와 같이 2030년까지 사업을 완공하여 송도를 친수공간으로 만들 수 있을 것이다. 워터프론트의 적극적인 이용 및 양호한 경관 확보는 장기적인 관점에서도 긍정적인 영향을 줄 것이다. 특히 워터프론트는 국제적 해양친수도시로서의 목표에 속해 있다. 그 때문에 수변공간을 활용한 레저, 공연, 축제 등을 다각화시켜 인천시를 대표하는 친수공간으로서의 공간적 특성을 보여준다면 국내뿐만 아니라 국제 관광객의 유입이 증대될 것이다. 그렇게 되면 투자도 활발해질 것이며, 이는 곧 지역경제의 활성화로 이어지게 될 것이다.

2013년부터 지금까지 진행되고 있는 부산 해양레저종합축제인 '국제 해양 레저 위크'처럼, 인천 송도에서 전 세계가 함께 즐기는 글로벌 페스티벌이 개최된다면 해양친수공간과 해양레저에 대한 관심을 유도하게 되고, 인천에 대해 구체적인 성과를 기대할 수 있을 것이다.

아울러 물길의 순환에 따라 조성된 산책로와 조망은 상당히 수려할 것이라고 본다. 경관의 아름다움은 곧 이를 보기 위한 방문객들의 발걸음도 증가시키기 때문에, 코로나가 종식되고, 사업이 완공되어 사람들 간의 교류가 다시금 활발해진다면 인천 송도는 친수도시로서 수많은 사람의 발길을 이끌 것이다.

현재 송도 내부 호수 및 수로 수질은 민물 기준 3~6등급으로 개선이 필요하다, 하지만 송도 주변 바닷물 수질은 해수 기준 2~3등급으로 양호한 수준이다. 따라서 해수 교환 시스템을 추진해 수질을 개선할 수 있다. 그렇게 되면 앞으로의 송도 수질에 대한 기대를 할 수 있을 것이다. 특히 인천 사람 혹은 관광객의 입장에서 더욱 와닿을 수 있는 부분은 친수 시설을 이용해서 유수지 주변 공간을 활용하여 해양관광도시로의 발돋움을 하는 것이다. 현재 송도 '센트럴 파크'가 인천의 필수 관광지가 된 것처럼, 앞으로 인공해변과 산책로, 마리나 등을 조성한다면 송도 전체가 관광도시에 자리 잡을 수 있는 조건을 충분히 갖출 것이다.

물론 고려해야 할 문제점들도 존재한다.

사업의 확정 문제

현행법률상으로 준설토 투기장에 대한 인천시의 소유권 확보는 불가능하다. 그 때문에 준설토 투기계획서 등의 서류 제출과 사전승인을 받아야 한다. 현재는 사업의 모든 부분이 승인받은 것은 아니기 때문에 심의 단계에서 긍정적인 결과가 나와야 원활한 진행이 가능하다.

특히 2단계 남측 수로는 타당성 조사를 의뢰하고 통과해야 하므로, 아직 확정된 것은 아니며 변동 가능성이 있어 지켜봐야 할 문제이다.

충분하지 않은 교통편의시설

대중교통에 의한 접근성 불량 및 주차장 등 교통편의시설의 부족도 개선해야 할 문제점이다. 이 문제에 대해서는 버스정류장 신설과 노선 조정, 전철역을 중심으로 한 공공자전거 시스템 도입으로 접근성을 확보하려고 논의 중이기에 긍정적인 결과가 나타날 것이라 예상해 볼 수 있다.

이해 충돌의 문제

정부와 지자체의 이해 충돌 문제도 있을 수 있다. 인천시가 독단적으로 진행하는 사업이 아니기에 사업 진행 과정에서 얼마든지 대립이 있을 수 있다. 따라서 사업시행자들은 이러한 문제의 발생 시 최선의 결과를 도출할 수 있도록 노력해야 할 것이다.

현재는 사업에서 눈에 보일 만큼 진척된 부분이 없기 때문에, 영상에 들어갈 정보의 시각화를 뚜렷하게 하기 어려웠다. 너무 미래의 계획들만 있기 때문이었다. 그러나 워터프론트를 알리고 더 많은 사람이 이에 관심을 가진다면, 완공 후에 나타날 수 있는 기대효과가 더욱 클 것이다. 그렇기 때문에 영상 속에서 우리가 어떻게 주제를 전달하느냐의 문제는 상당히 중요했고, 팀원들과 많이 고민했다. 한 팀원이 요즘 인기 있는 3D 게임인 마인크래프트를 활용하여, 완성 조감도들을 보고 직접 만들어 입체적으로 보여주면 어떨까 하는 의견이 나오기도 했지만, 반응이 마땅치 않아 기각됐다. 있는 정보들만 가지고는 참신한 영상물을 만들기 어려울 것 같다는 생각도 했지만, 결과적으로 현재까지의 진행 상황과 앞으로 기대되는 인천의 가치들을 이야기 하여 풀어나가는 것으로 마무리 지었다. 비록 다양한 영상과 사진은 부족했을지라도, 사전에 찾은 정보들이나 기사를 통해 말로 설명하기 쉽도록 구성하려고 노력했다.

지금 생각해보면, 인천시나 혹은 경제자유구역청과의 연락을 통해 인터뷰를 진행했다면 내용 구성이 훨씬 좋았을 것이라는 생각이 들어 아쉬움이 남았다. 약 5분 이내의 영상을 통해 해양친수도시가 왜 인천의 미래 가치인지를 심층적으로 보여주고 싶었던 마음에 비해 정작 자료수집 과정에서 수동적인 태도를 보이지 않았나 싶다. 주제에 대해 스스로 더욱 끊임없이 질문을 던지고, 더 적극적으로 탐색했다면 더욱 신선하고 깊이 있는 내용을 만들어냈을 것이라는 생각이 들기도 하였다. 완성된 영상을 보니 그래도 담고자 했던 정보들은 어느 정도 녹아있어 뿌듯하지만, 결과를 내기까지의 과정을 다시금 되새겨볼 수 있었던 시간이었다.

스마트관광도시로서의 인천

인천의 관광산업으로 미래가치를 기대할 수 있는 지역을 찾기 시작 했다. 그리고 스마트 관광 도시 1호로 인천 중구가 있었다. 이 스마트 관광은 주로 앱을 사용하는 것과 연관이 있었다. 그래서 '인천 e지'라 는 애플리케이션에 관심이 갔고, 이를 활용하기 좋은 스마트 도시 1호 인 인천 중구로 촬영 장소를 선택했다. 특히 동인천 일대는 사람들의 인식 속에 구시가지로 자리 잡고 있는 경향이 있다. 우리는 4차 산업 혁명이 관광산업에 미칠 영향은 어느 분야보다도 확실할 것이라 예상하여, 발달한 정보화 기술이 이미 구 시가지로 인식된 지역을 부흥시킬 수도 있음을 부각하고 싶었다. 이곳에서 가장 스마트화가 잘 실현된 곳은 '개항장'이었다. 또한 앞서 언급했던 인천 e지 앱이 든든하게 있었기 때문에 사람들에게 인천의 미래 가치를 전달하기에는 충분하리라 생각했다.

먼저 7월 말부터 본격적으로 출발한 '2021 인천 스마트관광 도시'의 조성사업 개요를 찾아본 후, 인천 e지 앱에 직접 들어가서 어떠한 서비스를 제공하는지부터 살펴보았다. 앱이 출시한 지 얼마 되지 않아 많은 사람의 평가나 반응을 많이 얻을 수 없다는 것은 조금 아쉬웠다. 인천 스마트 관광 도시를 잘 소개하기 위해서는 더 많은 정보가 필요했고 직접 체험을 해보는 과정이 필요하다고 생각했다. 영상을 찍기 위해 개항장 일대를 중심으로 동인천을 방문하여 직접 AI 서비스를 체험했다.

우리가 생각하는 이 주제에서 가장 중요한 점은 인천이 1호 스마트 관광도시로서 이후 관광 부흥을 위해 노력하는 다른 관광지들의 선도 모델이 될 것이라는 점을 알리는 것이었다. 그 내용 속에 인천 e지 앱과 같은 정보화 기술이 포함되어 있다. 고도화된 디지털 기술과 관광산업의 융복합을 통한 스마트도시로서의 인천에 대한 설명을 간략히 하자면 아래와 같다.

비전

스마트관광 생태계 구현을 통한 지역 관광 활성화

방향

① 4차 산업혁명으로 인한 관광의 디지털 대변혁 선도
② 정부의 지원을 통한 관광과 기술의 융복합 가속화
③ 스마트 관광요소를 집약한 미래관광 청사진 제시

목표

① 기술 기반 미래 관광 서비스·인프라 육성
② 혁신 기업의 참여를 통한 신관광산업 발전 기반 마련
③ 지역 경쟁력 강화를 통한 지역관광 활성화

스마트관광도시 모델 요약

• 여행플래너, 관광와이파이
• AR 내비게이션, 퍼스널 모빌리티 ex) 전기자전거, 전기오토바이
• 스마트관광오디오, AR/VR 체험
• 간편결제, 관광 마일리지
• 로봇 룸서비스, IoT(사물인터넷) 원격제어

우리는 앱을 사용해보면서 그 기능을 파악해볼 수 있었다.

앱 속에는 개인의 상황과 취향에 맞는 코스 추천 및 오디오북, AR 시스템 등 여행하기 전 도움이 되는 서비스들이 담겨있다. 이를 통해 지도 내 동선을 따라 편하게 여행할 수 있고, AR과 같은 콘텐츠를 통해 더욱더 생생한 여행이 가능해진다. 인천 e지 AR 기능을

통해 중구의 옛 모습도 볼 수 있었고, 고스트를 통해 각 관광 장소에 대한 설명을 들을 수 있다. 한 앱 내에서 다양한 서비스를 이용할 수 있으니 관광객들의 입장에서 본다면 매우 편리하다. 중국 IT기업인 텐센트와 협업해 중국 위챗에 인천 미니프로그램을 개설했고, 외국인 관광객들을 위한 통역 문자채팅 서비스, 번역 기능도 있기 때문에 그들 또한 불편함 없이 관광 서비스를 이용하며 여행할 수 있다.

위챗에 개설된 인천e지 프로그램

그리고 개항장 곳곳에 와이파이가 있으니 원활하게 앱을 사용할 수 있었다. 다른 나라에 여행을 가면, 와이파이가 없거나 혹은 와이파이에 비밀번호가 있어서 내가 원하는 여행 정보를 쉽게 찾을 수 없었던 경험이 있었다. 하지만 중구 개항장의 공공와이파이와 인천 e지 덕분에 여행 정보를 쉽게 얻을 수 있다는 것은 큰 장점이라고 생각한다. 이러한 정보들을 실감 나게 소개하기 위해 인천 e지를 이용하는 모습을 촬영하고, 핸드폰 화면 녹화도 하여 영상에 담아냈다.

하지만 스마트 관광이 긍정적인 장점만 가지고 있는 것은 아니다. 고려해야 할 문제점들도 명확하게 존재했다. 앞서 언급한 것처럼 관광 서비스에 디지털적 요소들이 증대되고 있으나, 모든 사람이 빠르

AR로 보여지는 한중원의 도슨트와 한중원의 모습

게 변화하는 서비스를 파악하고 받아들이기는 쉽지 않다. 특히 정보기술에 익숙하지 않은 노인의 경우, 시대에 뒤처질 우려가 있다. 몸이 불편한 장애인 또한 마찬가지다. 따라서 이들과 같은 정보 취약계층들도 사용하기 쉽게 서비스를 조성하고, 4차산업혁명에 따른 디지털 교육의 필요성도 높아져야 할 것이다. 또한 디지털 취약계층뿐만 아니라 '인천 e지'라는 새로운 플랫폼에 대한 관심이 없다면 스마트 관광의 의미가 없게 될 것이다.

물론 실제로 영상을 찍으면서 관광지를 방문했을 때 앱에 대해 홍보하는 배너가 여러 군데에 있었지만, 접근성이 좋거나 홍보가 되는 느낌은 받지 못했다. 스마트 관광과 앱으로 편리함을 보장하지만 정작 앱에 대한 홍보는 부족하다는 느낌을 받았다. 팀원 중에서는 AR 시행 위치에 따른 기술적인 부분에서 아쉬움을 느끼기도 했다. 이 문제에 대해서는 지금도 충분히 개선될 수 있다고 생각했지만, 아직 크게 수정된 부분은 없었다.

우리는 영상 제작을 통해 관광 활성화를 위한 방안 중 하나인 '2021 스마트관광 도시'를 중심으로, 구도심에서 스마트 도시로 발전함으로써 인천이 가질 수 있는 경제적 효과나 미래 관광산업의 발전과 같은 가치를 기대했다. 그리고 첨단 기술(AR, AI, VR 등)을 접목한 인천 중구의 가치가 앞으로는 어떠한 흐름으로 나아갈 것인가에 관해 이야기하고 싶었다. 그러나 한계점은 금방 드러났다. 한국의 관광객 중 가장

디지털기기를 활용하여 여행하는 모습

큰 비율인 27.2%(2020년 1~12월 기준, 한국관광공사 통계 자료 참고)를 차지하는 국가인 중국은 이미 이러한 기술이 우리보다 뛰어나다는 것이다. 우리에게 있어 '스마트 관광'은 굉장히 신선했고, VR을 통해서 관광지를 본다는 것은 낯선 일이었다. 하지만 중국의 '全景客 QuanJingKe' 사이트를 보면 중국인들에 있어서는 VR 여행이 신기한 일이 전혀 아니다.

출처: 全景客, 바이두 백과사전

바이두 백과에 따르면, 2009년 설립된 全景客는 베이징 창예펑퉁 创艺丰通 정보기술유한공사(IT) 산하 관광 전자상거래 플랫폼으로, 중국의 선도 스마트 관광 솔루션 공급업체이기도 하다. 또한 중국 최대

가상관광 전자상거래 플랫폼인 파노라마 가상촬영을 독창적으로 하고 있다. 全景客는 국내외 400여 개 도시 1만개 이상의 고화질 720도 3차원 파노라마 코스, 가상촬영, 관광 정보 등의 서비스를 제공하고 있다.

그중 한 곳인 武当山(우당산)을 들어가 보았는데, 오늘 방문 횟수가 무려 220,120회였다. 우리가 인천 e지 앱을 다운 받아서 개항장의 모습만을 VR로 볼 수 있다는 것을 미래가치로 볼 수 있겠냐는 의문점이 들었다. 물론 우리에게 인천 e지 앱이 굉장히 신선하고 이것이 앞으로의 미래 인천의 관광 가치뿐만 아니라 한국 전체 관광의 미래 가치도 보여줄 수 있다는 가능성을 보았지만, 중국의 이러한 기술은 한국이 배워야 할 점이라고 생각한다.

디지털 뉴딜 시대에서 스마트관광 도시로의 도약은 국내외 관광객들이 더욱 편리하게 여행할 방법을 제시하며, 스마트한 경험과 서비스를 통해 전통적 방식에서 벗어나 새로운 관점에서 관광을 재해석하게 한다. 코로나에 따른 비대면 관광 서비스 요구도 증대되고 있고, 개별화된 관광 서비스에 대한 관심도 높아지고 있는 와중, 정보화 기술은 관광에 있어 필수 불가결한 요소가 되고 있다.

반면, 인천의 새로운 관광형식을 앱을 통해 경험해본 입장으로는 이미 편리한 다른 앱들과의 기술적인 차별화도 필요한 것 같다. 이미 사람들의 일상 속에 녹아들어 편리한 앱들은 넘치지만 우리는 관광이라는 특성에 맞춘 차별화된 기술과 새로운 관광 형태를 기대해볼 수 있다. 그리고 스마트관광 생태계 구현을 통한 인천 지역의 관광 활성화는 새로운 관광산업의 발전기반을 마련할 것이다.

한국관광공사는 "25년까지 25개 스마트관광 도시를 조성하여 전국 지자체에 스마트관광을 확산시키기 위해 노력할 것"이라고 밝혔다. 또한 인천 e지 앱뿐만 아니라, 수집한 데이터 분석을 통해 고객정보를 수집하고 통합 관리하는 데이터 플랫폼이 확충되고, 공공 와이파이 같은 스마트 인프라가 확대된다면 스마트 관광도시 1호인 인천을 시작으로 점점 확대되면서 관광의 질 역시 크게 상승할 것이다. 그렇게 되면 관광객·지역민·기업체의 선순환 가치제공도 가능해질 것이다.

우리가 영상을 제작했을 때를 다시 생각해보면 '정보화 기술'을 통한 미래 관광산업의 발전이라는 점을 영상에 담아야 했기 때문에, AI 서비스가 어떤 식으로 활용되는지 직접 체험한 서비스를 녹화하여 영상에 내보냈다. 이 과정에서 우리는 단순히 인천 e지 앱을 홍보하는 영상이 되지 않기 위해 많이 고민해야 했다. 인천이라는 지역에 조금 더 집중해서 인천만의 미래가치를 영상에 더 비중 있게 담지 못했다는 것이 아쉬움으로 남는다. 그리고 우리가 촬영한 촬영지에는 코로나 19의 여파와 별개로 항상 사람이 많았다. 초상권이나 잡음, 음질 문제에 특히 신경을 써야 했다. 그래서 낮이나 오후에는 인파로 인해 연기하면서 영상을 찍는 것이 어려웠다. 결국 팀원들 모두 새벽에 나와 어렵게 촬영하게 됐는데 지금 생각해보면 정말 재밌었다. 영상이 완성된 후, 스마트도시 영상 또한 인천관광공사에 직접 찾아가서 자문했다면 더욱 완성도 있는 영상을 제작할 수 있지 않았을까 아쉬움이 크게 남았다. 비록 전문적이고 상세한 정보들을 많이 넣지 못했지만, 직접 체험한 우리들의 모습이 영상에 담기는 것도 꽤 유익했다.

덧붙여 영상에는 담기지 않았지만, 만약 관광과 스마트 관광요소의 융합을 가속한다면 첫 번째 주제인 해양친수도시와의 연계도 가능하리라 생각한다. 우리가 방문했던 개항장과 월미도 부근에서 친수와 문화를 접목한 축제를 연다면, 관광지역 홍보와 더불어 친수도시로서의 인천을 부각할 수 있는 좋은 기회일 것이다. 그뿐만 아니라 스마트 모빌리티 시스템을 이용하여 영종도-송도-개항장 등의 투어코스를 외국인 관광객들에게 소개한 후 체험하게 하는 친수관광을 유도할 수 있다. 즉 인천 내의 투어코스를 홍보하면서 관광객에게 인천을 더 알릴 수 있는 계기가 되는 것이다. 외국인 관광객들을 위한 서비스도 갖춰져 있기 때문에, 큰 불편함 없이 여행하며 재미있는 추억을 선사할 수 있을 것이다.

3 향후 인천에게 주어질 과제와 발전 방향은?

인천이 해양친수도시, 스마트관광 도시로 완전히 들어서고, 그것을 이어나가기 위해서는 각 계획의 완성 이후의 시점 또한 중요할 것이다. 운영은 어떻게 할 것인지, 어떠한 시스템으로 관광객과 지역민에게 경험을 제공할 것인지에 대한 문제도 생각해봐야 한다. 특히 언제 끝날지 모를 코로나바이러스가 지속하고 있는 와중, 위드 코로나 시대로 접어들어 이에 맞게 변화해야 한다는 목소리도 나오고 있다. 두 주제의 공통적인 기대효과인 관광 면에서도 그에 걸맞은 적응 태세와 탄력적인 운용이 필요하다. 아래는 관광지식정보시스템의 입국관광통계를 참고하여, 2018년부터 2020년까지의 방한 외래관광객 수를 나타낸 차트이다.

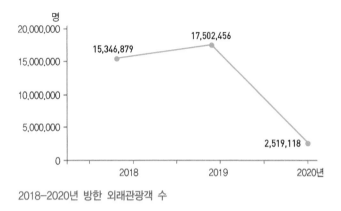

명

2018-2020년 방한 외래관광객 수

방한 외래관광객 수는 2020년을 기준으로 전년 대비 86% 가까이 감소했다. 현재 흘러가는 상황으로 봤을 때, 코로나바이러스가 진정된다고 하더라도 완전히 종식되지 않고 감기처럼 영원히 우리 곁에 잔존 할 수도 있다. 또한 지금 당장 안정된 상황으로 돌아가기는 어렵기 때문에, 위드 코로나 시대가 도래한다면 인천은 현재 진행하고 있는 스마트관광 도시 계획에 더욱 박차를 가하여 신개념 관광·레저 형태로 발전시켜야 할 것이다.

제주관광공사는 오미크론 변이바이러스 확산 전인 2021년 10월 12~26일 15일간 중국 사회관계망서비스(SNS) 웨이보와 설문조사 플랫폼 원췐싱을 통해 중국인 총 1만 1,025명을 대상으로 중화권 소비자 여행 트랜드 설문조사를 벌였다. 코로나 19 이후 한국을 방문한다면 방문하고 싶은 도시로, 제주가 35.1%로 가장 높았다. 이어 부산(23. 1%), 인천(21.2%) 등이 그 뒤를 이었다. 코로나 19 이후 중국인이 방문하고 싶은 도시 3위가 인천인 만큼, 대한민국 1호 스마트 도시인 인천 중구는 코로나 19 이후에 관광객이 많이 방문할 수 있도록, '스마트한 문화 재생으로 다시 태어나는 개항장'이라는 비전을 갖고 발전해야 한다. 인천 e지 앱의 VR, AR 기능 등을 통해 관광객의 간접적인 체험을 가능하게 하고, 더욱 스마트하게 관광할 수 있다. 이것을 중국 최대 가상관광 전자상거래 플랫폼인 全景客(QuanJingKe)처럼 더 키워나간다면, 인천을 방문하지 않더라도 많은 사람이 파노라마를 통해 인천에 대해 알게 되고, 가고 싶게 만들 수 있다. 결과적으로 코로나 상황이 안정된 후, 더 많은 관광객들이 인천을 방문할 것이다.

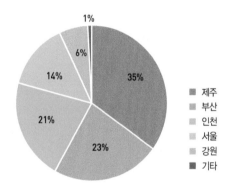

한국 여행시 방문 희망도시(소비자 여행 트랜드 설문조사)
출처: 제주 관광 공사

해양친수도시 속 워터프론트 사업 같은 경우는 준공 시기가 아직 멀어서 코로나 상황이 안정될 수 있는 시기와 맞물릴 가능성이 있다. 이미 인천시에서는 공공자전거 시스템, 버스정류장 신설, 주차장 신설, 공공 여객 유람선 운영 등의 계획이 제시되어 있으니, 이를 중심으로 편리한 공공시설들과 다양한 레저·문화 시설을 구축한다면 관광수요가 많이 늘어날 것이며, 관광뿐만 아니라 물길 개방에 따른 환경의 변화가 있을 것이다. 하지만 좋은 환경을 유지하기 위해 방재와 수질 관리에 신경 써야 한다. 이에 대해 인천시에서는 해양환경의 개선을 위해 해당 해역이 수용할 수 있는 오염물질의 배출 총량을 설정하고, 그 범위 내에서만 개발 사업을 시행하는 등의 배출을 허용하는 제도'를 단계적으로 추진하려는 움직임을 보인다. 즉 연안 오염 총량 관리제를 실시하는 것이다. 더불어 비정 오염 저감 관리지역 지정방안, 해양 쓰레기 관련 관리방안 등을 실행하여 환경 문제에 적극적으로 대응할 예정이다. 또한, 경관의 변화도 있다. 송도의 호수 변과 각 수로의 조망권이 확보되면 수변 경관이 창출될 것이고, 결과적으로 공간 가치의 향상으로 이어진다. 그러기 위해서 2단계 타당성 조사 의뢰가 무사히 통과되어야 할 것이다.

앞서 언급한 내용이 원활히 진행될 수 있다면, 인천의 미래는 장기적인 경제 성장과 국제적 도시로서의 발전을 이룩할 수 있는, 그야말로 긍정적인 방향으로 나아가게 될 것이다. 아직은 넘어야 할 산이 많은 것도 사실이다.

그중 하나가 송도 워터프론트의 6,8공구 랜드마크(대관람차 – 워터프런트)에 대한 의견에 송도 주민들과 의견 대립이 있다는 것이다. 전문가들은 '이러한 랜드마크는 도시 계획적 측면에서 모순'이라고 지적했다. 건설 이후 발생할 수 있는 교통혼잡 등 사회적 비용을 고려해야 한다는 것이다. 이명식 초고층도시건축학회장은 초고층 건물 건립에 투입되는 공사비 등 '경제성'도 강조했다. 150층 건물의 경우 총 5조 2907억 원의 공사비가 예상되는데, 90층 수준으로 조정하면 사업비를 2조 8462억 원으로 절반까지 줄일 수 있다는 주장이었다. 반면 송도 주민들은 151층을 고수하며, 송도의 온라인 주민 커뮤니티인 '올댓송도'의 김성훈 대표는 인천타워 건설이 남동공단, 원도심 미개발지 등에도 시너지 효과를 낼 수 있다고 주장했다. 현재까지(21.12.26) 이 논

쟁은 마무리 짓지 못하고 있고, 앞으로 계속 정책을 추진하고 수정해 나가면서 마주칠 주민들의 의견충돌이나 현실적인 문제(경제)에 부딪히게 될 것이다. 인천시와 인천경제자유구역청은 이에 따른 방안을 잘 마련해 놓아야 할 것이다.

사업 계획을 내고 그대로 진행한다 해서 결과까지 원하는 대로 나오는 것은 아니기에, 앞으로도 우리는 '인천'에 대해 더욱 관심을 가지고 함께 이끌어야 한다. 사업을 주관하고 개발해내는 군체도 중요하지만, 인천이 가지고 있는 매력을 경험하고 알리는 주체에는 '우리'가 포함되어 있다. 개개인이 인천의 미래 가치가 무엇인지, 무엇을 통해 그것을 끌어낼 수 있는지에 대해 파고들고, 고민하고, 배워야 한다. 지금까지 이야기했던 모든 내용이 이 글을 읽는 사람들에게 전달되었다면, 이제는 함께 노력해야 할 때가 아닌가 싶다. 워터프론트와 스마트관광 도시로서의 인천이 우리의 관심과 맞닿을 때, 바로 그때 발전이라는 계단이 한 걸음씩 올라가고 있을 것이다.

4 마무리 지으며

열심히 촬영에 임하는 우리의 모습

먼저 아쉬움이 남았다. 각 영상의 문제점은 이전 제작과정에서도 언급했지만 중요한 점들을 많이 놓쳤다.

해양친수도시 같은 경우에는 조금 더 생생한 정보를 담지 못한 것이 아쉽다. 하지만 해양친수도시를 조사하면서 얻은 정보들은 나라는 개인에게도 굉장히 유용했다. 이 영상을 제작하면서 조사한 문제점 중 대중교통에 관한 문제점이 있었다. 나는 이 점이 해양친수도시가 더 큰 경제적 효과를 보기 위해서라면 꼭 해결해야 한다고 생각했는데 (영상에서는 비중을 적게 차지한다고 판단해 넣지 않았다) 인천시 역시 이 문제점을 파악하고 있다는 것이 기억에 남는다. 그리고 영상 마지막에 나오는 우리의 기대 가치 부분은 팀원들이 회의를 통해 정말 개인의 생각들을 잘 담으려고 했었기 때문에 기억에 남는다. 사실 이 사업은 워낙 장기적이고 3단계까지 끝나기 위해서는 2030년 이상을 기다려야 하지만 사업의 규모나 추진전략 등의 자료를 보면서 기대 가치가 점점 올라갔다. 이제는 해양친수도시로서의 인천이 기대된다.

스마트관광을 제작하면서 역시 아쉬움이 많이 남았다. 우리가 기능들을 소개하면서 찍은 것은 사실 영상의 퀄리티를 떠나 팀원들과 찍으면서 정말 재밌었던 기억이 있다. 즉흥적으로 영상 대본을 바꾸기도 하고 해양친수도시 영상보다는 조금 더 재미 요소를 넣고 싶었던 것 같다. 하지만 너무 〈인천의 스마트관광!〉을 생각하다 보니 인천만의 스마트 관광이 정말 특별한 것인지에 대한 이유를 찾지 못했고 영상에 함께 소개되지 못한 것이 제작 이후 아주 아쉬웠다.

사실 나는 이전에 인천의 관광산업에 대해서 한계가 보이기 시작했다고 생각했다. 나에게도 인천 중구는 옛 관광지 같은 느낌이 들기 때문이었다. 그렇기 때문에 스마트 관광이라는 주제는 특히 나에게도 인천의 새로운 이미지를 각인시켰던 것 같다. 물론 우리가 인천 e지라는 앱을 사용하면서 긍정적인 반응만 있는 것은 아니었다. 우리가 아직 익숙하지 못한 기능들이나 앱을 제외하고는 이전과 크게 다르지 않은 관광지에 대해서 부족함을 느끼기도 했다.

하지만 발전하는 시대에 맞춰 함께 새롭게 변화하려는 노력을 봤다. 사업 자료를 기반으로 기대 가치를 찾으려던 영상 제작 이전과 달리 이것을 어떻게 더 발전시킬지에 대한 기대가 커졌다. 그리고 프로젝트를 마치면서 남았던 아쉬움에 대해서 반성을 많이 했다. 조금 더 적극적으로 나아가 자료를 구하기 위해 이곳저곳 도움을 청했다면 표면적인 자료들에서 벗어나 더 흥미로운 정보들을 전달할 수 있었을 것이다.

나는 이전에 정보들을 제공하는 영상을 제작해본 경험이 전무하다. 인천의 미래가치를 찾는 학과 사업으로 인해 처음으로 영상을 기획하고 제작하고 찍어봤다. 이 과정을 통해서 이전에는 코로나 19로 인해 내가 정체되어 있다는 느낌을 받았다면 이 프로젝트를 시작한 후로는 나도 빠르게 변화하는 시대에 맞춰 함께 발전할 수 있다는 느낌을 받았다.

이하늘

처음 주제를 정하고 영상을 찍기 전까지만 해도 과연 인천의 미래 가치를 잘 표현할 수 있을까 걱정이 되었지만, 또 우리가 생각한 인천의 미래 가치가 진정한 미래 가치일 것이라는 자신감도 있었다. 하지만 막상 다 찍고 나서 다시 되돌아봤을 때, 내가 생각하는 미래 가치와는 맞지 않은 주제도 있었다. 송도 워터프런트에 대한 생각은 콘텐츠 제작 전과 지금의 생각이 크게 다르지 않다. 사업을 진행하면서 다 완벽할 수는 없다. 계속 수정하고, 보완해야 한다. 송도신도시는 주민들과도 소통하려는 모습을 보이고, 송도 워터프론트에 대해 중요시하고 있다는 느낌을 받았다. 따라서 굉장히 기대되는 사업이다.

하지만, 인천 스마트도시에 대한 견해는 조금 달라졌다. 처음 '스마트도시'에 대해 이야기를 듣고, 자료 조사를 할 때까지만 해도 꽤 새로웠다. 하지만 막상 관광지에 도착하고 나니 사실 조금 실망했다. 아직 나에게 낯선 기술들(AR 고스트 등)이라서 그런지 사용을 잘 하지 않게 되었고, 길을 찾을 때도 일반적으로 앱이 아닌 다른 지도 앱을 사용하게 되었다. 그래도 신기했던 부분들(VR, AI 코스 추천 등)이 있었지만, 콘텐츠를 다 제작하고 나서 더 많은 자료를 알아볼 때, 앞서 언급했던 全景客(QuanJingKe)을 발견하면서 별로 새로운 감정을 느끼기는 어려웠다.

그래도 이번 '인천대학교 중어중국학과 특성화 사업 - 인천의 미래 가치'를 통해 인천에 대해 좀 더 알게 되었고, 인천의 미래 가치에 대해 더 깊게 생각하게 되었다. 내가 지금 사는 인천이고, 현재 다니고 있는 학교가 있는 곳이니 앞으로 인천에 대해 좀 더 관심을 두고 내가 생각하는 미래 가치들이 정말 앞으로 미래에 가치를 실현하는지 혹은 다른 미래 가치들이 나타나는지 지켜봐야겠다.

박지은

마무리된 영상을 보니 이번만큼 인천에 대해 생각을 많이 한 적이 없던 것 같음을 새삼 느꼈다. 그만큼 인천시에서 다양한 사업을 진행한다는 것도 알게 되었다. 사실 코로나의 여파도 있고, 워터프론트 같은 경우 진행 초기 단계나 다름없기 때문에 처음에는 긍정적인 미래를 상상해보기가 어려웠다. 밝은 미래가 보이지 않는다는 뜻이 아니라, 정말 어떻게 될지 가늠이 되지 않았다. 영상을 제작하는 과정에서 어떻게 될지 이리저리 예상해보고, 긍정적인 미래가 도출될 것이라 판단했지만 그것도 단언할 수는 없으니 무언가 혼란스러워지는 느낌이었다. 분명 그렇게 될 것 같다고 생각하면서도 변동의 가능성과 불확실함에 괜스레 복잡해진 느낌이었다. 또한 인천의 미래 가치에 대한 표현이 영상에 잘 담겨있을까 하는 걱정도 있었다. 아쉬움이 많이 남았기 때문에 자꾸 그러한 생각이 드는 것 같다. 더 잘할 수 있었고, 더 신경 써서 담아낼 수 있었을 텐데 그러지 못한 점이 나를 몇 번이고 반성하게 했다. 어찌 보면 무사히 마무리되었다고도 말할 수 있지만, 다음번에는 더 분발하겠다고 다짐하게 된 활동이었다.

이번 중어중국학과 특성화 사업은 나에게 인천의 미래가치에 대해 고찰하고, 정리해 볼 수 있는 유익한 시간을 만들어 주었다. 더불어 인천에 오래 거주한 만큼 내가 사는 지역에 더욱 관심과 애정을 가지고 바라보게 되었다. 이를 바탕으로 더 나은 미래를 위해 열심히 탐구해야겠다는 생각이 들었다. 가장 중요한 점은 수동적인 태도에서 벗어나 능동적이고 깊이 있는 관찰 태도를 지녀야 함을 깨닫게 해주었다. 인천의 발전을 위한 또 다른 사업들에 대해서도 스스로 많이 찾아보고 분석하여, 이전보다 입체적인 생각을 도출해내리라 다짐했다. '인천'에 대하여 고민하고 배우는 과정과 동시에, '나'를 계발해야 함을 몸소 느낄 수 있었던 활동이었다.

- 인천관광공사 https://www.ito.or.kr/
- 인천광역시청 https://www.incheon.go.kr/index
- 인천경제자유구역청 https://www.ifez.go.kr/noti001
- 관광지식정보시스템 https://know.tour.go.kr/
- 제주관광공사 https://ijto.or.kr/korean/
- 한국관광공사, 스마트관광도시 조성사업
  https://kto.visitkorea.or.kr/kor/biz/smarttourism/main.kto
- 全景客, 바이두백과
- 경인방송, 송도 6·8공구 랜드마크 둘러싼 '갑론을박'
- 연합뉴스, 인천 송도 '워터프런트 1-2단계' 내년 하반기 착공
- 인천 해양친수도시 조성 기본계획_최종보고서(취합본)
- 인천국제해양포럼
- 송도 워터프론트 2단계 조성 본격화 보도 자료, 2021.7.20.
  https://www.incheon.go.kr/IC010205/view?repSeq=DOM_0000000002285261
- 인천일보, [썰물밀물] 해양도시 인천이 나아가야 할 길,
  http://www.incheonilbo.com/news/articleView.html?idxno=1122700
- 오마이뉴스, 인천 여행, 어디부터 갈까? 여기 오면 AI가 맞춰드려요
- http://www.ohmynews.com/NWS_Web/View/at_pg.aspx?CNTN_CD=A0002793
  056&CMPT_CD=P0010&utm_source=naver&utm_medium=newsearch&utm_c
  ampaign=naver_news)
- 2021 인천 스마트 관광도시 출범
  https://www.youtube.com/watch?v=RTIOSmJ5uI8
- 국내 최초 스마트 관광도시 https://www.youtube.com/watch?v=EtafsKgpzvo
- 디지털 뉴딜 시대의 스마트관광도시
  https://m.post.naver.com/viewer/postView.nhn?volumeNo=31623831&member
  No=1101

흙빛 바다,
그 속에 담긴 인천의 미래를
찾아서

심희정2 양가은2 조아진3 류쉐柳雪3

1 특성화사업 참여 동기

양가은

　새로운 학년으로 올라가고 학교에 입학한 후의 1년을 흐지부지 보냈다는 생각에 조급해지기 시작했다. 1학년 때와는 다르게 취업이 걱정되기 시작했고 남들과 다르게 아무것도 하지 않았다는 생각이 머릿속을 가득 메웠다. 이것저것 생각은 많지만, 막상 무엇부터 시작해야 할지 몰라서 머뭇대고 있을 때, 학과에서 특성화 사업을 진행한다는 이야기를 듣게 되었다. 평소 여러 나라를 여행하고 소개하는 영상을 보는 것을 좋아해서 언젠가 한 번쯤은 이런 영상을 제작해서 우리나라를 소개해보고 싶다는 생각을 하고 있던 나에게 적합하다는 생각이 들었다. 게다가 중국 사이트에 업로드할 영상을 제작하는 거라 본전공인 중국어 실력도 일석이조로 향상할 수 있지 않을까 하는 기대를 가지고 특성화 사업에 참여하게 되었다. 지원서를 내기 직전까지도 고민을 많이 했지만, 아무것도 하지 않고 넋 놓고 있을 바엔 주어진 기회에 최선을 다하자는 마음가짐으로 임하게 되었다.

심희정

　이번 특성화 사업을 시작한 계기는 작년 특성화 사업의 경험 때문이었다. 작년 특성화 사업에 참여했을 때 현직자로부터 관심 분야의 정보를 얻고, 영상 편집 기술도 익힐 수 있는 의미 있는 시간이었다. 따라서 이번 특성화 사업 공고가 떴을 때 고민하지 않고 신청했다.
　가장 흥미로웠던 점은 바로 인천을 주제로 한다는 점이었다. 거의 20년 가까이 인천에 살아오면서 이 도시에 대해 누구보다 잘 알고

있다고 생각했고 그 미래 가치에 대한 좋은 콘텐츠를 만드는 것에
대해 자신감이 있었다. 또한 작년(2020년)에 학교에 입학한 후 학과에
서 중국을 전공하면서도 코로나 시국 때문에 입학 후 중국인과 대화
해 볼 수 있는 기회가 거의 없었다. 이 사업을 통해 중국인 친구를
사귀어 서로 문화 교류를 하는 것에 대한 기대도 있었다.

조아진

코로나19로 인해 대면 수업이 불가능해지면서 학교에도 몇 번 가보
지 못하게 되었다. 학교 지리도 잘 기억나지 않는데 인천대가 위치한
인천이라는 도시는 필자에게 더욱더 낯선 도시로 느껴졌다. 그러던
와중 학과 특성화 사업으로 〈인천의 미래가치〉를 주제의 동영상을
제작하는 활동을 진행한다는 소식을 접했다. 이번 학과 특성화 사업
을 통해 인천에 대해서 더 잘 알 기회가 될 것이라 생각하여 참여하게
되었다. 또 중국인 학우들도 함께 참여한다는 것을 알게 되어 어학
실력도 양성할 좋은 기회가 되리라 생각하였다.

2 왜 갯벌인가?

우리 팀은 갯벌을 인천의 미래가치로 삼았다. 인천의 갯벌은 전체
갯벌 면적의 약 30%를 차지할 정도로 큰 규모를 가지고 있다. 이러한
인천의 갯벌은 서해안에 위치해 높은 조수간만의 차이와 원활한 바닷
물의 흐름 등 다양한 해양생물의 서식처로서 완벽한 조건을 갖추고
있다.

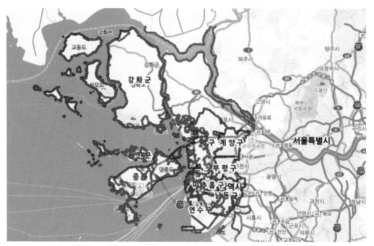

- 1910년대 해안선   - 현재 인천시 행정경계

출처: 인천시 지도포털

　인천은 1900년대부터 갯벌을 매립했던 기록이 존재한다.

　인천의 송도, 청라, 영종 역시 국토 확장과 개발을 위해 갯벌을 매립해 만들어진 도시이다. 이 도시들은 각각의 장점을 살려 특화 산업을 육성해 인천으로 사람들을 유입하는 데 큰 도움을 주었다. 또 송도는 바이오, MICE 산업 등의 글로벌 거점으로 발전해 글로벌 시대에 한국을 대표하는 선도도시로, 인천의 도시 경쟁력을 높이고 있다. 이렇게 갯벌을 매립해 만든 도시는 우리에게 경제적인 가치를 가져다주었다. 하지만 요즘 환경오염 문제가 대두되면서 갯벌이 가지는 미래 가치는 변화하고 있다. 갯벌은 탄소 저장 능력이 뛰어나 온실가스 감축의 대안 중 하나로 떠오르고 있으며, '자연의 콩팥'이라는 명칭을 가질 만큼 오염물질을 흡수하고 정화하는 능력이 탁월하다. 이외에도 위에서 언급한 것처럼 여러 해양 생물, 물새들의 서식처로 미래에도 전달되어야 하는 생태적 가치를 가지고 있다. 이렇게 갯벌은 과거에는 경제적으로 미래 가치, 현재에는 환경적으로 미래가치를 가지고 있다. 인천의 미래가치는 과거에도 현재에도 결과적으로 갯벌이라고 생각해 영상의 주제로 선정하게 되었다.

③ 갯벌이란 무엇인가?

썰물 때 바닷물이 빠져나가면서 모래나 펄로 된 넓고 평평한 땅이 드러나게 되는데 이 땅을 '갯벌'이라고 한다. 갯벌은 우리나라에서 흔하게 볼 수 있지만 전 세계적으로 매우 희귀한 지형이다. 넓은 갯벌이 만들어지기 위해서는 완만한 바닥과 밀물과 썰물의 차이가 큰 조석, 마지막으로 오랜 시간의 퇴적 작용이 필요하다. 이처럼 매우 까다롭고 오랜 시간 소요되기 때문에 세계적으로 희귀한 지형으로 평가받고 있다.

우리나라는 국토 면적의 2.4%를 차지하는 갯벌을 가지고 있고, 그 면적은 총 2489km²이다. 대부분의 갯벌이 서남해안에 분포하고 있다. 특히 서해 연안인 서해안 지역이 83%를, 인천경기만 갯벌이 35%를 차지하고 있다. 서해안 지역의 갯벌이 크게 발달한 이유는 서해안이 동해안보다 평균 수심이 얕고 넓은 땅을 가져 밀물과 썰물의 해수면 높이 차이가 크기 때문이다. 따라서 육지나 해저로부터의 퇴적물 공급이 활발하여 갯벌이 넓게 발달할 수 있었다. 또한 리아스식 해안이 파도의 힘을 분산 시켜 퇴적 작용에 도움을 준 것도 넓은 갯벌 형성에 영향을 끼쳤다.

우리나라 서해안 갯벌은 세계 5대 갯벌(북해 갯벌, 서해안 갯벌, 미국 동부 해안 갯벌, 캐나다 동부 해안 갯벌, 아마존 하구 갯벌)에 포함되어 있다.

4 갯벌의 종류

갯벌은 퇴적물의 조성에 따라 펄이 많은 갯벌인 '펄 갯벌(mud flat)', 모래가 많은 갯벌인 '모래 갯벌(sand flat)', 펄과 모래가 혼합되어 있는 '혼성 갯벌(sand & mud flat)' 세 가지로 구분한다.

펄 갯벌은 바닥이 주로 개흙 질로 이루어져 있으며, 흐름이 완만한 내만이나 강 하구의 후미진 곳에 형성되어 경사가 완만하고 벌판의 폭이 넓다. 펄 갯벌은 펄 함량이 90% 이상으로 바닷물이 펄에 들어가기 어렵기 때문에 펄 갯벌에 사는 생물들은 펄에 구멍이나 관을 만들어 바닷물이 흘러들도록 한다. 펄 갯벌에서는 표면의 퇴적물을 먹으며 사는 갯지렁이류, 게 등이 많이 서식한다.

모래 갯벌은 바닥이 주로 모래질로 되어있어, 바닷물의 흐름이 빠른 수로나 해변에 나타난다. 해안의 경사가 급하고 갯벌의 폭이 좁은 특징을 갖고 있다. 모래 갯벌에는 바지락, 동죽, 갯고둥 등이 서식하고 있다. 퇴적물 조성은 해안의 물리적인 특성에 따라 좌우된다. 따라서 해수 유동이 심하게 노출된 해안에서는 모래 갯벌이, 보호된 해안에서는 펄 갯벌이 우세하게 발달해있다.

혼성 갯벌은 모래와 펄이 각각 90% 미만으로 섞여 있는 퇴적물로 구성된 갯벌로, 지역에 따라서 세 가지 유형의 갯벌들이 한 지역에서 동시에 나타날 수 있다. 강화도의 경우, 동검도 주변은 펄 갯벌이지만 서쪽으로 갈수록 혼합 갯벌 또는 모래 갯벌로 바뀌는 것을 볼 수 있다.

인천은 서해안 바다와 맞닿아 있고, 한강 하류에 있는 도시인만큼 다양한 갯벌이 분포해 있다. 인천 연안의 갯벌 면적은 709km^{2}로 전국 갯벌의 약 28.5%를 차지하고 있다. 인천의 갯벌은 주변 크고 작은 섬 주변의 조석간만의 차이로 조간대가 대규모로 발달하였고, 육지와 해양으로부터 유입된 퇴적물이 쌓여 다양한 갯벌이 발달할 수 있었던 조건이 마련되었다. 인천의 다양한 갯벌 중 생태적 가치가 큰 주요 갯벌 세 곳을 선정하여 조사하였다.

강화갯벌

강화갯벌은 인천광역시 영종도를 중심으로 북쪽 강화도 남단에서 남쪽 시화방조제까지의 갯벌을 말한다. 강화 갯벌은 세계 5대 갯벌로 선정된, 우리나라에서 가장 큰 갯벌 중 하나이다. 전체 면적은 $256.1km^2$로 전국 갯벌 면적의 약 10%를 차지한다. 강화갯벌은 한강, 임진강, 예성강 하구의 합류점으로 육지에서 나오는 각종 오염물질을 일차적으로 분해·확산하여 바다로 배출되는 지점으로 바다생물의 서식지이자 갯벌 생태 연구의 보고이다.

강화갯벌은 갯벌 생물 약 300여 종이 서식할 뿐만 아니라 총 16종의 염생식물과 98종의 대형저서동물도 서식하여 다양한 생태계를 보유하고 있다. 갯벌의 보존 상태도 양호하여 갯벌의 경제적 가치도 높게 평가된다. 또한, 시베리아, 알래스카 지역에서 번식하는 철새가 일본, 호주, 뉴질랜드로 이동하는 중 먹이를 먹거나 휴식을 취하는 중간 휴게소의 역할을 한다. 강화갯벌에서 발견할 수 있는 대표적인 철새로는 천연기념물 제204호인 저어새가 있다. 강화갯벌은 세계적인 희귀종이자 저어새의 번식지로도 잘 알려져 있다. 강화갯벌 및 저어새의 서식지는 여의도의 약 53배에 달하는 크기를 가지고 있으며 천연기념물 제419호로 지정해 보호하고 있다. 이 외에도 노랑부리저어새, 노랑부리백로, 쇠청다리도요, 알락꼬리마도요 등 세계적으로 멸종 위기에 처한 새들을 관찰할 수 있다.

또한 근처에 갯벌 생태 체험과 갯벌에 대한 중요성을 배울 수 있는 교육 장소인 '강화갯벌센터'가 위치하고 있다. 강화갯벌은 지리적으로 수도권 대도시와 인접하여 접근이 용이하기 때문에 갯벌 경관과 생태자원을 활용하여 관광자원으로 활용할 수 있다.

영종도 갯벌

영종도는 조석 간만의 차가 큰 지역으로, 그 차이가 9m 이상에 이른다. 이로 인해 갯벌이 넓게 발달하였고, 공항 부지에서 평균 24m의 깊이의 갯벌 퇴적층을 가지게 되었다. 이는 다양한 철새들과 해양생물에게 중요한 장소로 자리 잡았다.

영종도의 여러 갯벌 중 유명한 곳을 꼽자면, 남측 해안 도로 주변, 용유 해변, 마시안 해변, 거잠포에서 잠진포로 들어가는 입구, 마장포 해변의 갯벌 등이 있다. 이곳에서는 조개류 등을 쉽게 잡을 수 있어 갯벌 체험장으로도 잘 알려져 있다.

영종도 주변 갯벌에서는 펄 털 콩게, 칠게, 동죽, 닻 해삼, 갯지렁이 등 다양한 해양 생물들을 발견할 수 있다. 또한 영종도 갯벌 일대는 연간 10만 마리 이상의 철새들이 통과하는 우리나라 4대 철새 도래지 중 하나이다. 영종도의 갯벌은 국제 보호 철새인 도요새의 중요한 경유지로 민물도요, 큰뒷부리도요, 알락꼬리마도요 등이 서식한다. 철새들은 영종도에 머무는 동안 갯벌에 사는 생물들을 먹이로 한다. 하지만 인천 국제공항의 건설과 갯벌 면적의 감소로 철새들의 터전이 줄어들었다. 또한 공항 상공의 비행기의 이·착륙과 철새들의 충돌에 대한 우려가 더욱 커지고 있다.

영종도에 있는 마시안 갯벌은 인천 국제공항 인근에 위치하여 갯벌과 모래 해변을 동시에 볼 수 있는 곳이다. 마시안 갯벌은 수도권에서 가장 가까운 갯벌체험장이 있으며, 이곳은 어촌마을에서 운영·마을 공동체에서 관리하여 어민들과 자연이 상생하고 있다.

마시안 갯벌 체험장 (직접촬영)

마시안 갯벌 체험장 (직접촬영)

송도갯벌

송도 갯벌은 인천대교가 지나는 갯벌 2.5km^{2}와 배곧 신도시 앞의 갯벌 3.61km^{2}가 포함된 지역을 일컫는다. 송도 갯벌은 송도 국제도시 개발을 추진하던 중 보호의 필요성이 증대되어 인천시가 지정한 습지 보호지역이다. 저어새·검은머리갈매기 등 세계 멸종 위기종의 번식지이자 철새들의 이동 경로로 환경적 가치를 인정받아 국내에서 19번째로 람사르 습지에 지정됐다. 또한 2급 멸종 위기종인 흰발농게의 서식지이기도 하다. 송도 갯벌의 중요성은 경제적 가치로도 증명할 수 있다. 송도 국제도시의 개발로 사라진 송도갯벌의 경제적 가치는 연간 2천900억에 이르며, 인천과 경기 지역 갯벌의 경제적 가치는 5조 5천155억 원으로 환산할 수 있다고 한다.

　과거 송도 갯벌은 '황금 갯벌'로 명성을 날릴 만큼 다양한 조개와 풍부한 해양 생물들이 서식했던 곳이다. 조개의 껍데기는 세계에서 가장 높은 밀도의 식물성 플랑크톤과 탄산칼슘으로 구성되어 있다. 이에 많은 이산화탄소를 제거하여 지구온난화 예방에 도움을 주었다. 하지만 1980년대부터 대규모 매립과 1994년 송도 신도시의 개발로 송도갯벌의 대부분이 매립되면서 어족 서식지와 조류의 흐름에 영향을 끼쳤고, 조개 생산량이 큰 폭으로 감소하게 되었다. 이때 간척되어 만들어진 송도 신도시의 면적은 53.36km²으로, 송도 갯벌의 원래 면적 60km² 중 거의 대부분의 송도갯벌이 육지가 되었음을 알 수 있다. 매립 후 남은 송도갯벌 6.11km²은 인천 내륙에 마지막으로 남아있는 갯벌이다.

송도 갯벌의 새 (직접촬영)

5 인천의 갯벌 간척 역사

인천 해안 매립의 역사는 고려 시대 농경지 확보를 위한 강화도 간척으로부터 시작된다. 그리고 일제강점기에 접어들면서 갯벌 간척이 더욱 확대되었다. 이 시기 간척 사업은 농경지를 확대하여 식량을 증대시키고, 개항장 내의 외국인들이 거주할 수 있는 곳을 더 많이 확보하기 위함이었다. 그러나 광복 이후 활발하게 진행되던 간척 사업은 한국 전쟁으로 잠시 휴식기를 가지게 되었고, 1960년대 경제 계발 계획이 진행되면서 남동 갯벌, 송도 갯벌, 김포 갯벌 등 지역을 확대하여 다시 시행되었다. 본고에서는 그중에서도 송도 갯벌, 강화도 갯벌, 영종도 갯벌의 간척 역사를 정리해 보고자 한다.

송도갯벌

송도 국제도시가 건설되기 전 '송도'는 인천광역시 연수구 옥련동과 동춘동의 해안 일대를 부르는 말이었다. 그러나 현재는 그 범위가 확대되어 송도 국제도시가 건설된 지역 전체를 송도라 부른다. 일제는 1914년 부천군에 편입하였던 옥련리 일대를 1936년 다시 인천 부에 편입했고 소나무가 많다고 하여 송도정이라 붙이면서 송도라 불리게 되었다. 일제강점기인 1937년에 수인선이 개통되었고 송도역이 생기면서 일본인들은 이 지역을 관광지로 개발할 계획을 세웠다. 당시는 월미도가 유원지로 사용되고 있었는데 월미도를 요새화하기 위하여 월미도의 위락 시설을 점차 폐쇄하고 또 다른 유원지로 송도를 선택하였던 것이다. 송도 해안은 모래가 쌓여 형성된 사빈해안이 발달하고 있었다. 이곳에 일본인들의 유원지 개발 계획에 따라 해안에 모래를 깔고 인공 백사장을 만들었다. 그리고 수문을 통해 바닷물을 유입하는 국내 최초의 인공 해수욕장을 조성하였다. 그 결과 1940년 대에 유원지로 이용되다가 광복 후 시간이 지난 1961년에 국가 지정 관광지로 승인을 받으면서 1970년대에는 수도권 시민들의 최대 휴식 처로 이용되었다.

송도 해안이라 불리는 옥련동 해안의 간척은 1939년에 설립된 송도 유원회사에 의해 시작되었다. 이에 인공 해수욕장 조성을 목적으로 이 일대에 9만 8천여 평이 간척되었다. 또한 1972년에는 인천시가 관광단 지 조성을 목적으로 현재의 해양과학고등학교 앞 해안의 갯벌을 간척 하여 1만여 평의 땅을 육지화하였다. 이곳은 독배(송도 돌산)에서 능허 대 공원까지의 해안 지역으로 능허대 길의 서쪽 지역이다. 또한 송도 해수욕장과 송도 유원지 앞 해안이 1980년대에 간척되었는데 (주)인천 위생공사와 (주)한독이 관광지를 조성을 목적으로 진행하였다.

1970년대의 아암도는 소풍지나 관광지로 이용되었고, 아암도 주변 갯벌에는 조개가 많이 잡혔다. 그 후 이곳은 1980년대 초에 해안 간척 이 이루어졌고 아암도와 송도유원지 사이의 갯벌은 간척되고 아암도 는 완전히 육지와 연결되었다. 1970년대에 육지와 육지에 가까운 섬을 연결하게 된 육계사주 형태로 있었던 주변 지역은 현재는 골프장, 경 비행장, 축구장 등 시민 휴식공간으로 이용되고 있다. 또한 아암도 해 안은 해안초소와 철조망이 설치되어 있다. 시민들이 바다에 접근할 수 없는 곳이었으나 2000년에 해안초소와 1.2km의 철도망을 없애고 해안 공원으로 조성하여 시민들이 바다에 접할 수 있는 친수공간이 되었다.

1980년대까지 송도 해안의 간척은 육지와 연결된 해안에서 진행되 었다. 그러나 1990년대부터는 해상에서 간척이 시작되었다. 현재의 송도 국제도시가 이에 해당한다. 송도 국제도시 건설을 위한 간척 사업은 1994년부터 시작되었다. 원래 이곳의 간척 사업의 목적은 주택단지 조성을 위한 신도시 건설이었다. 1988년 영종도에 국제공항 건설이 확정되면서 공항과의 인접성과 인천 남외항(송도 신항) 조성 등 정부 정책의 변화로 인천시는 신도시 조성을 위한 간척지의 면적을 확대하게 되었다. 그리하여 2003년 8월에 이 지역은 인천경제자유구역으로 지정되었고 2005년에 송도 국제도시로의 건설이 공식화되었다.

갯벌과 건물이 공존하는 송도갯벌 (직접촬영)

강화도 갯벌

강화의 간척 사업은 몽골의 침입으로 인해 1232년(원종 11년)에 단행된 강화도 천도가 직접적 계기가 되었다. 본래 강화 지역은 농토가 적어 주민의 대부분은 농업 외에 어업이나 제염업으로 생계를 유지해

왔다. 인구 또한 그다지 많은 편이 아니었으므로 식량 조달을 위한 대규모의 간척 사업이나 방조제 건설은 필요하지 않았다. 그러나 육지로부터 대규모의 난민들이 유입되고 삼남지방의 조운 조달이 불가능해지면서 사정은 달라졌다. 피난민들은 농경지를 얻기 위해 야산을 개간하였기 때문에 삼림이 황폐화되기 시작했다. 때문에 고려조정은 산지의 삼림을 훼손하지 않으면서 농경지를 얻을 수 있는 체계적인 대규모 대책을 강구해야만 했는데, 해안 저습지 간척은 그중 가장 중요한 사업이었다.

1256년 조정에서는 강화 북부 조강 연안의 제포와 와포에 둑을 쌓아 좌둔전을 만들고 동쪽 염하변의 이포와 초포를 막아 우둔전을 조성하였다. 공민왕 때에는 깊은 갯골까지 막을 수 있게 되어 둔전의 규모가 더욱 확대되었다. 이 공법으로 강화도 서쪽 하점면 창수리 별립산 말단부에서 망월돈대 사이의 길이인 약 3km의 바다를 막아 '만리장성 둑'을 쌓았다. 이후 내가면 황청리 서쪽의 포촌해안으로부터 북쪽으로 망월돈대까지 방조제를 완공하여 해안방비와 물막이 기능을 동시에 할 수 있었으며 오늘날 강화에서 단일 간척평야로는 가장 넓은 망월평의 윤곽이 드러나게 되었다. 이 평야는 삼거천과 오미천의 물을 관개용수로 확보하여 간척지 물 공급도 충분하며 강화에서 가장 중요한 농업지대로 조성되었다.

조선시대 개국 초부터 임진왜란까지는 해안가 주민들이 개인적으로 축조한 소규모의 간척 사업이 대부분이었다. 그러나 임진왜란과 병자호란 이후의 간척 사업은 고려 말과 비슷한 상황에서 전개되었다. 두 번의 전란을 겪는 동안 떠돌게 된 백성들을 정착시키기 위해서는 피폐한 국토를 복원시켜야 했으며 특히 황폐한 경지의 정비와 개간은 가장 시급히 진행해야 할 과제였다. 현종대에는 제언 축조 사업이 크게 활기를 띠는데 고려 말에 축조된 승천제와 승천전제, 가릉언 등을 보수하고 대청언과 장지언을 축조하였다. 숙종대에는 염하 연안의 비포언과 북적언, 가리언과 남쪽의 선두포언 등이 제언이 이루어졌다. 이외에도 석모도의 송가평, 교동도의 간척지 조성이 이루어졌다.

일제강점기에는 일제의 토지 침탈 정책으로 인해 해안과 하천변의 미개간지를 대상으로 한 간척이 주목을 받았다. 그러나 강화도는 조선 후기에 이미 개발 가능한 갯벌의 대부분이 간척되었기 때문에 일제강점기에는 대규모 간척이 이루어지지는 않았다. 다만 강화 지역을 강화 북부, 남부, 석모도, 교동도 등 4개 구역으로 나누고 각 지구의 개발 농경지 면적, 미개간지 면적의 상태 등을 조사하였는데 그 결과에 따라 일제강점기의 간척 사업은 강화도보다는 주로 석모도와 교동도를 중심으로 시행되었다.

일제강점기에 일시적으로 주춤했던 강화지역이 간척 사업은 휴전 이후 다시 활기를 띠게 되었다. 서해도의 연백, 옹진, 벽성 등지로부터 월남한 동포들 다수가 강화지역에 정착한 이후 이들에 의한 간척 사업이 재개되었다. 정부 역시 이들의 정착을 돕기 위해 야산 개발과 간척 사업을 지원하였으며, 1960년대 이후에는 저수지를 비롯한 관개 시설 건설에도 노력을 기울였다. 한국전쟁 이후 강화 간척 사업은 일제강점기까지 개발이 보류되었던 간석지 또는 과거에 조성된 방조제 바깥쪽으로 새로이 성장하고 있는 고위간석지면을 개발하는 사업이었다. 비교적 최근에 이루어진 간척 사업으로는 강화도 남동쪽 길상면의 진남지구와 간척지구, 삼산도와 어유정도 사이의 어유정둑, 삼산도 북동쪽의 삼산지구, 교동도의 교동지구 등이 있다.

영종도 갯벌

인천국제공항을 만들 부지를 확보하기 위해 1992년부터 1994년까지 영종도와 용유도, 삼목도, 신불도 사이를 방조제로 연결하고, 바다와 분리된 간석지를 간척하였다. 옹진군 시절부터 중산동 구읍 주변과 염전조성으로 해면매립은 지속적으로 이루어져 온 것으로 추측되나 1990년대에 국가사업으로 공항과 배후신도시를 건설하기 위해 인천 최대 규모의 갯벌을 매립하여 새로운 토지가 만들어졌다. 2003년 8월 인천 경제자유구역 영종지구로 지정된 이후 하늘도시, 운북복합레저단지(미단시티)건설을 위해 매립되었다.

6 갯벌 보호를 위한 현재의 노력

최근 환경오염, 지구온난화 등으로 자연생태계의 보전 필요성에 대한 인식이 점차 변화하고 강조되면서 갯벌을 보호해야 한다는 목소리도 높아지고 있다. 갯벌은 다양한 생명체들이 살아가는 곳으로 면적은 제한되어 있고 형성되기까지 오랜 시간이 걸리는 지형이다. 갯벌은 살아있을 때의 가치가 가장 크고, 한번 파괴된 갯벌은 막대한 시간과 예산이 요구되어 복원이 매우 어렵다. 따라서 갯벌 보호의 필요성은 더욱 증대되고 있는 상황이다.

이제 막 갯벌 보호 정책이 제안되는 우리나라와 달리 선진국들은 이전부터 강력한 갯벌 보호 정책을 펼쳐왔다. 대표적으로 독일은 전 갯벌을 국립공원으로 지정하여 보전하고, 국민들에게 갯벌에 대한 중요성을 강조하여 국민 의식을 고취하는 등의 역할을 하고 있다. 또한 갯벌을 관광자원으로 활용하여 연간 1억 달러 이상의 관광 수익을 올리고 있다. 갯벌 관광화로 인해 갯벌의 훼손을 우려할 수 있지만 갯벌의 훼손이 거의 없도록 엄격한 관리가 이루어지고 있다. 이처럼 갯벌을 훼손하지 않고 인간과 자연이 상생하며 관광자원으로 활용할 수도 있다.

우리나라와 가까운 옆 나라 일본에서도 갯벌 보호를 위해 노력하고 있다. 일본은 섬나라인 만큼 해안선이 풍부한 갯벌이 잘 발달되어 있었다. 하지만 농업과 산업용지 등으로의 개발을 위해 매립, 간척되어 60%의 갯벌이 사라지게 되었다. 1970년 이후 일본에서는 갯벌 생태계 복원을 위한 연구와 갯벌 보존 운동이 활발히 진행되었다. 자연습지 보전과 관련한 법률 제정, 자연 보전 지역으로 지정하는 등의 갯벌 보호를 위한 다양한 노력을 쏟고 있다.

우리나라에서도 갯벌 보전을 위한 과제를 하나둘 수행하고 있다. 해양수산부는 갯벌의 연간 26만 t의 이산화탄소 흡수 능력과 탄소 중립, 블루 카본(탄소흡수원)에 대한 국제적 인식 증가 등 갯벌의 중요성을 감안하여 지난 2020년 갯벌 및 그 주변 지역의 지속 가능한 관리와 복원에 관한 법률을 제정한 바 있다. 또한 '갯 생명과 주민의 삶이 지속 가능하게 공존하는 갯벌'을 만들기 위해 다섯 가지의 추진 전략을 수립하였다.

첫째, 추진전략은 바로 갯벌 관리의 과학적 기반 강화이다. 우리나라 전체 갯벌의 이용현황, 오염현황 등에 대한 포괄적 실태 조사를 진행하여 '갯벌 등급제' 도입, 등급별 맞춤형 관리체계를 마련하고 있다. 주요 갯벌 생태계 서비스 가치를 평가하여 갯벌 보전 활동의 인센티브를 부여하는 등 생태계 서비스 지불제도도 도입할 계획이다.

둘째, 갯벌의 실효적 관리 수단의 확대이다. 유역 단위의 오염원 종합 관리를 통해 갯벌에 유입되는 오염원에 대한 관리를 강화하고 갯벌 관리 매뉴얼을 만들어 지자체, 관계부처 등과 협력하는 방안을 마련하고 있다. 또한 갯벌의 가치, 용도별로 관리 구역을 구분하여 맞춤형 관리 수단을 갖추고 환경 기준을 충족하는 갯벌을 '청정갯벌로' 지정하여 수산물의 브랜드화 등을 지원한다.

셋째, 갯벌 복원을 통한 탄소흡수원 확충이다. 2010년부터 추진한 갯벌 복원사업의 사업 유형을 기존 해수 유통, 폐염전 복원 등의 방식에서 확대하여 담수호 복원, 역간척 등으로 유형을 다양화하고, 사업 확대를 통해서 2025년까지 4.5km²의 갯벌을 복원할 예정이다. 이외에도 탄소흡수원 강화를 위해 식생 조림사업 추진과 블루 카본에 대한 통계 시스템 구축, 국제 협력 추진을 계획하였다.

넷째, 갯벌 생태서비스의 활용성 증진이다. 어촌의 소득증대, 경제 활성화를 위해 '갯벌 생태해설사'를 육성하여 갯벌 생태관광을 활성화하고 갯벌 생태 마을을 위한 인프라 및 프로그램을 지원을 추진하고 있다. 더불어 갯벌 가치에 대한 국민의 인식 제고와 확산을 위해 노력하고 있다.

마지막으로는 갯벌 관리 거버넌스 기반 확보가 있다. 해류와 지형 등으로 유기적으로 연결된 갯벌을 생태권역 단위로 구분하고, 지역위원회를 구성한 통합관리 계획을 수립하였다. 갯벌 관리 및 보전 복원에 대한 국민 및 환경단체 등의 참여 확대를 통한 시민 모니터링 강화, 람사르 습지 등록, 동아시아 바닷새 공동 모니터링 등의 국제 협력도 강화할 계획이다.

이처럼 우리나라도 세계적 유산이 된 갯벌에 대한 가치와 중요성을 인정하고, 갯벌 관리 시스템을 구축하고 관련 법제도 정비와 조직·인력 확충을 통해 갯벌의 공익적 가치를 높여 갯벌이 주는 생태 가치가 더 이상 파괴되지 않도록 노력하고 있다.

양가은

인천의 미래 가치 영상을 제작하며 20여 년 동안 살고 있던 인천에 대해 새롭게 알게 된 점들이 많았고, 특히 갯벌에 대해 관심을 가지게 되었다. 갯벌에 대해 깊이 생각해 본 적이 없었는데 특성화 사업을 진행하며 갯벌이 얼마나 중요한지, 갯벌이 어떻게 인천의 미래가치인지 논리적으로 생각해보는 시간을 갖게 되었다. 또 갯벌이 지구에게 어떤 이로움을 주는지 새롭게 알게 되었다.

학과 특성상 다른 사람들과 힘을 합쳐 과제를 완성하는 경험을 해 본 적이 없었는데 이번 특성화 사업을 통해 조원들과 서로 머리를 맞대 의견을 모아 작업을 완성하게 되었다. 그 과정에서 약 반년간의 여정이 무사히 잘 마무리되었다는 뿌듯함과 성취감을 느낄 수 있었다. 처음 영상을 제작하게 되었을 때는 주제 선정부터 스토리보드, 기획안, 대본까지 이 모든 것을 우리가 선정하고 작성해야 한다는 것에 부담감도 느끼고 막막하다는 생각도 들었다. 하지만 혼자 하는 것이 아니라 조원들이 함께하니 그 부담감이 좀 덜하였고 여러 의견을 내는 조원들을 보며 평소 논리적으로 의견을 표출하는 것을 두려워하던 나도 용기를 내어 활동에 임할 수 있었다. 기획안을 작성하는 과정에서 줌을 통해 몇 차례 화상 회의를 하며 조원들과 이견을 조율하는 방법을 배울 수 있었고, 직접 영종도, 송도 갯벌로 촬영을 나가며 평소 해볼 수 없었던 다양한 경험을 할 수 있었다. 자연환경을 촬영하는 것이다 보니, 우리가 원하는 장면을 얻기까지 힘든 과정이 있었지만 결과물을 보니 매우 뿌듯했고, 많은 것을 배워가는 뜻깊은 시간이었다.

　조사 과정에서 인천은 나에게 새로운 도시로 다가왔다. 오랫동안 인천에 산 만큼 나름 인천에 대해 잘 알고 있다고 생각했다. 하지만 주제 선정부터 어려움을 겪었다. 흔하지 않고 사람들이 모를 법한 인천의 '미래가치'는 생각만큼 쉬운 주제가 아니었다. 그나마 다른 도시보다 특색이라 여길 수 있는 인천의 갯벌에 대한 주제를 선정했다. 주제에 대해 공부할수록 인천의 갯벌은 대단한 인천의 유산이라는 생각이 들었다. 개발이 될 대로 된 도시에서 갯벌은 매립 혹은 관광 수입 정도로만 인간에게 이득을 주는 존재로 인식하고 있었다. 하지만 이 사업을 통해 멸종 위기종이 찾아올 정도로 환경적으로 큰 의의가 있다는 점을 알게 되었다. 실제로 송도갯벌을 촬영하던 중 철새들을 보았을 때 바로 뒤에 인간이 만들어 놓은 도시(송도)가 있음에도 새들이 찾아오는 것이 매우 신기했고 가장 기억에 남는다. 그만큼 인천의 갯벌이 가치가 있다는 것이라 생각한다. 이렇게 직접 인천 갯벌에 대해 조사하고 방문하면서 그 가치를 실감 나게 느낄 수 있어 의미 있는 시간이었다. 앞으로 인천에 대해 소개할 때 갯벌을 가장 큰 가치로 소개할 것 같다.

　영상 편집을 하며 환경을 주제로 삼은 것이 매우 어려웠다. 재미있는 시나리오도 없었고 화면 구상이 잘 잡히지 않았다. 뉴스 콘셉트의 영상을 만들려 하니 정말 많은 사진 자료와 배경 영상들이 필요했다. 편집을 하면서 이런 자료들이 턱없이 부족했고, 이를 채우기 위해 이동하는 곳마다 인천 바다와 갯벌을 볼 수 있으면 곧바로 휴대폰 카메라를 켜고 영상으로 기록했다. 혼자 영종도에 있는 영종 마리나 학교 뒤 바다를 찾기도 했다. 그 당시에는 매우 힘든 기억이었지만 팀원들의 많은 도움으로 영상 결과물을 만들어 낼 수 있었고 최종 영상들을 보며 그 노력이 헛되지 않았다는 것을 느꼈다. 코로나 시국 때문에 적극적인 대면 교류가 어려웠던 상황이라 아쉽지만, 팀원들과 최선을 다해 사업을 마무리할 수 있어 뿌듯하고 이 과정에서 많은 것을 배울 수 있었다.

류쉐

저는 2019년 한국에 온 지 반년 만에 코로나 19가 터졌기 때문에 학교에서도 온라인 수업을 계속하면서 한국 친구를 인식하지 못했습니다. 또한, 코로나로 인해 외출을 하지 않아 인천의 풍경에 익숙하지 않았으나 이번 활동를 통해 인천에 대한 이해를 넓힐 수 있었으면 하는 바람입니다. 이번 활동을 통해 한국의 친구들을 만나고, 한국 친구들과 함께 교류하며 협력하는 능력을 키울 수 있었습니다. 저희 활동 주제는 인천의 미래와 관련된 것이므로 인천과 가장 관련이 있는 갯벌을 선택하여 인천의 미래를 보여드리고자 합니다. 콘셉트를 잡는 것부터 시작해서 바닷가에 가서 촬영하고 영상 제작을 하기까지 쉽지 않은 시간을 보내는 동안 외국인으로서 인천의 또 다른 매력을 느꼈습니다. 또한, 이번 활동에서 새로운 친구들을 사귀었고, 이번 활동에 참가할 수 있어서 매우 기뻤으며, 이것은 저에게 아주 특별한 경험이었습니다.

조아진

한 학기 동안 진행된 특성화 사업 기간은 길지만 짧게 느껴졌다. 영상 기획부터 촬영, 편집까지 쉬운 부분은 하나도 없었다. 주제 선정부터 어려움을 겪었다. 팀원들과 인천의 미래가치는 무엇인지 많이 고민하였다. 필자는 인천에 대해서 아는 것이 없었기 때문에 다양한 영상과 자료를 찾아보며 인천에 대해서 먼저 알아가는 과정을 가졌다. 인천이 가진 다양한 자원 중에서 '미래 가치'와 연결하는 것이 조금은 어렵게 느껴졌지만, 팀원들의 도움으로 지금의 주제로 이야기를 풀어낼 수 있었다. 첫 번째 촬영을 진행했을 때는 계획을 꼼꼼하게 세우지 않아 촬영에 많은 시간이 소요되었다. 두 번째 촬영부터는 계획을 잘 세우고, 어떤 촬영 부분이 부족한지 더 촘촘하게 확인하고 진행하였다. 갯벌의 간조, 밀물 시간으로 인해 촬영 시간이 한정되어 있고 오랜 이동시간, 촬영 장비의 한계 등으로 힘든 부분도 있었지만, 팀원들과 함께 열심히 촬영하며 이겨냈던 것 같다. 그리고 다시 한번 갯벌의 중요성을 깨닫게 되는 시간이었다.

완성된 영상을 살펴보면서 '만약 팀원들 없이 혼자 진행했다면 이만큼의 영상을 만들 수 있었을까?'라는 생각이 들었다. 팀원들의 노력과 도움으로 의미 있는 영상을 완성할 수 있었다. 특성화 사업 기간에 성실히 참여해준 팀원들에게 고마움을 전하고 싶다.

그리고 권기영 교수님의 조언과 도움으로 한 학기 동안 학과 특성화 사업을 잘 마무리할 수 있었다. 교수님께도 감사 인사를 드린다.

참고자료

• 김수연 외10인, 「인천의 갯벌과 간척」, 인천광역시 역사자료관, 2009
• 대한민국 정책브리핑, "갯벌 등의 관리 및 복원에 관한 기본계획 발표", www.korea.kr
• 해양수산부, 「갯벌 스토리텔링 북 – 역사와 문화 강화도갯벌」, 2020

문학과 해양의 도시, 인천

김민주2 임수민2 허지영2 한청韓晴3

1 특성화 사업에 참여하게 된 이유

김민주

나는 인천 토박이라고 해도 무방할 정도로 아주 어렸을 때부터 인천에서 살았다. 어쩌다 보니 대학교까지 인천대학교로 오게 됐고, 계속 인천에서 살다 보니 인천에 대한 애정이 더 커졌다. 올해 특성화 사업으로 인천의 미래 가치를 알리는 영상을 만든다고 했을 때, '인천의 가치는 무엇이 있을까?' 하고 곰곰이 생각을 해봤다. 그러나 아무리 생각을 해봐도 떠오르는 것이 없었다. 인천에 오랫동안 살았으면서 막상 인천에 대해서는 잘 모르고 있음을 알아차린 것이다. 평소에 돌아다니는 것을 좋아하지도 않을뿐더러, 한 동네에만 오래 살아서 그 주변을 제외하면 인천에 대해 거의 모른다고 해도 무방할 정도였다. '인천의 가치'라고 하면 무엇이 떠오르는가? 내가 생각해낸 것은 고작 바다, 인천국제공항, 차이나타운, 송도 신도시의 건축물뿐이었다. 하지만 이것마저도 미래가치로 보기는 어렵고 단지 관람객의 흥미를 끌 수 있는 것들에 불과했다. 인천을 홍보하는 것과 인천의 미래가치를 알리는 것에는 분명한 차이가 있다. 그 차이를 인지하고 이번 특성화 사업에 참여하는 것이 관건이었다. 20년 가까이 인천에 살아온 사람으로서 적어도 인천에 어떠한 미래가치가 있는지 정도는 알아야겠다고 생각했다. 또한 단순히 인천의 미래가치 영상을 만드는 것으로 그치지 않고 영상을 중국어로 번역해서 중국 플랫폼 '빌리빌리'와 한국 플랫폼에 게시한다는 점이 마음에 들어서 특성화 사업에 참여하게 됐다.

나는 인천에 살지 않는다. 집중중국어실습 수업으로 몇 번 학교를 가보았고, 인천에 제대로 발을 딛기 시작했다. 2020년도 이전까지 인천은 그저 나에게 가깝고도 먼 동네였다. 가족끼리 여행 간 적은 꽤 있었지만. 부평을 제외하고는 혼자 가본 적이 없는 곳. 그러나 인천대학교에 입학한 후, 인천을 바라보는 나의 시각은 조금씩 바뀌어 가고 있었다. 집중중국어 수업을 다니면서 보게 된 인천의 멋진 건물이나 바다 등 서울과 가까우면서도 광활한 바다를 볼 수 있다니! 이런 인천의 다채로운 매력을 하나, 둘 느끼게 된 것이다. 한편으로는 아직은 익숙하지 않은 이곳을 좀 더 알아보고 싶다는 생각도 들었다. 어느덧 2학년이 끝나가는데, 내 학교가 위치한 지역의 제대로 된 모습도 모른다니 말이다. 그렇게 인천의 미래가치를 탐구하는 이 특성화 사업 참여는 단순하게도 인천에 대한 호기심으로부터 시작해 학교를 사랑하는 마음도 더 커지리라 하는 기대감까지 들게 했다. 게다가 특성화 사업에서는 4명씩 팀을 이루는데 그 중 중국인 팀원도 함께한다는 것을 듣고 너무 반가웠다. 학습적인 측면에서도 큰 도움이 될 거 같았고 내가 중국어 버전으로 동영상을 제작해 다른 이들에게 인천의 가치를 공유할 수 있다는 점이 흥미롭게 다가왔다.

초등학생 이후로 쭉 인천에 살면서 인천의 과거 발자취들은 꽤 알고 있었다고 자신했지만, 인천의 미래 가치에 대해서는 잘 알지 못하고 있다는 점을 깨달았다. 다른 나라나 다른 지역의 지인들에게 인천은 어떤 곳인지에 대한 질문을 들을 때마다 쉽사리 대답하기 어려웠다. 그저 공항이 있고, 근처에 바다와 갯벌이 있다는 상투적인 대답밖에 하지 못했다. 머릿속에는 인천에 대한 어떠한 이미지가 있는데, 그 이미지를 말로 설명하기 어려웠다. 머릿속에 막연하게 있는 이미지를 이번 프로젝트를 통해 잘 구체화하여, 다른 지역 사람들뿐만 아니라 다른 나라 사람들에게, 특히 중국인들에게 인천의 미래 가치에 대해 설명하고, 그들에게 인천이라는 도시의 매력을 알려주고 싶다. 이 영상물을 통해 세계인들에게 인천이라는 도시에 대해 홍보하고, 더불어 인천의 경제와 복지정책이 더욱 활성화되길 바라는 마음에 이번 프로젝트에 참여하게 되었다.

2 주제 선정 과정

김민주

1차 주제선정

주저하지 않고 프로젝트에 참여했지만 인천에 어떤 미래가치가 있는지, 어떤 것을 조사해야 할지 막막했다. 지역을 먼저 살펴봐야 할까? 사물을 먼저 조사해야 하는 걸까? 문화유산으로 지정된 것을 살펴봐야 하는 걸까? 5분짜리 동영상 2개를 만들기 위해 어떤 방식으로 2가지를 선정해야 할지 고민이 됐다. 팀원들과의 회의 끝에 한국인과 중국인 모두 쉽게 관심을 가질 수 있고, 우리에게도 친숙한 주제인 '인천 문학 투어'와 '인천 드라마 투어'를 선정하게 됐다.

문학 투어에서는 오정희의 소설 〈중국인 거리〉와 차이나타운을 연관 지어 소개하고, 그와 관련된 축제와 행사를 소개하고자 했다. 드라마 투어에서는 중국에서 인기가 많았던 한류드라마를 선정해서 그곳에 나온 인천의 장소를 소개하고자 했다. 드라마 〈도깨비〉에 나오는 배다리 헌책방 거리와 드라마〈응답하라 1988〉의 분위기를 보여줄 수 있는 수도국산 달동네 박물관을 골랐다. 인천 문학 투어와 인천 드라마 투어의 기획 의도는 소설이나 한류 드라마 속의 배경으로 나온 인천의 다채로운 모습을 보여줌으로써 한류에 관심이 많은 중국인에게 자연스레 인천의 관광 가치를 홍보하고, 즐길 것이 많은 도시임을 알리는 것이었다.

이 정도면 완벽한 기획안이라고 생각했다. 하지만 교수님과의 상담 후 주제를 새로 정하게 됐다. 그 이유는 우리 팀의 주제에서는 미래가치를 드러낼 수 있는 부분이 없다는 지적을 받았기 때문이다. 특성화 사업에 참여하기 전에 인천을 홍보하는 것과 미래가치를 알리는 것에 분명한 차이가 있음을 인지했다. 그러나 막상 기획안을 만들다 보니 인천을 홍보만 하는 영상이 되어버린 것이다. 나름 괜찮은 주제라고 생각했는데 다시 주제를 정하려니 막막했다. 우리 팀은 인천의 미래 가치를 알리는 영상과 단순히 인천을 홍보하는 영상 그 사이 어딘가에서 많이 방황했다.

2차 주제선정

다시 회의를 시작했다. 교수님과의 면담에서 인천이 세계 책의 수도로 선정되었다는 이야기를 들었다. 그래서 기존 기획안의 관점을 달리해 문학 투어와 드라마 투어를 '책의 수도 인천'으로 바꿨고, '해양친수도시 인천'이라는 주제를 새로 정했다. 나는 이중 '책의 수도 인천'을 중점으로 기획 및 조사를 했다.

책의 수도 인천

제 1 동영상이 된 '책의 수도 인천'의 목표는 인천은 책(활자)과 관련이 깊은 도시이며, 이를 통해 미래에도 책을 활용한 다양한 가치를 창출할 수 있음을 알리는 것이다.

유네스코는 '세계 책의 날'을 기념하기 위해 2001년부터 매해 '세계 책의 수도'를 선정하고 있다. 그리고 유네스코는 2013년 7월 19일 인천광역시를 '2015년 세계 책의 수도'로 지정했다. 세계에서 15번째, 아시아에서는 3번째, 우리나라에서는 최초로 선정된 것이다. 이렇게 대단한 이력을 갖고 있지만 이 사실을 모르는 사람이 대다수라는 점이 안타까웠다. 우리 팀 모두 이 사실을 몰랐는데, 이번 특성화 사업에 참여하기 참 잘했다는 생각이 들기도 했다.

그렇다면 인천이 세계 책의 수도로 지정된 이유는 무엇일까? 인천과 책의 인연은 아주 오래전부터 시작되었다. 정확한 시작을 콕 집어 말할 순 없지만 나는 고려시대부터 인천과 책의 인연이 시작되었다고 말하고 싶다. 바로 인천의 강화도에서 팔만대장경이 조판되었기 때문이다. 팔만대장경은 고려 고종시기 부처의 힘으로 외적을 물리치기 위해 만들어졌다. 비록 현재는 강화도가 아닌 해인사에 보존되어 있지만 그 시작은 분명히 강화도이다. 또한 강화도에서 1234년에 세계 최초의 금속활자로 〈상정고금예문〉이란 책을 펴냈다. 이는 우리가 잘 알고 있는 금속활자본인 〈직지심체요절〉보다 약 130년 빨리 만들어졌다. 즉 활자 인쇄술과 목판 인쇄술 덕분에 인천이 세계 책의 수도로 선정되었다. 이러한 과거의 인쇄술과 근현대에서 엿볼 수 있는 문학과 관련된 곳을 연관 지어 소개하며 제 1 동영상 ' 책의 수도 인천'을 만들었다. '책의 수도 인천'에서 소개할 곳은 강화도 전등사의 정족산 사고, 한국근대문학관, 배다리 헌책방 거리이다.

전등사의 정족산사고

강화도의 전등사에 위치한 정족산사고이다. 강화도 자체가 우리나라 역사의 축소판으로 불리고 있다. 선사 시대의 고인돌 유적부터 고려 때의 팔만대장경 조성과 서양 세력과의 첫 전투인 '병인양요'까지 강화도는 한민족의 역사를 설명하기 아주 적합하다. 그래서 현재 강화도는 역사와 문화의 섬으로 그 중요성이 두드러지고 있다.

강화도는 섬이라는 지형적 특성 때문에 중요문서를 보관하기 적합한 장소였다. 조선시대 대표적 유물인 조선왕조실록이 전등사에 보관된 까닭도 이러한 이유이다. 본래 왕실에서는 조선왕조실록을 춘추관, 충주, 성주, 전주 등 네 군데의 사고에 보관하도록 했다. 하지만 임진왜란 때 전주사고를 제외하고 모두 소실되었다. 이때 살아남은 실록이 강화도 전등사로 옮겨졌고 그 곳을 '정족산사고'라 부른다. 글로 쓰여진 조선왕조실록, 그 실록을 보관한 곳인 정족산사고를 첫 번째 미래가치로 꼽았다.

정족산사고

한국근대문학관

한국근대문학관은 우리나라 근대문학을 대표하는 문인을 한 번에 만날 수 있는 곳이다. 이곳에서는 1890년대부터 1940년대까지 즉, 조선왕조 후기부터 일제강점기 해방 후까지의 한국 근대 문학의 발자취를 담고 있다. 김소월, 한용운, 백석의 작품은 물론 이육사, 이상화의 작품도 볼 수 있다. 한국근대문학관은 시대에 따라 제1전시실에서 제6전시실로 나누어져 있는데 차례대로 구경하다 보면 일제강점기 시대에 맞서 해방의 염원을 담은 작품을 많이 만나볼 수 있다.

문학은 한 사회와 시대의 근본을 구성하는 문화의 근간이다. 과거의 문학을 볼 수 있다는 것은 우리 문화의 기초를 확인하는 일이기도 하다. 한국근대문학관에서는 한국근대문학의 성장과 관련된 자료를 수집하고 보존하고 있다. 일제강점기 속에서도 길을 잃지 않고 발전해왔던 한국 근대문학을 만날 수 있는 뜻깊은 곳이라고 생각했기 때문에 두 번째 미래가치로 꼽았다.

배다리 헌책방 거리

배다리 헌책방 거리는 6.25전쟁 이후 가난했던 서민들이 거리에서 헌책을 사고팔며 생겨난 거리이다. 현재는 10개도 안 되는 헌책방만 남아있지만 배다리 헌책방 거리가 번성했을 당시에는 약 50개의 헌책방이 있었다고 한다. 배다리 헌책방 거리는 현재 영화, 드라마 촬영지, 관광지로 많이 쓰이고 있지만, 2009년 인천시의 도로 건설 계획으로 사라질 뻔하기도 했다. 하지만 배다리 주민들의 3년이 넘는 예술문화 투쟁 덕분에 배다리 헌책방 거리를 지킬 수 있었다. 배다리 헌책방 거리는 전쟁으로 폐허가 된 시기 속에서 학문에 대한 열정을 가진

배다리 헌책방 거리

젊은이들이 일궈낸 인천의 유일한 헌책방 골목이다. 이것을 현대의 지역 주민들의 노력으로 현재까지 생명을 이어오고 있다는 점에서 세 번째 미래가치로 꼽았다.

조선왕조실록을 후세에 전해주기 위한 선조들의 노력을 볼 수 있는 정족산사고, 시민들에게 근대문학을 알리고 옛 문학을 통해 미래를 바라볼 수 있게 하는 한국근대문학관, 학문에 열정을 가진 서민들이 만든 거리를 후세 사람들이 지켜낸 배다리 헌책방 거리에 대한 이야기가 제 1동영상 '책의 수도 인천'에 담겨있다.

그렇다면 이것들이 인천의 미래가치와 어떤 연관이 있을까? 정족산사고, 한국근대문학관, 배다리 헌책방 거리의 공통점은 책(문자)을 향한 열정과 그것들을 지키고자 한 노력이다. 현재의 기록은 미래에 중요한 유산이 된다. 그 유산으로 과거를 이해하고 현재를 파악하고 미래를 예측할 수 있기 때문에 기록이 중요한 것이다. 기록은 종이 몇 장에 불과하지만 그 종이들이 현대 사람들에게 주는 의의는 거대하다. 이러한 가치를 알아봤기 때문에 유네스코에서 인천을 세계 책의 수도로 선정한 것이다. 그저 작은 문자일 뿐이지만 그 문자들이 모여 책을 만들고, 책이 하나의 역사를 이어오고, 앞으로의 미래를 보여줄 수 있다는 점에서 미래가치가 충분하다고 생각한다.

안타까운 점은 인천이 세계 책의 수도로 선정되었음에도 불구하고 그 사실을 알고 있는 사람은 적고, 타 시도 대비 도서 인프라가 부족한 것이다.

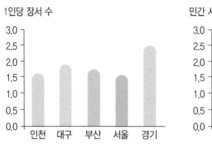
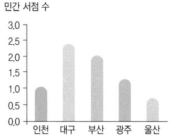

2020년 기준 1인당 장서 수와 민간 서점 수

'세계 책의 수도 인천'의 명성에 걸맞지 않게 1인당 장서 수는 낮은 편에 속하고 인천의 민간 서점 수 또한 대구와는 2배 넘게 차이가 나며 인구수 대비로 따지면 인천이 서점 수가 가장 적은 광역시이다. 물론 서점의 수가 '세계 책의 수도 인천'을 드러낼 수 있는 절대적인 지표는 아니다. 하지만 서점이 많으면 자연스레 책을 접하는 시민이 많아질 것이고 이러한 사소한 변화는 인천이 세계 책의 수도로 인식되는 것에 큰 몫을 할 것이다.

인천에 사는 성인의 연간 독서량은 2013년 8.9권에서 2019년 11.4권으로 증가했다. 평일 독서시간은 같은 기간 30.6분에서 55.9분으로 늘어났다. 하지만, 독서율은 같은 기간 75%에서 66.5%로 8.5%p가 떨어졌다. 이는 평소 책을 읽는 시민들의 독서량과 독서시간은 늘어난 반면, 책을 가까이하고 즐기는 시민들의 수 자체는 감소하고 있음을 의미한다. 즉 원래 책을 읽던 사람이 더 많은 책을 읽은 것 뿐 책을 즐겨 읽는 시민의 수는 줄어들고 있다는 것이다.

사실 독서율 하락은 인천뿐 아니라 전국적인 문제이다. 세계 책의 수도 인천, 책의 미래가치를 인정받은 인천이 실질적인 책의 수도로 인정받기 위해서는 인천광역시의 노력이 필요하다. 도민들을 위한 독서 정책을 활성화하고, 시대의 변화에 따라 전자책과 오디오북을 이용한 다양한 즐길 거리를 제공하고, 인천의 문화적 가치를 보존하는 데 쓰일 예산을 확보하는 노력도 필요하다.

허지영

1차 교수님과의 면담을 통하여 그간 우리는 '흥미'에 지나치게 집중해 본 사업의 요점을 흐리고 있었던 것을 깨달았다. 그렇게 2차 주제 선정 회의를 시작했다. 이 회의에서 우리가 대화를 나누어본 바, 문학 투어는 인천이 책의 수도로 선정되었기 때문에 문학적인 미래가치가 있다고 판단했고, 본 특성화 사업의 의의와 적합하다고 보았다. 반면 제 2동영상의 내용이었던 드라마 투어는 그렇지 않았다. 드라마 투어는 어떻게 보면 단순히 드라마의 장면을 소개하며 장소를 보여주는 것에서 그칠 것 같았다. 즉, 인천의 미래가치를 이야기하기에는 확실히 부족했다. 그래서 우리 팀은 인천의 미래 가치는 어디에서 나오는 것인지 다시 곰곰이 생각하는 시간을 가졌다. 그리고 그 과정에서 제 1동영상을 위해 인천을 배경으로 하는 문학을 찾아보게 되었는데, '말랑말랑한 힘'과 같이 인천의 섬을 배경으로 하는 작품들을 많이 접하게 되었다. 여기에서 우리는 인천의 가치인 '섬이 많고 갯벌이 있으며, 해양과 맞닿아 있다'는 점을 너무 당연하게 생각해 잊고 있었음을 깨달았다. 그리하여 우리 팀은 인천의 섬과 해양에 관련된 자료를 검색해보기 시작했고, 인천의 해양친수도시 사업에 관한 콘텐츠를 기획하려 했으나 (1)해양친수도시 사업이 현재 완성된 것이 아닌 진행 과정에 있어서 직접 촬영하여 해양친수도시 모습을 영상으로 담아내기에는 현실적인 한계가 있고, (2)영상 시청 대상이 중국인임을 고려하였을 때 단지 영상 소스 및 문서 자료를 모아 편집하기에도 어려움이 있다고 판단하였다. 그래서 해양친수도시 사업은 뒷부분에 간략히 설명하고 앞부분은 섬이나 갯벌과 같은 지형을 위주로 인천의 미래 가치를 담아내기로 하였다.

8월 8일은 무슨 날일까? 바로 섬의 날이다. 섬은 관광, 생태, 문화 자원의 보고일 뿐 아니라 사람과 사람을 이어주고 바닷길을 통해 물류 등을 유통하여 국가와 국가를 잇는 중요한 연결고리의 역할을 한다. 아래와 같은 섬 관광객 추이를 살펴보면 섬 활성화의 가치가 얼마나 대단한지 엿볼 수 있다.

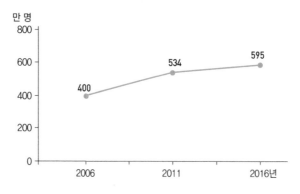

섬 관광객 추이(출처: 행정안전부)

우리나라는 아시아 4대 섬 보유국인데, 게다가 그중 우리나라 인천의 섬들은 수도권에 위치하여 다른 곳으로 뻗어 나가기에 더욱 유리한 위치에 있으며, 이에 따른 미래 가치가 충분히 존재한다. 인천시는 섬이 가진 다양한 기능을 살펴보면서 2025년까지 구체화할 만한 선도사업 또한 구상하는 중이다. 섬의 개발 정도, 자원, 인구특성, 산업기반, 정주 환경 등을 측정해 섬 마다의 개발 방향을 설정하는 것이다. 우리는 특히 이 특성화 사업에서 갯벌로 유명한 대표적인 인천의 섬 강화도를 중심으로 제 2동영상 제작을 진행하였다.

해양친수도시 인천

첫 번째 가치 : 다양한 생물의 서식지가 되는 곳

우리가 바닷가 주변에 살지 않더라도 '갯벌'에 대해 알고는 있을 것이다. 갯벌의 정의는 썰물 때는 물 밖으로 드러나고 밀물 때는 물에 잠기는 땅이다. 밟으면 찐득한 느낌이 드는 이 갯벌. 물론 갯벌이 우리나라에만 있는 것은 아니지만, 전 세계적으로 많지 않은 특수한 지형

강화도의 갯벌 모습

이다. 한국의 갯벌은 2021년 7월 26일 유네스코 세계유산에 등재될 정도의 대단한 가치를 가지고 있다. 특히 인천 강화도에 위치한 갯벌은 캐나다, 미국, 북해 연안, 아마존강 유역과 더불어 세계 5대 갯벌로 천연기념물 제419호로 지정돼 관리되고 있다. 갯벌에는 다양한 생물종이 서식하는데, 인천의 섬 강화도 갯벌에서는 무려 멸종위기 야생생물 1급인 저어새를 만날 수 있다. 저어새는 갯벌이나 강 하구 일대에서 무리를 지어 생활하는 종으로 지난해 기준으로 전 세계 약 90%의 번식 쌍이 인천의 강화군 등에서 번식한다. 실제로 '저어새 보러 가는 길'이라는 표지판이 강화도의 동막해변에 세워져 있기도 하다.

저어새 외에도 철새들의 중간 휴식의 장소 역할도 한다. 또, 강화도와 갯벌은 어민들의 삶의 터전이기도 하다.

동막해변에 있는 저어새 보러 가는 길

두 번째 가치 : 탄소 저장고로의 가치가 있는 갯벌

세계는 현재 2050 탄소 중립을 위한 움직임에 주목하고 있다. 탄소 중립이란 대기 중 온실가스 농도가 더 증가하지 않도록 순 배출량이

0이 되도록 하는 것이다. 대부분 우리는 탄소 중립을 위해, 우리가 발생시킨 이산화탄소만큼 나무를 심어 숲으로 만드는 정책만 생각하고는 한다. 그러나 탄소 중립 차원에서 갯벌 또한 아주 중요한 역할을 수행한다. 지난 7월 6일 해양수산부는 갯벌이 지닌 가치를 탄소중립 차원에서 규명한 세계 첫 연구 결과를 발표했는데, 우리나라 갯벌이 약 1,300만t의 탄소를 저장하고 연간 26만t의 이산화탄소를 흡수한다는 내용이다. 이것은 연간 승용차 11만 대가 뿜어내는 이산화탄소를 갯벌이 흡수한다는 의미이기도 하다. 그렇다면 우리나라 갯벌 중 인천의 갯벌이 이러한 탄소 저장고로 얼마나 큰 역할을 하는가? 인천 갯벌은 전국 갯벌의 약 30%를 차지하는 만큼 굉장히 넓으며, 인천 갯벌의 유기 탄소 저장량은 국내 갯벌 유기 탄소 저장량의 37.5%에 이르는 약 492만t에 해당한다. 즉, 갯벌이라는 특수 지형은 탄소를 줄이기 위해 중요한 역할을 하는데, 우리나라의 많은 갯벌 중에서도 인천 갯벌이 이바지하는 바가 높다는 측면에서 인천의 미래가치로 꼽았다.

인천 미래가치를 지키기 위한 방향, 섬과 갯벌의 보존

우리는 인천의 미래가치를 해양친수도시 인천의 모습 그리고 그 안에서도 섬과 갯벌을 위주로 소개하였다. 제 2동영상 제작 과정에서 탐구한 것을 통하여 인천 갯벌이 없다면 해양생물 종들이 줄어들 것이고 이것은 결과적으로 해양환경은 물론 우리의 터전도 사라지게 될 수 있음을 알 수 있다. 따라서 후대까지 이 인천의 미래가치인 갯벌과 섬을 보존해야 한다.

현재 인천은 법적으로 옹진장봉도갯벌, 송도갯벌 등을 보호구역으로 삼고 있다. 그리고 인천 송도 갯벌은 2025년 세계자연유산등재에

도전한다. 그러나 안타깝게도 인천 갯벌은 1980년대 후 급속한 도시 개발이 시작되며 빠른 속도로 사라져 왔다. 최근까지도 인천 해안 지역에 조력발전소를 세운다든지, 인천 갯벌을 매립해야 한다는 등 개발 논란에 휩싸이고 있다. 또 불과 2020년에는 준설토투기장 조성과 더불어 인천경제자유구역청이 여의도 면적에 달하는 갯벌을 매립해 기반 시설로 개발하는 계획을 추진하기도 했다. 이 과정에서 갯벌 매립 문제로 많은 이들이 대립하고 있는데, 이는 우리가 계속해서 해결해나가야 할 과제로 여겨진다. 이와 관련해 다음과 같은 내용을 전하고 싶다.

하나, 갯벌을 보존하고 인천의 미래가치를 지키기 위해 기본적으로 시민들의 관심이 필요하다.

예를 들어, 정부가 갯벌 매립을 추진하는 정책을 펼친다면 지역 개발과 환경 보존 중 더 중요한 것이 무엇인가에 관해 다양한 시각에서 바라볼 줄 알아야 한다. 그저 '지역이 개발되면 좋겠지'라는 안일한 생각으로 판단하면 안 된다는 말이다. 더불어 갯벌 파괴자인 '갯끈풀'의 확산도 막아야 한다. 갯끈풀은 갯벌 아래에 뿌리를 내려 무성히 자라나는데 갯벌에 서식하는 생물들의 자리를 잠식한다. 해양생물의 삶에 피해를 크게 미치기에 생태계 파괴에도 악영향을 준다. 강화도는 이 갯끈풀의 제거 사업을 펼치는 등의 노력을 보였다. 더불어 이번 사업에서 다루지는 않았지만, 해안가에 버려지는 쓰레기 문제 등도 해결되어야 할 것이다. 해양 환경을 위하여 생활에서 무관심하게 넘길 수 있는 행동을 바꾸려는 작은 변화를 시작해야한다.

둘, 인천은 이와 관련해 2030 바다이음 해양친수도시 사업을 진행 중이다.

우리가 영상 제작을 하며 다뤘던 이런 인천의 무궁무진한 해양 가치들을 정작 인천 시민들은 모르고 있는 경우가 많다고 한다. 그리하여 인천은 해결 방안으로 '시민과 바다를 잇는다'를 핵심으로 하여 인천 시민과 바다를 이어주는 사업을 계획하게 된 것이다. 이 프로젝트는 ①닫힌 바다를 열린 공간으로 잇는 개방적 해양친수도시, ②시간의 흔적을 새로운 기능과 잇는 재생적 해양친수도시, ③섬마을의 낭만을 사람과 잇는 상생적 해양친수도시, ④우리의 바다를 미래세대와 잇는 보전적 해양친수도시, ⑤인천의 바다를 세계와 잇는 국제적 해양친수도시를 5대 목표로 삼고, 15개의 네트워크화 전략을 동시에 제시했다.

송도 등에 친수 거리를 조성해 열린 공간으로 마련하고, 영종에는 자전거 해안 도로를 만들며, 페스티벌 육성 또한 빼놓지 않는다. 시민 체험 및 이용 프로그램으로는 갯벌 체험, 요트대회, 해양축제 등이 해당된다. 이 해양친수도시 사업에 제시된 바에 의하면 인천의 갯벌은 적극적으로 활용되어 친수공간으로 조성될 예정이다. 인천의 갯벌은 인천의 원도심과 매우 가깝기 때문에 원도심과 연계해야 하는 해양친수공간으로써 위치적인 강점을 가진다. 넓게 펼쳐진 강화도는 2030년 해양보호구역으로 지정되는데, 2030년까지 바닷가를 따라 해안 경관길이 단계적으로 조성된다. 시민이 바다에 친근함을 가질 수 있도록 돕는다는 점에서, 우리가 앞서 말한 '인천의 미래가치를 지키기 위해 기본적으로 시민들의 관심이 필요...'를 충족시킬 수 있을 것이라 기대된다.

평소 나는 인천을 배경으로 한 오정희의 중국인 거리나, 괭이부리말 아이들 등의 문학을 좋아했다. 또한 현재 한국의 대중음악이나 드라마 등의 소프트파워는 모두 이러한 문학 작품들의 연장선이라고 생각했다. 이에 따라 앞으로의 한국의 소프트 파워도 결국은 이러한 한국의 고전, 근대 문학들이 밑거름 되어 지속적으로 발전할 것이라고 생각한다. 그렇기 때문에 인천의 미래 가치는 '문학'에 있다는 판단을 내렸다. 다행히도 한국의 근대문학 박물관이 인천에 위치해 있었다. 이곳에 들러 인천 문학의 과거 발자취들을 보니, 미래의 소프트파워는 어떠할지 그려볼 수 있을 것 같았다. 현재 제2의 스마트폰 보급이라고도 언급되는 메타버스(metaverse) 또한 사람과 사람을 잇고 싶다는 '희망'이라는 출발점에서 시작된 것이다. 예전부터 가상의 현실을 그려왔던 문학과 다를 바 없다고 생각하였기 때문에 이곳을 소개하는 것이 좋을 것 같다고 판단했다.

또한 2021년도 여름방학 때 들었던 '한국 환황해 Nano Degree' 수업을 듣고 서남해안에 위치한 갯벌의 위상에 대해 제고하게 되었다. 이번 특성화 사업을 통해 세계에 얼마 없는 지형인 자랑스러운 인천의 '갯벌'을 소개하는 것이 좋을 것 같다고 생각했다. 해양수산부는 지역의 자연 자원·문화·관광 등 지역별 자원 특성에 적합한 생태관광모델을 개발하고, 스토리텔링을 통한 다양한 프로그램 개발, 컨설팅 지원과 홍보·마케팅 강화를 통해 생태관광 수요 창출에도 적극적으로 나설 것이다. 지속 가능한 효율적·체계적 생태관광을 위해서는 환경부, 문화체육관광부 등 정부 부처 간 협업도 필요하다. 잘 보전하고 관리한 갯벌은 수산물의 증가로 어민들을 더욱 풍요롭게 할 것이다. 이렇듯 갯벌은 우리에게 상생과 공존, 평화가 주는 기쁨을 가르쳐준다. 아울러 무한경쟁 시대에 피폐해진 정신을 정화해 건강하고 행복한 삶으로 이끌어주는 중요한 자원이기 때문에, 인천의 미래 가치 소개에 필수불가결한 주제라고 생각했다.

3 특성화 사업을 마치며

김민주

 위의 내용으로 자료 수집을 하고 대본을 만든 후 그 대본을 중국어로 번역하는 작업을 시작했다. 다행히 중국인 팀원이 있어서 이 작업은 순탄하게 진행되었다. 영상에 들어갈 자막을 음성으로도 녹음했는데 더 좋은 영상을 만들기 위해 여러 번 녹음해서 목이 아프긴 했지만 영상물로 만들어진다고 생각하니 뿌듯했다. 영상에 필요한 촬영을 하러 인원을 나눠 강화도와 배다리 헌책방 거리에 다녀왔다. 완성된 영상을 보니 뿌듯했고 우리의 영상을 통해 단 한 명이라도 인천의 미래가치를 알게 된다면 좋을 것 같다.
 우선 인천의 미래가치를 소개하는 영상을 무사히 끝낼 수 있어서 다행이다. 처음 영상을 만들 때 약간의 촬영과 영상 소스들을 편집해 동영상을 완성했었다. 그런데 영상 마감 10일을 남겨두고 완성된 동영상에 저작권상 문제가 생겼고, 강화도로 촬영을 가야 하는 상황이 발생하게 됐다. 다행히 팀원과 시간을 맞춰서 바로 다음날 강화도로 향했고 영상에 필요한 사진들을 찍을 수 있었다. 하지만 날이 추운 12월에 가서 그런지 갯벌에는 생명체가 보이지 않았고 그 흔한 갈매기조차 보지 못했다. 조금 더 일찍 갔다면 더 다양한 자료를 얻을 수 있었을 텐데 하는 아쉬움이 남았다.
 정족산사고를 찍기 위해 강화도의 전등사에 올랐는데 이른 아침에 산을 오르니 공기가 맑고 날이 맑아서 기분이 한층 좋아졌다. 갑자기 강화도에 오게 돼서 기분이 마냥 좋지만은 않았는데, 맑은 공기를 마시니 오길 잘했다는 생각이 들기도 했다. 전등사에는 소나무를 비롯한

많은 나무가 높게 뻗어있었다. 사계절 푸르른 소나무와 잎이 다 떨어
져 나뭇가지만 있는 나무를 보자니 왠지 모르게 쓸쓸함이 느껴졌다.
두 나무 모두 울창한 시기에 왔다면 눈이 더 즐거웠으리라 생각한다.

전등사의 나무들

인천의 미래가치를 소개하는 사업에 참여할 수 있어서 좋았다. 미
래 가치를 조사하면서 한 번도 가보지 못한 지역을 사진으로나마 만
나볼 수 있었고, 나중에 직접 방문하고 싶은 곳도 생겼다. 비로소 진정
한 인천사람이 된 듯한 기분이 들었다.

작년에 이어 올해 두 번째 특성화 사업에 참여했는데, 역시 무언가
를 조사하고 기획하는 일이란 쉽지 않았다. 항상 예기치 못한 문제가
생기고, 계획이 틀어지기도 했다. 문제를 해결해나가는 게 어렵긴 했
지만 해결하고 보니 스스로가 한층 성장한 기분이 들었다. 인천에 대
해 이렇게 큰 관심을 갖고 찾아본 것은 처음이다. 앞으로도 인천에
계속 관심을 갖고 인천 시민으로서의 자부심을 가져야겠다고 다짐하
게 됐다.

허지영

평소에는 단순 여행을 위해 들렀기에 그저 재미있게 노는 것에만 집중했지만 이번에는 특별한 목적을 두고 온 것이기에 인천이 다른 시각으로 보였다. 그중에서도 우리나라뿐 아니라 세계적으로 대단한 역할을 수행하고 있는 강화도가 우리나라 인천의 섬이라는 게 자랑스럽게 느껴졌다.

한편 갯벌 위에 있던 산책로를 걸었을 때는 마음에 힐링이 찾아오는 기분을 느꼈다. 약 6~7분 정도가 걸리는 산책로였고 중간 중간 바닥을 보면 다채로운 빛깔을 띠는 조개껍질들도 있었다. 사실 중간중간 보이던 플라스틱 쓰레기들은 마음을 아프게 만들기도 했다. 그래도 해양친수도시 조성 사업을 통해 인천이 해양 환경 문제에 힘쓴다고 하니 다행스러운 마음과 얼른 해결되어 깨끗한 인천의 갯벌과 바다를 보고 싶다는 생각이 동시에 들었다. 산책로의 끝에는 여러 척의 배들도 묶여 있었고, 바다 냄새가 물씬 났다. 작은 배 옆에서 팀원들끼리 나란히 하늘을 바라보았는데, 따사로이 내리쬐는 햇빛은 머릿속의 걱정들을 모두 지우는 듯했다. 사실 '저어새를 보러 가는 길'이라 적혀있던 산책로라 기대하고 있었지만, 저어새와 같은 멸종 위기의 생물 종을 실제로 볼 수는 없었기에 아쉬움이 남기는 했다. 그렇게 저어새는 다음을 기약하며 다시 차에 올라탔다. 아침에 강화도로 출발할 때의 마음과 촬영을 마친 후 우리의 마음은 많이 바뀌어있었다. 비록 많은 것을 본 건 아니지만, 인천의 가치를 직접 바라보니 그동안 과연 인천 가치가 맞는가에 관해 걱정하던 부분은 점차 사라지고 확신이 들기 시작했다. 또 계속 코로나 때문에도 그렇고 학기 중에 있다 보니 요즈음에는 자연을 마음껏 느낄 기회가 없었던지라 매우 소중한 경험이 되기도 했다.

당시 걸었던 산책로 사진

영상 제작 총 과정에서 느낀 점은, 요즘에는 마음만 먹으면 쉽게 섬에 갈 수 있으니 섬의 소중함을 생각하지 않았는데 특히 인천의 섬들이 중요한 역할을 하고 있었음을 깨닫게 되어 좋았다. 더불어 인천이 해양친수도시로 거듭나기 위해 많은 노력을 기울이고 있다는 사실을 알 수 있었다. 이 특성화 사업은 우리 자신도 인천이 미래에 할 일에 대해 기대를 품고 관심을 가지도록 첫 단추를 끼워주었다. 더불어 우리 팀의 영상을 보는 많은 사람이 인천의 미래가치를 알게 될 뿐 아니라 섬과 갯벌을 보존해야 하는 필요성에 대해서도 느꼈으면 하는 작은 바람이 있다. 인천 섬과 갯벌은 우리가 살아가는 환경을 보호하고 나라와 나라를 연결하는, 없어서는 안 될 특별한 존재니 말이다.

임수민

동영상 촬영을 위해 한국근대문학관에 방문했다. 근대문학관을 통해 고전 소설에서 현대 소설로 서서히 변화하는 모습이 마치 점차 발전해나가며 세계로 뻗어나간 한국의 소프트파워와 닮았다고 생각했다. 또한 몇십 년간 외면받던 자본주의의 폐해에 반발하는 카프 문학이 이 근대문학관에 유일하게 전시되어있는 것을 보며 감동하기도 했다. 현재 우리는 카프 문학이 쓰인 시대와 별다를 것 없다고 생각한다. 그러나 미래에는 카프 문학가들이 외쳤던 대로 탈중앙화된 암호화폐가 전 세계적으로 보급되어, 미국의 연준 같은 거대한 중앙은행의 금리와는 상관없이 자산의 불평등이 기회의 불평등으로 이어지지 않는 사회가 건설되기를 바란다.

2층에는 인천 곳곳에 나타난 소설인 염상섭의 이심, 이해조의 모란병, 이광수의 재생 등을 보여주는 '인천문학지도'가 있었다. 이러한 것들을 보는 것도 재미있었다. 과거와 현재가 이어져 있다는 느낌이 들었기 때문이다.

한국 근대 문학관 속 문인들

1883년 개항과 함께 국제적 항구도시가 된 인천은 외국에서 한국으로 들어오는 관문이자 한국에서 외국으로 나가는 출구였다. 이는 주로 신소설 작품들에 잘 나타나 있는데, 최초의 신소설인 〈혈의 누〉(1906)의 주인공 옥련이가 배를 타고 일본을 향해 출발하는 곳이 인천이다. 〈봉선화〉(1912), 〈서해풍파〉(1914)의 등장인물들도 인천에서 새로운 배움을 찾아 외국으로 출발한다. 현재 우리나라는 꽤 발전하여, 과거와는 반대로 외국에서 인천으로 들어오는 사람들이 많다. 과거의 인천과 현재의 인천의 모습이 역전된 상황을 보며 미래는 어떠할지 생각하게 되는 계기가 되었다.

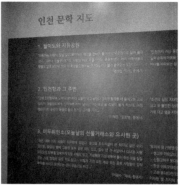

한국근대문학관

한청

通过这次机会让我也更好的了解到了仁川的历史和发展，最主要的是认识了韩国同学，可以一起探讨韩国和中国不同的文化，也让我更好的锻炼了韩语，希望下次还有机会可以参加类似的活动。

이번 기회를 통해 인천의 역사와 발전을 더 잘 이해하게 되었다. 무엇보다도 한국 친구들을 알게 되었고, 한국과 중국의 다른 문화를 함께 토론할 수 있었으며, 한국어를 더 잘 할 수 있게 되었는데, 다음 기회에 또 비슷한 활동을 할 수 있길 바란다.

- 전등사 홈페이지, http://www.jeondeungsa.org/bbs/content.php?co_id=menu0101
- 김민, 긴급점검_ 인천 공공도서관 100주년] 인천 '책의 수도' 성장 속 ⋯ 줄어드는 독서율, 경기일보,2021.09.21.
  http://www.kyeonggi.com/news/articleView.html?idxno=2380484
- 이창호, '세계 책의 수도 인천' 허울만 남았다. 기호일보, 2020.12.3.
  http://www.kihoilbo.co.kr/news/articleView.html?idxno=899741
- 8월 8일, 〈섬의 날〉로 제정된다!, 행정안전부 보도자료, 2018.2.28.
  https://www.korea.kr/news/pressReleaseView.do?newsId=156256203
- 이순민, 인천 갯벌, 온실가스 제일 많이 잡아먹는다, 인천일보, 2021.7.6.
  http://www.incheonilbo.com/news/articleView.html?idxno=1104068
- 이채형, '한국의 갯벌', 유네스코 세계유산 등재의 의미, 대한민국 정책브리핑, 정책기자단 2021.8.4.
  https://www.korea.kr/news/reporterView.do?newsId=148891074
- 2050 탄소중립, https://www.gihoo.or.kr/netzero/intro/intro0102.do
- 김창문, 영종도 육지되나 ⋯ 인천경제청, 대대적 갯벌 매립 '논란', obs뉴스, 2020.5.13. http://www.obsnews.co.kr/news/articleView.html?idxno=1214844
- 김호선, "시민과 바다 잇는다" 인천시, 해양친수도시로의 도약, sbs 뉴스, 2021.4.12. https://news.sbs.co.kr/news/endPage.do?news_id=N1006276678&plink=ORI&cooper=NAVER
- 윤태현, 강화도 갯벌 파괴자 '갯끈풀' 확산세 꺾여... "개체수 감소 기대", 연합뉴스, 2021.7.1. https://www.yna.co.kr/view/AKR20210630167800065
- OBS 창사특집 특강, 생각보다 대단한 인천이야기, 인천연구원 X OBS [인천 해양친수공간 조성방안], 2020.2.3.

과거의 숨결을 간직한 도시, 그 속에서 미래를 찾아내다

김민지[1] 이지원[1] 임지혜[1] 태가영[1]

1 콘셉트 선정 및 회의 내용

'큰일났다.'

6월 20일 우린 첫 ZOOM 회의를 열었다. 인천 미래 가치 사업이라는 것을 들었을 때, 단순히 홍보용 영상을 제작하는 줄 알고 다양한 아이디어를 가지고 신청했었다. 그러나 OT이후 인천의 '미래 가치'를 온전히 담아내야 한다는 사실을 알게 되었다. 처음 사업을 신청할 때 인천의 소재는 많으니 어렵지 않을 것이라 예상했던 바와는 다르게 무엇이 인천의 미래 가치이며 인문학적 관점을 어떻게 담고 중국인들은 어떤 영상에 흥미를 보일지 도통 해답이 나오지 않았다.

우선 카테고리를 정해야 한다고 생각해서 각자 자료조사를 시작했다. 첫 자료조사 이후 각자가 가져온 영상 소재들은 인천의 타이틀, '환경 특별시', '경제 무역 도시' 혹은 인천의 인지도와 평판을 높인 인천 국제 공항이 전부였다. 완전히 별개로만 보이는 소재들이라서 막막하기만 했다. 각 소재가 어떤 이유로 인천의 미래 가치라 말할 수 있는지, 중국인들이 관심 가질 만한 소재인지 등 여러 의문만 남겼다. 결국 큰 틀을 정해보는 것이 중요하다고 생각하여 영상을 각각 '문화'와 '환경'으로 소주제를 정했다. 그렇게 추가적인 자료조사를 약속하며 아쉽게 첫 회의를 마쳤다.

'미래 가치가 도대체 뭘까?'

두 번째 회의는 6월 마지막 주부터 7월 셋째 주까지 진행한 팀별 회의였다. 이번 회의의 전체 주제는 '향후 인천의 강점이 될 수 있는 요인은 무엇인가'이었고 7월 24일 전까지 구체적인 소재와 영상 방식을 구상하는 것이 목표였다.

먼저 [문화]팀은 지리적 위치 덕분에 '국제적'이라는 인천의 수식어가 붙게 되는 것을 고려하여 다양한 국가가 즐길 수 있는 문화 행사를 찾았다. 또한 중국 사이트 'billibilli'는 중국 젊은 층의 이용 빈도가 높아 '송도 세계 문화 축제(맥주 축제)'를 소개하면 그들의 이목을 끌 수 있다는 의견이 나왔다. 하지만 특산품도 아닌 맥주로 인천을 소개하기에는 부족한 면이 많았다. 인천 독립(경기도에서 독립) 40주년 기념 행사도 마침 진행 중이었던 터라 다양한 행사를 접할 수 있었지만, 미래가치에 집중한다기보다는 주민들의 편의와 발전에 관한 내용이 더 많아서 적합하지 않다고 생각했다. 이외에도 다양한 의견이 나왔지만, 마땅히 눈에 띄는 의견이 없었다. 미래 인천의 비상과 발전을 담기 위해 현재 '인천시가 어떤 노력을 하고 있는지', '인천 소개를 위해 현재 진행되고 있는 관련 사업' 등을 조사하기로 했다.

다음으로 [환경]팀은 인천의 환경이 어떻게 미래 가치와 연결될 수 있는지에 대하여 의논했다. '환경보호'는 오래전부터 전 세계의 이목을 끌고 있는 주제이기에 인천 특유의 환경 조건과 이를 보전하기 위한 지자체의 노력을 소재로 담기로 했다. 인천의 환경 소재를 대략 6개(바다, 갯벌, 염전, 물범 등)로 정하고 관련 사업을 소개하는 패러디송을 부르자는 의견이 나왔다. 배경 음악은 lil dicky의 'Earth'로 정했으며 차후 개사와 중국어 번역을 위해 몇 차례의 회의가 더 진행되었다. 개사하면서 '객관적으로 중국인들이 이 영상을, 물범에 큰 관심을 가질까?' 의문이 들었으며 끝내 소재와 영상 제작 방식을 재고하기로 정했다.

'긴장 가득했던 교수님과의 중간 점검'

두 번째 회의가 끝나고 조원 중 이지원 학생이 중구 역사 탐방 프로그램에 참여한 후 시간을 주제로 [문화]팀 영상 제작의 갈피를 잡았다. 과거에는 산업시설과 항만시설의 창고로 쓰였던 칠통마당이 현재로 오면서 예술적인 공간으로 변모해왔다는 사실에 매력을 느껴 그것을 필두로 현대-과거-미래-현대 순으로 나열하며 미래의 변화된 모습역시 중요하지만, 과거의 모습을 지켜내는 것이 진정한 미래 가치임을 강조하는 영상을 구상하였다.

다음은 교수님이 던지신 질문과 우리가 내놓은 피드백이다.

왜 미래 가치를 그렇게 정의했는가?

인천의 역사 속 의미 있는 전통에 새롭게 주목하고 발굴하여 현대의 필요에 맞게 발전하는 것이 미래 가치로서 유의미하다고 생각했기때문입니다. 이 생각은 칠통마당에서 영감을 받았습니다. 칠통마당은과거 개항장에서 들어오던 물건들을 보관하는 창고였지만 현재는 예술인들에게 대여해주면서 작업실의 형태로 사용되고 있습니다. 일반시민들도 참여할 수 있는 예술 공간으로 칠통마당을 사용하는 모습을보면서, 과거에는 경제적인 역할만 담당했다면, 현재로 넘어오면서예술적인 면모까지 더해진 점이 미래 가치의 의미로 가장 부합한다고생각했습니다.

인천이 지키고자 하는 과거는 무엇이 있는가?

인천이 지키고자 하는 과거는 개항의 역사입니다. 인천에 '개항'은 큰 의미를 가지며 그 역사성을 보존하기 위한 노력으로 현재까지도 인천 개항장 거리에서 여러 문화재 여행 프로그램을 실시하고 있습니다. 과거 항구를 통해 들어온 다양한 국적의 사람들과 만나 인천의 문화는 꽃을 피웠으며, 현재까지도 이곳에서 활발한 무역과 인구 이동이 이루어지며 인천의 경제력도 높아질 수 있었습니다.

이를 어떻게 영상으로 구현할 것인가?

스토리텔링 구현 방식을 선택했습니다. 현재를 사는 사람은 과거의 한 사람이 이웃 나라 중국 항구에서 보낸 편지를 줍게 되고, 과거 인천 항구의 모습을 알게 되며 현재는 어떤 모습으로 탈바꿈했는지를 설명하는 콘셉트를 잡았습니다.

'드디어 최종 기획안 완성'

두 번째 회의와 중간 점검을 마무리하고 7월 24일 우리 조는 처음으로 대면 만남을 가졌다. 이번 네 번째 회의는 최종 영상 제작 방식과 콘티, 시놉시스 제작 및 중국 유학생 섭외 등 역할 분담을 위해 모인 자리였다. 회의가 두루뭉술하게 끝난 [환경]팀은 다음으로 인천의 환경적 가치를 주제로 숏폼 영상 플랫폼 제작을 기획하기로 했다. 'bilibili'의 주요 사용 연령층인 중국 MZ세대을 겨냥하려는 의도였다. 최근 중국 IT 기업의 SNS인 TikTok이 전 세계적으로 사랑받으며 중국인 대다수가 즐겨 사용하는 플랫폼이기에 지루할 수 있는 V-log나 UCC 형식과 달리 영상의 흥미를 확보할 수 있는 방식이었다.

하지만 이 기획은 두 팀 영상 방식의 차이가 뚜렷하여 연계성이 떨어지고 팀 활동의 분열을 초래하는 방안이었다. 결국 두 팀 모두 아직 소재는 정하지 못하고 영상 콘셉트만 정했다.

> #과거에 편지가 수취인에게 전해지지 못하고 오랜 세월이 흘러 현재 사람들 손에 들어온다.
> #편지를 주운 사람은 현재와 다른 과거의 인천 모습을 보고 수취인 대신하여 답신을 쓴다.
> #편지 봉투를 발견한 곳에 가져다 놓는 동안 봉투 안에서 두 번째 편지가 떨어진다.
> #길을 걷던 행인이 이를 발견하고 과거 또 다른 인천의 과거를 알게 된다.

영상에 담을 내용은 다음과 같다.

인천의 과거를 현재는 어떻게 보존하는가?

옛날부터 아시아 대륙을 지나 동쪽, 서쪽으로 나아가기 위해서는 인천의 항구를 지났어야 했다. 1883년 강화도 조약으로 개항하게 된 인천항은 1962년 경제개발 5개년 계획으로 해운산업이 성장하여 1968년~1974년 인천항 선거 건설공사, 1974년에는 (주)한진 국내 최초 민자 부두 건설(인천항) 등이 이루어졌다. 현재는 국제여객, 크루즈, 배후단지 등을 개발 및 발달시키고 원활한 물류 흐름을 새로 마련함으로써 동북아 물류 중심항으로 전진해 나가고 있다.

과거와 비교했을 때 현재는 어떻게 변했는가?

서구에는 북항, 중구에 있는 내항, 남항과 연수구의 인천 신항으로 확대되었다. 북항은 원자재 화물을 취급하며 인천국제공항과 제2 외곽순환도로와 가까워 해상뿐만 아니라 항공, 육로로 빠르게 물자 조달을 할 수 있다. 내항은 우리나라 최초의 컨테이너 부두이고 다른 항구의 개항으로 물동량이 줄어들어 인천 시민들을 위한 휴식공간으로 바뀔 예정이다. 남항은 컨테이너 전용 부두뿐만 아니라 근처에 여객터미널이 있어 크루즈선이 들어올 수 있는 등 다목적 만능 부두로 불리고 있다. 마지막으로 신항은 대중국, 동남아, 북한과의 적극적인 교역 증대에 대비하고 거점 항만으로 성장해 나가 국제물류 중심 항만으로 개발하려는 목표를 가지고 있다.

미래를 대비하는 인천의 현재는 어떠한가?

인천의 경제를 이끄는 새로운 성장 동력으로 등장한 것은 공항이다. 현재 코로나 위기를 맞은 인천은 현재와 미래를 대비하기 위한 방안으로 MRO 사업을 유치했다. 이 사업으로 인해 결항률과 지연율을 10%가량 줄었으며 국가 항공 산업의 안정성을 높이고 항공 정비 위탁을 위해 해외로 유출되던 경제적 누수를 막았다. 한국의 항공기 엔지니어링 기술력을 증대시키고 대한민국 항공 주권을 확보하는 데 기여하고 있으며 2020년부터 미래 인천 시민들의 안전한 비행 운송수단을 보장하기 위해 K-UAM 사업을 시작했다.

'예로부터 어떤 도시이고 어떤 도시가 될 것인가?'

과거와 현재를 비교할 수많은 소재를 언급하다가 마침내 다섯 번째 회의에서 두 영상에 담을 소재로 인천항과 인천국제공항을 선택했다.

인천은 지리적 특징 덕분에 전 세계 동북을 잇는 관문으로 명성을 얻어 왔다. 이러한 지리적 이점에 힘입어 다양한 문화가 본격적으로 자리 잡게 된 시기가 바로 개항기이다. 개항장이 된 인천항은 새로운 문물의 입구가 되었기에, 인천항으로 타국의 물건이나 음식, 건물 양식들이 들어왔다. 예를 들어 등대, 서양식 호텔인 대불호텔, 자장면, 경인 철도, 최초의 지방 우체국인 인천분국 등이 있다. 현재 인천항은 항구의 역할을 더욱 확대하여 물류와 여객뿐만 아니라 포장, 전시, 가공 등 여러 역할을 담당하고 있다. 각 배후단지가 맡은 특화 산업을 중심으로 더욱 성장할 인천항의 미래에 인천의 미래 가치가 있다고 보았다.

21세기 현재 인천은 하늘길을 열며 다시 한 번 변화의 중심이 되었다. 인천국제공항의 역사가 그리 깊지 않지만, 인천의 경제력과 인지도, 사회적 평판을 높이는 데 기여해왔다. 공항을 통해 유동인구

자유공원에서 촬영한 인천공항의 모습

인천 공항 내부의 모습

가 늘어나 일자리를 창출하는 등 인천 경제 성장의 디딤돌 역할을
해냈다. 인천공항은 개항 첫해 세계 103개 도시에 취항해 1,400만
이상의 여객이 이용하였고 '안전하고 편리한 공항'이라는 평가를 받
았다. 최근 코로나로 인한 여객기 결항으로 여행객들 감소하면서 인
천 국제 공항은 적자 위기를 맞고 있다. 이에 대한 새로운 방안으로
MRO(Maintenance Repair and Overhaul) 사업을 유치했다. 해외에 위탁했
던 핵심 엔진 기술력을 획득하고 여객기를 화물기로 전환하면서 여객
기 결항 손실을 보충했으며 항공정비 산업 경쟁력을 높여 성장 잠재
력을 갖춘 항공으로 거듭나고 있다.

　우리가 항상 보고 있는 세계지도를 다르게 생각해 볼 수 있다는
사실을 아는가? 익숙하기만 한 세계지도를 거꾸로 보면, 인천이 뻗어
나아갈 수 있는 방향은 무궁무진하다는 사실을 깨달을 수 있다. 시각
을 바꿔 생각하는 것. 그것이 우리 팀의 첫 출발이었다. 과거는 과거에
머물러 있는 것이 아닌, 과거의 것이 분명히 우리에게 전달하는 메시
지가 있으리라 생각했다. 우리 조는 인천이 과거에서부터 지키고자

하는 요인을 인천항에서, 현재의 위기를 극복하고 앞으로 더욱 발전시키고자 하는 요인을 인천 국제공항에서 찾았다.

2 영상 제작 중 어려웠던 점, 해결 방법

시나리오 구성

처음 시나리오 구상을 할 때 과거와 현재, 그리고 미래를 잇는 콘셉트를 확고하게 잡아두었기 때문에 이 틀을 벗어나는 아이디어를 구상하는 것이 어려웠다. 과거를 알고, 이 과거를 미래에도 보존해 나가는 것이 진정한 미래 가치라는 주제 하나만으로는 우리가 영상으로 표현할 수 있는 부분에 한계가 있다고 생각했다. 그렇기에 정해진 틀 안에서 생각하지 않도록 처음부터 다시 생각해보기로 했다.

하지만 영상을 제작할 때 지나치게 광범위한 주제를 정했기 때문에 이를 구체화하기에 어려움이 있었고 정해진 양식이 없이 처음부터 모든 것을 기획해야 한다는 것이 큰 부담으로 다가왔다. 그러나 일본의 '나미야 잡화점'이라는 소설을 모티브로 하여 과거와 현재, 미래를 편지 형식으로 연결하자는 의견이 나왔다. 편지를 과거와 현재, 미래를 연결하는 매개체로 설정하자 보는 사람들로 하여금 흥미를 이끌수 있는 요소가 되었고 단지 인천의 과거를 소개하는 영상이 아니라스토리를 만들어 진행하게 되면서 그 뒤의 시나리오는 비교적 쉽게 풀어나갈 수 있었다.

좌충우돌 의견 대립

우리 조는 두 개의 영상을 각각의 내용으로 제작하는 것이 아니라 1편과 2편의 스토리가 이어지는 형식으로 만들었기 때문에 처음부터 모든 인원이 함께 시나리오를 짜기로 했다. 그러나 모임 시간을 조율하는 과정에서 문제가 생겼고 조원을 둘씩 나누어 초반에 공유했던 시놉시스에 맞게 시나리오를 짜기로 하였다.

2편 시나리오 담당인 김민지와 태가영은 시나리오를 짜는 과정에서 원래의 시놉시스가 주제와 어긋나는 부분을 다수 발견했고 고심 끝에 시나리오를 수정하기로 했다. 시나리오 마감 일자가 임박했을 때 갑자기 스토리의 방향을 바꾸게 되었고 이것이 1편 담당인 동기들에게 피해가 될 것 같아 우려되어 1편의 대본과 2편의 대본 모두 작성하기로 하였다.

조원들과 자세한 상의 없이 중간에 시나리오를 수정했기 때문에 수정 대본은 우리가 책임져야하는 것이 옳다고 생각했다. 처음에는 대본 작성이 오래 걸리지 않을 것이라고 생각했으나 자료조사와 장소 섭외를 완벽하게 끝내고 나서야 대본 작성을 시작할 수 있었다. 한국어로 쓴 대본을 중국어로 번역하는 시간 또한 필요했기 때문에 1편과 2편을 두 사람이 감당하기에는 너무 많은 시간과 노력을 들여야 했다. 최대한 마무리하고자 열심히 노력했지만 대본 마감 일자가 가까워졌고 결국 1편 담당 조원들에게 처음과 마지막 신을 제외한 나머지 대본을 작성해 줄 수 있냐고 부탁하게 되었다. 다행히 1편 조원들의 배려 덕분에 일을 분담하여 정해진 시간 안에 대본 작성을 끝마칠 수 있었다.

서로 같은 과 동기들이라 조금이라도 대립되는 상황을 만드는 것이 조심스러웠다. 그러나 이러한 걱정이 무색할 만큼 의견 조율이 원활히 이루어졌다. 의견이 대립되는 상황 속에서도 충분히 많은 의논을 한 결과 가장 최선의 결론을 내릴 수 있었다. 이 과정에서 혼자 책임지고 해결하는 것도 중요하지만 함께 의논하고 부족한 부분을 서로 보완해나가는 것 또한 중요하다는 것을 깨달았다.

중국인 유학생의 부재

앞서 조빈 학우의 번역 도움에 감사를 표한다.

우리 조원들은 1학기 전공 과목을 함께 공부하기 위해 모인 전공 튜터링 조원들이었다. 학과 단체 카카오 톡 방에서 인천 미래 가치 영상 제작 사업에 참여할 학생들을 모집하고 있었고 팀으로 진행된다는 소식에 네 명이 한 팀으로 지원했다. 영상에 참여하는 취지는 전공 튜터링의 인연을 이어나가고자, 함께 촬영하는 활동이 1학년 좋은 추억으로 남을 것이라 생각했다.

많은 우여곡절을 거쳐 시놉시스를 완성했을 때 다음 위기는 번역이었다. 중국인들이 보게 될 영상이므로 우리의 실력으로는 중국어 대본을 완성하기는 부족한 실력이었다. 번역 작업을 진행했지만 중국인 유학생의 도움이 절실했고 선배의 소개로 조빈 학생을 알게 되었다.

조빈과 같은 수업을 들었지만 비대면 수업으로 진행하여 서로를 전혀 모르는 상태였다. 도움을 청하기가 매우 조심스러웠고 더군다나 기획과 구상을 같이 한 학생이 아니어서 영상의 의도와 대본 내용을 중국어와 영어를 섞어가며 설명했다. 피드백 일정을 맞춰 하루 안에 번역 작업을 마쳤고 수정한 부분도 왜 수정을 했고, 잘못 쓰인 단어는 어떤 상황에서 쓰이는 단어인지 친절하게 알려주었다. 조빈 학생 덕분에 부족함 없이 중국어 대본을 완성할 수 있었다.

이후 계속 연락을 하며 조빈 학생 학과에서 이해하기 어려운 학과 규정이나 커리큘럼에 대한 정보를 공유하며 인연을 이어나갔다. 코로나 비대면 수업으로 얼굴도 알 수 없고, 만남도 갖기 어려웠지만 인천 미래 가치 영상 제작 사업 덕분에 새로운 학생들을 사귈 수 있었다.

코로나로 인한 변수

코로나 시기 때문에 박물관 등의 여러 촬영 장소를 섭외하지 못한 경우가 많았다. 처음부터 계획했던 촬영 장소들도 모두 섭외를 거절당했고 촬영이 가능한 곳을 추려보니 인천공항과 인천대학교 앞 솔찬공원에서 인천 신항의 모습이 보여서 두 장소에서만 촬영을 하게 되었다.

2021년도에도 비대면 수업으로 인해 한 번도 학교를 가보지 못한 몇몇 동기들은 이번 기회 덕분에 학교도 방문하게 되었고 학교의 자랑인 바로 앞 솔찬공원까지 구경할 수 있었다. 보기보다 인천 신항은 가까웠고 다행히 영상에 담을 수 있었다.

나머지 2편은 공항에서 촬영을 진행하였고 공항에 도착하고 보니 이전과는 달라진 공항의 모습도 촬영하였다. 아무리 그래도 공항에 왔으니 최소 비행기의 이륙과 착륙 장면을 찍어야 한다는 생각에 비행기를 찾아 공항 전부를 돌아다녔으나 비행기의 모습은 볼 수가 없었다. 밖에서 촬영을 하던 도중 이륙하는 비행기의 모습이 포착되어 급하게 카메라로 촬영을 했지만 하늘로 올라가는 비행기의 속도를 따라 잡을 수 없었고 그 결과 보일 듯 말 듯 한 비행기의 잔상만 찍을 수 있었다. 그래도 다른 비행기의 이륙 모습을 찍으면 되겠다 싶어서 비행기 착륙과 이륙 시간이 적힌 전광판을 찾아가 보니 방금 이륙한 비행기가 오전 시간 마지막 비행기였다. 다음 비행기의 모습을 보려면 최소 몇 시간을 기다려야만 했고 안 그래도 이미 공항에서의 모든 촬영을 마치고 마지막으로 비행기를 찍으려고 했던 상황이라 차마 기다릴 수 없어서 돌아오게 되었다. 이것 역시 코로나로 인해 공항의 수요가 줄어들어 비행기가 적게 뜨는 이유 때문이었다. 아쉽게도 비행기 촬영은 하지 못하였고 아쉬운 대로 인천 공항의 발전된 다른 여러 모습을 촬영하였다.

코로나로 인해 촬영 허가가 어려워 카페에서 대체 촬영을 하는 모습

3 느낀 점(아쉬운 점, 힘들었던 점, 성과)

기획

4월에 시작하여 12월까지 시간이 넉넉할 것 같아 여유를 부렸다. OT를 듣고 바로 회의, 촬영, 편집 계획을 짜고 만나서 스토리 구상도 여러 번 했지만 시나리오도 수차례 수정하고 조원들과 의견 대립도 계속되어 영상 제작에 속도가 나지 않았다. 인천의 미래 가치를 담은 소개 위주로 영상을 제작하자니 영상의 재미 요소는 어디서 찾아야

하며 영상의 재미를 위해 흔한 브이로그 형식으로 찍자니 진정성이 담기지 않고 영상 제작 의도를 충족시키기 힘들었다.

인천 신항에 직접 들어가 내부 모습을 영상에 담고 싶었지만 국가보안법상 항구 내부도, 홍보 영상도 활용할 수 없었다. 다시 시나리오를 수정하고 관련 기사로 해당 장면을 대체하고, 촬영 예정일은 또 미뤄졌다. 시나리오 구상과 수정에 한두 달 이상 소요되어 시간에 쫓기다시피 영상을 촬영하고 제작했다. 시간이 지날수록 지쳐만 가고 수정을 해도 비슷한 퀄리티의 시나리오만 반복되다 보니 '이 정도면 됐겠지' 하는 합리화를 수도 없이 했다.

스토리

우리가 준비했던 내용을 전부 영상에 담기에 5분의 시간은 너무 짧았다. 첫 번째 기획안에서는 3개 이상의 주제를 담았다면 최종본에서는 결국 각 영상당 한 장소만 지정하여 영상을 제작하였다. 개항장과 구항, 신항 그 외에도 인천의 미래 가치로 소개하고 싶었던 장소들을 다 제외하고 인천 신항과 인천공항으로만 시나리오를 짰다.

소재를 정한 후 주제를 한 가지로 축소하진 못했다. 인천항과 인천공항이 세계로 통하는 관문이라는 점에서 공통점이 있다고 생각하여 두 가지를 모두 영상에 다루고자 했다. 그러다 보니 한 가지를 심도 있게 다루지 못해 영상 의도가 불분명해졌다.

과거와 현재 인천의 대비되는 모습을 영상에 제대로 구현시키지 못해 아쉽다. 과거의 인천과는 다르게 발전한 인천의 모습을 표현하고 싶었으나 영상을 찍다 보니 소개하는 것에만 집중하여 원래 목적이 흐려졌다.

촬영 및 편집

처음 역할 분담을 할 때까지만 해도 기획을 맡았던 조원이 나중에는 촬영을 하고, 영상 편집을 하는 등 각자가 맡은 역할만 하지 않고 모든 역할을 아울렀다. 촬영이나 편집을 전문적으로 배워본 적이 없어 다양한 각도의 장면을 담아내기 위해 여러 카메라로 같은 장면을 몇 번이고 다시 찍기를 반복했다.

영상 편집을 하는 과정에서 가장 어려웠던 점은 'Adobe Premiere Pro' 프로그램의 사용법을 제대로 숙지하지 못한 채 편집을 시작해야 했다는 점이다. 주제 선정과 시나리오 작성 과정에 많은 시간이 들어 촬영 및 편집 기간이 짧을 수밖에 없었다. 촉박한 편집 기간 때문에 큰 부담감을 안고 편집을 했고 그만큼 퀄리티가 높지 않았다.

또한 편집하는 과정에서 촬영할 때는 미처 발견하지 못했던 영상의 부족함을 알게 되었고 이를 어떻게 수정하면 좋을지에 대해 많은 고민을 하였다. 촬영하지 못한 부분이나 촬영본을 모아놓고 보니 앞뒤 연결이 어색한 부분, 주제와 많이 벗어난 부분을 발견했고 재촬영을 하기에는 이미 늦은 시기라 편집으로 최대한 보완하기 위해 힘썼다.

프리미어 프로 편집 과정

자막으로 부가적인 설명을 넣거나 편집 효과를 사용해 보는 사람들의 이해력을 높이기 위해 노력했다. 그러나 이러한 과정을 거치다 보니 영상의 길이가 늘어나게 되었고 영상으로는 간단할 수 있는 부분을 자막으로 풀어 설명하다 보니 불필요한 부분 또한 늘어나게 된 것 같아 아쉬웠다.

후기

살면서 처음으로 영상을 제작하고 특히나 나만의 점수로 매겨질 과제가 아닌 네 명이 함께 8개월 동안 진행하는 큰 프로젝트였기에 부담감도 굉장했다. 기획부터 섭외, 촬영, 편집 모든 것이 처음이어서 잘하고 있는지조차 객관적으로 판단할 수 없었다. 솔직히 영상 시청자가 이 영상의 의도가 무엇인지, 무엇을 전달하려고 하는 것이냐고 묻는다면 인천의 미래 가치를 소개하는 영상이라고 자신감 있게 말할 용기도 없을 정도로 결과물이 그렇게 완벽하지 않다. 만들어진 결과물의 완성도가 부족하다고는 차마 말할 수 없었다. 완성된 최종 영상을 확인했을 때, 이미 너무 많은 열정을 쏟아부어 다시 만드는 것은 엄두도 나지 않기 때문이다.

예상한 대로 기획, 구상 단계가 순조롭지 않았던 점, 인천의 미래 가치가 무엇인지, 과거의 것을 지키는 것이 미래 가치라면 인천항과 인천공항에서 새로 시작하는 사업이 아니라 보존, 발전하려 하는 과거가 무엇인지를 조사하지 않았던 점, 예상 시청자인 중국인의 유머 코드를 영상에 담았는지 당연히 고민했어야 하는 부분을 많이 놓쳤다.

그렇지만 이 활동을 통해서 인천이라는 도시가 어떤 도시인지, 어떤 역사를 가지고 있는지 속속들이 알게 된 점이 이 활동의 가장 큰 성과라고 생각한다. 과거부터 지금까지 수도와 가깝고 바다와 인접해 많은 변화와 역사의 상징이 많은 곳이었고, 그냥 지나칠 수 있는 차이나타운의 거리와 인천 신항, 그리고 인천 곳곳에 스며들어있는 역사의 흔적을 이제는 설명할 수 있게 되었다.

　조원들 모두 1학년 같은 과 동기들이라 학교 한번 가본 적 없는 우리였지만 인천 미래 가치 프로젝트를 통해 굉장히 친해졌다. 남들은 갖고 있지 않은 우리들만의 친밀감 덕분에 영상을 촬영할 때에도 즐거운 분위기 속에서 촬영할 수 있었다. 아마도 이런 분위기는 시청자들도 보면서 느낄 수 있을 것이라 믿는다.

인천으로 떠나는 '뉴트로' 시간 여행

오민경1 윤서연1 이덕비2 정다진3 은방호殷方皓4

1 기획 단계 질문

영상 콘셉트를 정하는 데 있어서 어떤 논의와 과정이 있었는가?

가장 먼저 논의했던 부분은 영상 제작 의도라고 할 수 있다. 동영상을 제작하고자 하는 목적, 즉 어떤 장소가 인천의 미래 가치에 적합할지, 영상을 보는 이로 하여금 흥미를 이끌어 낼 만한 장소 등을 들수 있다. 이에 먼저 총 5명의 인원을 선정하여 3명의 기획팀과 2명의 촬영팀으로 있구성하고 논의를 진행하였다. 우선 전체적인 추진 일정이 었지만, 세부적인 일정도 계획하였다. 이 일정에 맞추어 추진 단계에서 나오는 논의사항에 대한 검토와 조정 방향에 대한 의견을 제시하고, 이를 수렴하여 영상 콘셉트인 인천의 미래 가치의 장소를 결정하였다. 여기서 그치는 것이 아니라 동영상의 촬영 방식의 방향에 대해서도 논의를 거쳤다. 단순히 영상에서 장소만을 보여주고자 하는 것이 아닌 접근하기 쉽도록 요즘 자주 활용되고 있는 방식인 브이로 그 느낌을 담고자 기획하였다. 이렇게 회의를 통해 나온 의견을 수렴하여 제작 방향 및 스토리보드의 콘티 등의 구성안을 작성하고자 하였다.

기획 당시 영상 콘셉트 '뉴트로'에 주목한 이유는 무엇인가?

사람들은 관계를 형성하고 문화를 향유하며 살아간다. 이렇게 도시는 정체성을 형성할 수 있지만, 현재 도시의 차별성을 찾기는 힘들다. 하지만 최근에 도시를 다루는 방식이 바뀌기 시작했다. 뉴트로 디자인이 도시와 융합을 이루기 시작한 것이다. 뉴트로는 새롭다는 의미의 '뉴(New)'와 복고의 '레트로(Retro)'를 합친 신조어로 기존의 복고 문화에서 발전된 새로운 개념이다. 서울 소비 트렌드 분석센터에서는 밀레니얼 세대를 움직이게 하는 새로운 레트로 열풍을 '뉴트로 (New-tro)'라고 설명한다. 또한, 뉴트로 디자인은 한 가지의 디자인 분야뿐만 아니라 시각, UX/UI, 제품, 패션, 공간 등 다양한 분야의 디자인 개념으로서 더욱 활발하게 활용되고 있다.

이에 우리는 뉴트로가 새로운 레트로라는 점에서 보면 복고라고 생각할 수 있지만, 이전의 복고와는 다른 경향이 있다고 보았다. 그렇기에 매번 돌아오는 트렌드가 아닌 하나의 장르이자 문화로서의 역할을 할 수 있을 것이라고 예상한다. 한 단계 나아가 '뉴트로'를 확장해서 바라본다면 도시재생 차원에서 문화와 예술을 결합하는 것이라고도 볼 수 있다는 점에 주목하였다.

② 촬영 장소에 대한 설명과 장소별 미래 가치

아트플렛폼

인천 중구는 1883년 개항과 함께 행정과 외국 문물 유입으로 인천의 경제 문화의 중심지로 자리 잡은 우리나라 최초의 근대도시 계획지이다. 인천 중구 해안동 일대는 1930~1940년대 시기 근대의 도시계획이 그대로 남아있어 역사적인 장소로써 보존가치가 있는 공간이다. 이곳의 근대 건물 일부와 인근 건물을 매입하여 인천의 정체성을 회복하고 문화 인프라의 확장을 위한 공간으로 이용하기 위해 인천아트플랫폼을 조성하게 되었다.

인천아트플랫폼이 위치한 인천 중구 해안동 일대는 1883년 개항

이후 건립된 건축문화재 및 1930~40년대에 지어진 건축물이 잘 보존된 구역으로, 당시의 근대건축기술 및 역사적 기록을 지니고 있어 건축 조형적 가치를 인정받고 있는 곳이다. 인천아트플랫폼은 1888년 지어진 일본우선주식회사(등록문화재 제248호)를 비롯한 근대 개항기 건물과 1930~40년대에 건축물을 리모델링하여 창작스튜디오, 전시장, 공연장, 생활문화센터 등 총 13개 동의 규모로 조성되었다. 도시의 역사성과 공간특성을 살려 문화적으로 활용하자는 시민들의 뜻과 인천시의 의지가 합쳐져 탄생한 공간이다.

특히 인천아트플랫폼은 역사적으로 상징성을 지닌 개항장에 있고 차이나타운, 월미도, 신포시장, 송도국제도시와 인접해 있으며, 수도권을 이어주는 지하철 1호선, 인천국제공항과 인천항, 철도와 연결되어 있어 예술가들이 국내외로 통하는 주요한 허브에 있다. 이곳 개항장 일대는 과거의 역사는 보존하되 현대적, 문화적으로 재해석한 거대한 스트리트 뮤지엄과 같은 곳으로 인천아트플랫폼이 그 중심에 있다.

강화군 조양방직 카페

강화도에는 우리나라 직물산업을 이끌어온 조양방직이 있었다. 조양방직은 일제강점기인 1933년 강화도 갑부 홍재용·홍재묵 형제에 의해 세워진 최초의 민족자본 공장으로, 서울의 경성방직보다 3년 빨리 문을 열었다고 전해진다. 직물산업이 사양길로 접어들면서 1980년대 이후로는 폐허가 돼 방치됐다. 2018년 7월, 이 공장은 주인을 만나 카페 조양방직으로 다시 태어났다. 공장터는 물론 건물 골조와 방직기계가 있던 작업대를 그대로 살렸다.

조양방직은 1933년 강화도 지주인 홍재묵·홍재용 형제가 민족자본으로 처음 설립한 방직공장이다. 조양방직이 생기면서 강화도에 전기와 전화 시설이 들어왔으니, 그 영향력은 실로 대단했다. 하지만 10여 년 뒤 경영이 어려워지자 다른 사람에게 경영권이 넘어갔고, 광복 후까지 명맥을 잇다가 1958년에 문을 닫았다. 초라한 퇴장이었다.

이후 조양방직은 단무지 공장, 젓갈 공장을 거치며 폐허가 되다시피 했다. 조양방직이 새 주인을 만난 것은 2017년. 불과 2년 전 일이다. 1년 남짓한 기간 동안 보수공사를 거친 조양방직은 카페로 다시 태어났다. 보수공사를 했지만 회색빛 시멘트 건물 외관은 그대로 살렸고, 방직기계가 있던 기다란 작업대는 자연스럽게 앉아서 커피를 마시는 테이블이 됐으며, 지붕 트러스에 설치된 창이 인상적이다. 트러스 면마다 창이 설치돼 조명이 필요 없을 정도로 많은 빛을 받아들인다. 회색빛 음울한 분위기를 바꿔주는 대표적인 요소다. 또한, 카페 주인이 외국 여행에서 구해온 해외 골동품을 더해 내부는 빈티지한 분위기에 예술 작품까지 어우러진 카페 이상의 문화공간으로 연출됐다.

배다리마을과 헌책방거리

인천 동구의 금창동과 송현동 일대를 배다리마을이라고 한다. 이때 '배다리'는 말 그대로 당시 이곳에 수문통 갯골과 이어지는 큰 개울과, 밀물 때 드나드는 바닷물 때문에 배를 대는 다리가 있었다고 해서 붙여진 이름이다. 1876년 강화도 조약 이후, 부산, 원산에 이어 인천의 제물포가 1883년에 개항되면서, 많은 외국인들이 인천에 거주하게 되고, 치외법권을 누릴 수 있는 조계지가 형성되었다. 이 조계지에서 밀려난 조선인들이 이동하여 형성한 공간이 바로 이 배다리마을이다. 그렇기 때문에 배다리마을에서 개항 및 근대시대의 분위기를 잘 느낄 수 있다고 한다.

배다리 헌책방 골목은 인천의 역사와 함께해 온 서민들의 삶터로 인정받고 있다. 5개 서점이 자리를 지키고 있고, 국문학 고서 자료에서부터 미술, 음악, 한방, 어린이 전집류, 사전류까지 모든 서적을 통틀어 취급하고 있다. 또한, 골목 입구에 들어서면 낡은 골목 담에 배다리 사람들의 옛 모습과 생활 등을 그려 넣은 배다리 벽화거리를 만날 수 있으며, 한때 드라마 '도깨비' 촬영지로 인기를 끌면서 많은 관광객이 방문했다.

배다리마을은 해방과 한국 전쟁을 전후해 생겨난 역사적 가치가 있는 지역이다. 배다리는 산업화 도로가 관통할 예정이었지만 배다리 주민들과 배다리의 추억을 공유하고 있는 사람들이 힘을 모아 지켜내 지금은 문화, 생태 환경 지역으로 변신을 시도하고 있다. 경제 논리를 앞세운 개발과 도시화에 맞서 대안 문화를 만들어가는 배다리마을은 도시개발의 인식 전환을 가져다준 상징적인 공간이 되기에 충분하다고 생각한다.

MZ세대 등의 젊은 독자들은 책을 통해 '지식'이 아닌 '감성'을 충족하려는 특징을 갖고 있다. 이 점을 생각하여, 지금까지 남아있는 헌책

방들만이 갖고 있는 1960~70년대 감성을 장점으로 극대화하여 감성 충족을 원하는 젊은 세대들의 많은 호응을 이끌어낼 수 있다고 생각한다. 배다리마을의 헌책방거리가 관광지뿐만 아니라 독서와 휴양을 겸한 장소로 발전할 수 있다는 점에서 헌책방거리가 관광산업으로서의 인천의 미래가치라고 말할 수 있다.

그리고 헌책방거리가 인천의 미래도시에서 아날로그적 감성을 찾는 사람들에게 이에 걸맞은 많은 볼거리를 제공할 수 있다고 생각한다. 최근의 도서관이나 서점은 사람 대신 소프트웨어 기술을 중심으로 운영되고 있어서 옛날에 사람이 직접 관리하던 느낌을 받기 힘들다. 우리는 디지털 사회로 가는 시대 속에서 도시 곳곳이 점점 디지털화되어가고 있음을 느끼고 있다. 서점으로서의 역할을 가진 헌책방거리만큼은 디지털이 아닌 지금의 아날로그적 감성을 유지하면서 이러한 감성을 찾고 싶은 사람들이 방문하게끔 만드는 매력적인 장소로 발전한다면 미래도시의 주요한 하나의 문화가 될 수 있다고 생각한다.

두 번째로, 헌책방거리가 미래도시에서 도시공동체의 연대감을 느낄 수 있는 장소가 될 수 있다고 생각한다. 요즘에는 서점에서 각자 알아서 책을 구입하거나, 도서관에서 책을 빌리는 것이 흔하다. 그렇다 보니 책을 읽는 독자들 간의 생각이 서로 공유되기가 쉽지 않은 환경이다. 하지만 미래에 헌책방거리가 독자들 간의 공동체를 형성하고 서로 연대감을 느낄 수 있는 장소로 발전한다면, 사람 간 소통이 점점 단절되어가는 시대에, 헌책방거리가 미래의 도시에서 갖는 가치는 충분하다고 생각한다.

3 그 밖에 조사한 여러 장소들과 미래 가치

인천항

인천항은 인천국제공항과의 연계를 통해 다른 지역과 달리 해상운송과 항공운송이 복합된 물류 서비스를 제공하면서 국가 경제 및 지역경제 발전의 최고의 원동력으로 자리매김하고 있다. 즉 인천항이 인천국제공항을 통해 전 세계로 연계될 수 있으며 미래에 무역 중심지로서 최고의 발전 가능성을 가지고 있다고 할 수 있다.

동북아의 관문이 되는 인천항은 중국의 최대 산업 지역인 동북부 지역에 근접해 있으며 우리나라가 중국과의 무역으로 성장할 수 있는 최고의 여건을 보유하였다. 이에 한 중 일 물류 교류 네트워크를 구축하고 동아시아 경제교류를 활성화하기 위해 물류부회 설립과 인천항에서 중국 현지 대표부를 설치해 운영하고 있다.

또한, 인천항은 남북 간 교류에 있어서 좋은 위치를 보유하고 있으며 각종 물품을 공급할 수 있고, 개성공단을 중심으로 대북 교역량 확대의 역할도 기대가 되는 장소이다. 즉 북한과의 경제적 교류의 위치에도 최고의 위치에 있어 남북 관계 개선에도 도움이 되는 항만이라 할 수 있다.

국내적으로 인천항은 수도권을 배후로 하는 서해안 최대의 무역항이며 국내 최대의 항만이다. 또 인천국제공항의 개장과 관광자원의 개발, 아름다운 자연 해안을 보유한 인천은 해양관광 등의 중심지로 더욱 발전이 기대되는 장소이다.

최근 몇 년간 인천항의 발전을 살펴보면 2015년 송도 국제도시에 인천 신항이 개장하였고 그 후 인천항의 물류 환경이 송도를 통해 더욱더 빠르게 발전하고 있다. 항만업계에 따르면, 송도 국제도시 인천 신항은 물동량이 4년 사이에 무려 약 5.7배가 늘어났다고 한다. 그리고 인천 전체 컨테이너 물동량은 2019년 308만 7천 TEU를 기록했다. 이러한 부분에서 인천항은 아직 발전 가능성이 무궁무진하다고 볼 수 있다.

인천항은 남북한 교류증대로 북한과 가장 가까이 있고 수도권을 배후로 한 지리적 여건을 가져 남북교역의 전초기지의 역할을 다하고 있다.. 또 인천항 주변에 위치한 인천국제공항, 고속도로망, 송도 첨단신도시 등이 더욱 활성화되어 복합 물류기지항으로서 발전한다면, 환황해권의 중심항만은 물론 동북아의 중추 항만의 하나로 그 위치를 더욱 공고히 하게 될 것으로 기대된다.

대불호텔

개항장은 과거 외국인의 내왕과 무역을 허용했던 지역이었다. 1876년 강화도조약 이후 부산과 원산에 이어 세 번째로 1883년 인천이 개항하자, 수많은 서양의 외교관, 여행가, 선교사, 상인들이 제물포를 통해 조선으로 돌아왔다. 그들은 사진과 기록으로 당시 인천 개항장의 모습을 담아냈고, 조선은 고요한 아침의 나라로 세계에 알려지기 시작했다.

조선 땅을 밟은 각국의 외교사절과 여행객들의 주 목적지는 서울이었다. 그러나 개항 당시 인천에서 서울까지 이동하는데 12시간 이상이 걸릴 정도로 교통수단이 열악하였다. 오랜 항해를 마치고 제물포에 도착한 여행객들은 중간 기착지인 인천에서 머무를 수 있는 숙박시설에 대한 필요성을 느꼈고 이 점을 주목하여 나가사키 출신의 무역상인 호리 히사타로와 그의 아들인 호리 리키타로는 호텔 운영을 시작하였다. 이것이 우리나라 최초의 서양식 호텔인 대불호텔의 시초이다. 최초로 한국에 들어온 미국인 선교사 아펜젤러와 언더우드 영국인 탐험가 새비지 랜도어 등이 남긴 기록을 통해 대불호텔의 전성기 모습을 짐작할 수 있다. 그러나 1899년 경인철도가 개통되면서 인천의 호텔업은 쇠락하게 되었고, 대불호텔 또한 극심한 경영난을 이겨내지는 못하였다. 이후 중국요리집으로 운영되다 결국 시대의 변화를 견디지 못하고 건물이 철거되면서 역사 속으로 사라지게 되었다. 현재 대불호텔 터 에는 전시관의 형태로 대불호텔 객실의 내부를 재현해 놓은 모습을 볼 수 있다.

현재는 쉽게 접할 수 없는 서양식 호텔이라는 점에서 대불호텔은 뉴트로감성을 느끼기 충분한 장소이다. 따라서 대불호텔은 '뉴트로'라는 소비 트렌드가 유행 중인 젊은 세대 사이에서 큰 호응을 얻을 수 있으며, 더 나아가 미래의 관광지로서 발전하여, 도시 재생에도 크게 기여하는 장소로 발돋움할 수 있다는 점에서 그 가치를 지니고 있다.

개항장 거리

개항장 거리는 구한말부터 일제강점기의 역사가 있는 장소로서, 거리 전체가 하나의 역사문화공간으로 자리하고 있다. 개항 이후 인천은 조선의 식민지화를 위한 열강들의 싸움의 장소로 변모했다. 일본을 비롯한 열강들은 개항장 거리에 수탈을 위한 방편으로 은행과 회사, 별장, 호텔 등 다양한 현대 건축물을 세웠다. 이렇듯 개항장 거리는 근·현대사의 아픔이 서려있지만 현재는 박물관, 전시관 등 다양한 형태로 새롭게 단장되고 있는 곳이다.

인천은 VR기반 관광콘텐츠를 도입해 스마트 관광을 추진하고 있다. 증강현실이란 가상현실의 한 분야로 실제로 존재하는 환경과 사물에 가상의 이미지를 합성해 현실처럼 느끼게 하는 기술이다. 인천시는 이러한 AR(증강현실)기술을 이용해 근대문물인 개항박물관과 대불호텔 주변 거리를 체험할 수 있도록 하는 관광 사업을 준비하고 있다. AR기술이 개항장거리의 관광에 도입된다면, 1883년 시대의 거리를 재현하고 AR게임과 당시 의상을 착용할 수 있는 의상피팅 체험 등을 통해 관광객들에게 이색적인 관광을 제공할 수 있을 것이라 전망한다.

이밖에도, 인천 개항장 거리에는 복고(Retro)를 새롭게(New) 즐기는 경향인 뉴트로에 부합하는 오래된 노포들과 뉴트로 감성의 카페들이 다수 위치해있다. 수십 년에서 100여 년 전 건물들을 리모델링해 문화 공간이나 카페로 변모한 곳들은 남녀노소 누구나 좋아할 공간들이다. 이렇게 역사적 공간에 최첨단 기술을 도입하여 개항장 거리를 체험형 관광지로 발전시킨다면 뉴트로 소비 트렌드와 맞물려 인기 관광지로 부상할 수 있으며 훗날 인천의 가치를 담당할 것이라 생각한다.

4 제작 비하인드

조사한 여러 장소들 중 왜 3곳을 선택했는가?

처음에는 개항장 거리와 대불 호텔, 인천항을 조사하고자 하였다. '개항장 거리'라는 장소는 '뉴트로'에 대한 측면에서 인천의 미래가치 주제에 적합한 장소라고 판단했다. 그러나 '중국인들이 일본 조계

지, 일본식 건축물, 최초의 서양식 호텔 등에 대한 관심이 있을까?'
에 대한 의문을 가지게 되었다. 또한, 촬영할 그림을 확보하는데 있어
서 어려움이 있을 것이라는 촬영팀 의견에 따라 장소를 변경하게 되
었다.

대불호텔도 마찬가지이다. 대불호텔은 현재는 쉽게 접할 수 없는
서양식 호텔이라는 점에서 뉴트로 감성을 느끼기 충분한 장소임에
틀림없다. 하지만 실제 운영되는 호텔이 아닌 전시로서만 운영이 되
는 곳이기 때문에 원하는 만큼의 뉴트로 감성을 촬영으로 담아내기
힘들 것이라는 결론이 나왔다. 또한 대불호텔이 미래에 관광지로서
얻는 수입을 통해 도시 재생에 기여하는 장소로 발전할 수도 있다고
생각했으나, 관광지의 수입은 상황에 따라 변동이 심하기 때문에 이
것이 미래 가치라는 면에서는 너무 일시적이라는 한계가 있었다.

인천항은 영상에 담기엔 지나치게 대중적인 장소였다. 인천항이 가
진 남북교역으로서의 역할과 인천국제공항, 송도 첨단신도시 등의 물
류기지항으로서의 잠재력 등의 미래 가치를 이번 프로젝트 영상을
통해 담아내지 않아도, 충분히 생각해 볼 수 있는 곳이라고 생각했다.
이와 같은 이유로 뉴트로의 분야 중 공간디자인이 반영된 아트플렛폼
과 강화군 조양 방직 카페, 그리고 배다리마을과 헌책방거리를 최종
촬영장소로 선정했다.

아트플렛폼은 인천광역시 원도심 재생사업의 일환으로 중구 해안
동 일대의 근대 개항기 건축물을 리모델링하여 조성된 문화예술 창작
공간이다. 즉, 인천아트플랫폼은 옛 개항장을 문화적 관점에서 재창
안하여 만들어가는 지역 활성화의 새로운 모델로서 바라볼 수 있는
데, 이는 예술의 창작, 유통, 향유, 교육에 이르는 전 과정을 아우르는
문화예술의 창작공간으로서 지역의 문화 활성화뿐만 아니라 끊임없

이 변화하는 새로운 문화예술의 발신지임을 알 수 있다.

조양방직카페 역시 1958년 폐업 이후 수십 년 동안 방치됐던 조양방직 건물 골조를 그대로 살려 과거의 느낌이 살아있는 미술관 카페로 되살린 도시재생 시설이다. 배다리마을은 자본주의 시장경제를 앞세운 개발과 급격한 도시화에 맞서 대안문화를 만들어가는 장소로서, 도시개발의 인식 전환을 가져다준 상징적인 공간이다. 헌책방거리는 디지털이 아닌 1960~70년대의 아날로그적 감성을 느낄 수 있는 장소로 발전한다면 미래 도시의 주요한 문화로 자리잡을 수 있다고 생각했다.

촬영 기획에 있어서 어떻게 실천하고 편집했는가?

우리는 완벽한 촬영 기획을 통해 최대한 원활한 촬영 진행을 목표로 했다. 어떠한 구도로, 어떠한 장면을 찍고, 해당 장면에 대한 대사를 직접 현장에서 말할 것인지, 나레이션과 같은 형식으로 녹음해서 입힐 것인지 등을 상의했고, 특히 촬영 구도나 장면은 더 자세하게 논의했다. 다음은 실제 F조의 배다리마을 촬영 기획안의 일부분이다.

S13. 아벨서점 찍기 (한미서점에서 나와서 아벨서점 방향으로 걸으면서 찍기)

　　→ (대사)

S14. 아벨서점 찍기 (내부 촬영이 불가한 관계로 가만히 서서 간판나 밖에 쌓여있는 책 등의 가게외부를 중심으로 찍기)

　　→ (대사)

무엇보다 각 장면마다의 자세한 촬영 설명을 미리 기획함으로써, 시청자들이 영상에 최대한 몰입할 수 있도록 했다. 예시로, 〈S9. 헌책방거리로 가는 길 계속 찍기 (벽화나 감성있는 곳을 중심으로)〉라고만 하기 보다는 〈S9. 헌책방거리로 가는 길 계속 찍기 (동인천과 도원역 사이에 있는 율목동 방향의 굴다리 주변 해바라기 벽화를 중심으로)〉처럼, 최대한 자세하게 촬영을 기획하고 실천했다.

기획한 것과 결과물에 차이가 있는가? 있다면 무엇인가?

도시재생은 기존의 노후 도시를 새롭게 복원하는 현상적 차원에서 역사적 차원으로 개념이 확장되었다. 과거의 도시재생이 주택재개발 및 재건축 중심이었다면 최근의 도시재생은 낙후된 도시 지역에 대해서 물리적, 환경개선뿐만 아니라 사회적 프로그램도 함께 포함하여 지역의 정체성 회복에도 초점을 맞추고 있다. 1990년대 이후 이와 같은 도시재생의 개념이 적용되면서 기존의 물리적인 환경 정비에 편중되었던 도시재생에서 벗어나 주민참여와 커뮤니티의 활성화를 지향하면서 사회적, 문화적 자원을 토대로 하는 포괄적인 의미의 도시재생으로 확대되었다. 더불어 산업구조가 변화하면서 낙후된 기존 도시의 산업시설이나 기반시설을 철거하지 않고 공간의 기능을 변화시켜 새로운 기능을 도입하고 창출함으로써, 도시커뮤니티를 통한 기존 거주자의 지속적인 생활여건 확보의 물리적 측면, 사회문화적 기능회복의 사회적 측면, 도시경제 회복의 경제적 측면을 동시에 고려하고 있다.

이렇듯 우리는 도시재생의 다양한 측면을 바탕으로 프로젝트를 진행하고자 하였다. 하지만 코로나 바이러스로 인해 사람들이 소통하고 체험하는 모습을 담을 수 없다는 것에 한계를 느껴 환경이 개선되었다는 점에 초점을 맞추어 진행하였다. 사회적 프로그램과 같은 전체적인 도시재생의 의미를 담지 못한 것이 계획한 결과물에서 달라진 차이점이라고 볼 수 있을 것이다.

5 촬영 단계 질문

시나리오 단계에서 중점적으로 담고자 했던 부분은 무엇인가?

주 콘셉트를 젊은 세대 사이에서 유행하는 '뉴트로'로 잡은 만큼, 잘 모르는 시청자들을 위해 최대한 뉴트로 감성을 잘 전달하고자 하였다. 뉴트로를 설명하는 식으로만 전달하기에는 한계가 있다고 생각했다. 하지만 영상 말고도, 대사로도 어느 정도의 뉴트로 감성을 전달하고 싶었다. 예를 들면, '입구에서부터 헌책과 다소 클래식한 간판이 맞아주고 있었어요.' '책방 내부로 들어서니 레트로한 감성을 확인할 수 있는 소품들이 있어서 레트로여행의 분위기를 제대로 느껴볼 수 있었어요.' 등의 대사가 있다.

'뉴트로'라는 컨셉을 영상 속에서 어떻게 하면 잘 전달할 수 있을까에 대해 많은 고민을 거듭했다. 긴 고민 끝에 영상 컨셉을 '여행 브이로그'로 잡았다. 우리가 익히 아는 브이로그 형식에서 '뉴트로'라는 주제에 맞게 영상 속 인물이 여행을 가는 내용이다. 아무래도 평소에 가장 흔하게 접할 수 있는 영상 형식이기도 하고, 부담 없이 보는 영상이 되길 바라는 마음이 컸기 때문에, 브이로그 형식을 가지고 시나리오를 작성하게 되었다.

시나리오를 작성하는 과정에서 '인천의 미래 가치를 알리는 것'에 집중했다. 장소에 대한 설명이 지나치지 않게끔 최대한 설명을 줄였다. 더불어, 시나리오에서 전달하고자 하는 미래 가치를 통해 시청자들로 하여금 인천을 하나의 매력적인 도시로서 느끼게 하는 것이 또 다른 목표였다. 이를 달성하기 위해, 인천에만 존재하는 특별한 미래 가치는 무엇이 있는지를 중심으로 시나리오를 작성하고자 노력했다.

시나리오 단계에서 아쉬웠던 부분은 무엇인가?

먼저, 충분한 현장답사가 이루어지지 않았다는 점이 가장 아쉬운 점으로 꼽힌다. 팀원들끼리 촬영 기획에서 어떠한 구도로 찍을지, 이 대사에는 이러한 장면을 촬영하는 것이 좋을지 논의를 거쳐 결정했지만 실제 촬영시 생각했던 것과 맞지 않는 부분이 많아 어려움을 겪었다. 기획단계에서는 배다리마을에 대한 영상을 찍을 때, 배다리마을

입구에 위치한 안내소를 소개하는 장면을 기획했다. 오래된 안내소에서 배다리마을의 역사가 깊음을 간접적으로 전달하고, 또 안내소에서 판매하는 지도를 구입해 지도를 보고 걸으면서 마을을 소개하는 느낌의 브이로그를 제작하고자 하였다. 하지만 촬영을 갔을 때, 처음 보는 많은 골목들 속에서 안내소를 찾지 못했다. 결국, 기획한 배다리마을 안내소 장면은 영상에 담을 수 없는 상황이 발생했다. 미리 촬영 장소에 대해 탐색하고 더 깊게 조사했다면 이와 같은 불상사가 생기지 않았을 것이라고 생각한다. 그렇기에, 촬영할 현장에 대해 한번이라도 사전 조사를 진행했었더라면 하는 생각이 아쉬움을 크게 온다.

부족한 사전 조사로 인한 또 다른 아쉬운 점은 동일한 시간대에서만 촬영을 진행했다는 것이다. 배다리마을(&헌책방거리), 아트플랫폼, 조양 방직 카페를 '낮'이라는 한정된 시간대에서만 촬영하여, 영상 속에서 낮 시간대의 모습만 담겼다. 사전 조사를 통해 '이 장소는 밤에 야경을 찍는 것이 더 생동감 있게 나오고 이쁘겠다.'라고 느꼈다면 그 장소에 대해서는 밤에 촬영을 진행했을 것이다. 하지만 사전 조사가 제대로 이루어지지 않았기 때문에 촬영한 장소들의 밤에 보이는 또 다른 모습을 담아내지 못한 점이 아쉽다.

최종적으로 촬영된 영상을 보면서는 인터뷰를 하지 않은 점이 아쉬웠다. 헌책방을 운영하는 분이나 배다리마을을 방문한 관광객을 인터뷰했다면 더 자연스럽고 생동감 있는 결과물이 나오지 않았을까 생각한다. 장소에 대한 설명과 미래 가치를 전달하는 데에만 주목한 나머지, 짧은 시간 안에 정보만 전달하고자 하는 느낌이 강하게 들었다. 정보 전달도 하되, 인터뷰 등을 통해 시청자들이 어느 정도의 재미도 느낄 수 있도록 만들었어야 한다고 생각한다.

촬영 중 에피소드

첫 촬영을 진행했을 때 중국인 유학생과 촬영을 진행했던 과정이 기억에 남는다. 중국인 유학생이 통역을 해줄 분을 데리고 오셔서 서로 소통하며 촬영을 진행했다. 코로나19의 영향으로 비대면 회의를 진행하다가 처음 만나서 촬영을 시작한 날이었기에 설레는 마음도 있었지만 과연 중국인 유학생과 제대로 소통하여 기획팀의 의도대로 촬영을 잘 해낼 수 있을지 우려스러웠다. 당일의 촬영분은 기획팀이 보내주신 대본을 바탕으로 중국인 유학생께서 진행자가 되어 인천을 소개하는 장면을 촬영을 할 수 있었다. 그러나 대사의 양이 많아서 중국인 유학생의 대사 숙지가 어려웠다는 문제가 생겨서 차질 없이 촬영을 진행하기 위해서 원래의 대본을 수정하여 촬영을 하게 되는 일이 있었다. 예상치 못한 상황이었지만 중국인 유학생께서 담당해야 하는 대사의 양을 간략히 하고 추후에 영상에 넣을 내레이션을 늘리는 방법으로 촬영을 마무리하게 되었다. 소통이 원활하지 않은 상황이었지만 중국인 유학생과 촬영에 대해서 의견을 조율하고 대본을 보완하면서 촬영을 잘 끝낼 수 있어서 뿌듯했던 경험으로 남아있다.

이날 방문했던 촬영지 일부가 재개발이 진행되어 얼마 남아있지 않은 상황이기도 했다. 배다리 마을의 벽화마을을 촬영하러 갔는데 인터넷으로 검색했을 때 볼 수 있었던 벽화보다 남아있는 벽화가 적어서 난감한 상황을 겪었던 기억이 있다. 남아있는 벽화라도 영상에 담아 내보고자 동네의 깊은 골목까지 들어가게 되었고, 다행히 일부 남아있던 벽화를 발견하여 필요한 촬영분을 모두 찍을 수 있었다. 현장 촬영을 할 때 고려해야 할 부분이 생각보다 많았고 사전 조사가 부족했기에 앞으로 다른 일을 진행할 때도 더욱 세심히 계획을 수립할 필요성을 느꼈다.

두 번째 촬영이었던 강화도 조양방직 카페 촬영은 첫 촬영의 문제점인 스토리보드를 보완해서 촬영을 진행하였다. 하지만 강화도의 교통편이 좋지 않아서 촬영 장소에 모이기로 했던 약속 시간보다 모두가 늦게 도착했던 촬영이었다. 겨울에 한 촬영이라 해가 저물기 전에 야외촬영을 해야 했고 촬영이 끝날 때는 해가 거의 저물어서 해가 지기 전에 야외촬영을 급히 마쳤다. 조양방직 카페는 카페 내부뿐만 아니라 야외도 조각상과 설치물을 감각적으로 구성하였는데 해가 저물기 전에 촬영하여 조양방직 카페의 아름다운 모습을 영상으로 녹여낼 수 있어서 기뻤던 것 같다. 조양방직 카페는 관광명소로 유명한데 그만큼 실제로 구경할 거리도 많았고, 인천의 옛 조양방직 공장을 잘 보존해 두었기에 인천의 역사를 느껴볼 수 있는 인천을 소개할 좋은 소재였다고 기억될 것 같다.

6 마무리 단계 질문

인천 미래 가치 프로그램에 참여하기 전과 후의 생각은 무엇인가?

이덕비

인천 미래 가치 프로그램을 참여하며 인천의 미래의 방향성에 대해 생각하게 되었다. 어릴 적부터 인천에서 거주했지만 인천의 미래 가치를 생각해 본 적은 없었다. 인천의 많은 관광지를 둘러보았다고 자부할 수 있었는데, 인천을 떠올리면 바다가 연상되는 것이 전부였다.

이번 프로그램에 참여하면서 이전까지 인천에 대해서 깊게 알지 못했다는 것을 알게 되었다.

인천 미래 가치 프로그램의 초반에는 '미래 가치'라는 단어가 내가 살아온 고장과 어떻게 연결할 수 있을지 이해하기 어려웠다. 하지만, 인천에 대해 검색도 해보고 관심을 가져보니 미래 가치라는 새로운 개념과 인천을 점차 연관 지어서 생각해 볼 수 있게 되었다. 인천의 레트로를 바탕으로 중국을 소개하는 영상을 촬영하며 인천의 새로운 분위기를 접해볼 수 있었다. 또한, 바다를 낀 인천이 개항 후에 맞이한 문물과 변화에 따른 흔적이 아직까지 남아있고 이를 관광명소로 탈바꿈하고 있는 인천의 노력을 통해서 인천의 미래가치를 보여줄 수 있다고 생각하게 되었다. 이러한 인천의 미래가치를 영상 제작을 통해서 중국에 알리는 일은 분명 뜻깊은 일이다. 해외로 한류를 수출하듯이 인천의 관광지도 새로운 시각으로 해외로 알려 나갈 필요가 있음을 깨닫게 되었다.

오민경

인천 미래 가치 프로그램에서 기획팀을 맡아 동영상의 주제를 어떻게 잡을 것이며, 시나리오의 구성 단계까지 고민이 많았다. 이 고민은 주제를 정한 후에도 계속해서 이어졌다. 생소하지만 어쩌면 익숙할 뉴트로에 대한 개념에 대해 알고 또 이를 인천의 미래 가치의 어떤 요소와 이루어지도록 할지 생각하였다. 그중에서도 가장 기억에 남는 것은 뉴트로를 활용하여 옛 건축물을 헐어 새로 짓지 않고 기존 건물을 활용해 새로운 기능으로 탈바꿈하는 곳이다. 이러한 장소는 대중들에게 흥미를 끌고, 도시재생이 현 정부의 국책사업과 비슷한 측면을 가지고 있어 더욱 활기를 띠고 있다. 옛 건물에 관심을 가지고, 그것이 가지는 역사까지 활성화된다면 그것은 미래 가치에 있어서 좋은 방향이라고 생각한다.

하지만 단순히 옛 건물을 리모델링해 카페로 활용하고 거리를 예쁘게 해서 관광객이 많이 오게 하는 것에서 끝나면 그것은 도시재생이 아니라고 생각한다. 옛 건물이 있고, 그 건물을 활용한 장소가 있고, 그곳을 이용하는 사람들이 있어야 할 것이다. 또한, 주말이나 여가시간에는 그 옛 건물이 어떤 의미가 있는지 관련 세미나, 책, 자료 등을 함께 찾아볼 수 있는 행사까지 이어져야 한다고 생각한다. 리모델링, 사람, 주거, 일자리, 이야기가 함께하는 것이 도시재생의 완성이다. 이것이 모두 갖춰질 수 있게 함께 노력해야 할 것이다.

윤서연

이번에 인천 미래 가치 프로그램에 참여하면서 인천이라는 지역에 대해 가지고 있었던 나의 전반적인 생각이 바뀌게 되었다. 인천에서 자라나진 않았지만 꽤나 근접한 지역에 살아오면서, 모두가 알 법한 인천의 유명한 장소는 다 가봤던 것 같다. 그런데 이러한 장소에만 갔던 탓인지 인천 하면 차이나타운, 월미도 밖에 연상되지 않았다. 생각해 보면, 인천에는 어떠한 역사가 있는지, 또 무슨 인천만의 가치는 무엇이 있는지에 대해서는 전혀 고민해 보지 않았던 것 같다. 이번 인천 미래 가치 프로그램에 참여하면서, 인천에 대해 유명 장소로만 기억하고 있는 자신을 발견할 수 있었다.

인천 미래 가치 프로그램에 참여하고 나서 인천의 과거부터 눈여겨볼 미래의 가치까지 전반적으로 알게 되었다는 점이 가장 유익했다.

초반에 팀에서 인천의 어떠한 면모의 미래 가치가 있을지, 또 이를 어떤 장소에서 발견할 수 있을지를 생각하느라 정말 모두가 힘들어했었던 기억이 있다. 그래서 먼저 우리와 같은 20대 사이에서 유행하는 '뉴트로'라는 콘셉트를 쉽게 생각해 보았다. 그리고 '뉴트로'의 감성을 가진 장소에서 인천 미래 가치를 찾아보면 어떨까 생각했고, 더 나아가 그 장소가 미래에 도시 재생의 가능성을 가지고 있는지에 대해서도 조사하게 되었다.

최종적으로 기획, 촬영하면서 가장 인상 깊었던 장소는 헌책방 거리이다. 배다리마을과 함께 긴 역사를 가지고 있는 헌책방 거리에서 팀의 콘셉트인 '뉴트로' 감성과 도시 재생으로서의 가능성을 모두 확인할 수 있었다. 이처럼 '뉴트로'와 도시 재생으로서의 미래 가치를 생각하면서 인천을 바라보려고 노력하니 지금까지 생각한 인천과는 또 다른 느낌의 인천을 만날 수 있었다. 인천에 위치한 배다리마을과 헌책방거리, 아트플랫폼, 강화군 조양 방직 카페에서 느끼는 뉴트로 감성과 이곳에서 발견한 인천 미래 가치를 중국인들에게 알릴 수 있다는 점이 가장 뜻깊었다.

은방호

그동안 미처 몰랐을 수 있는 다양한 문화를 확실히 알게 되었고, 평범해 보이는 건물들도 많은 역사를 가지고 있음을 알게 되었다. 특히 나와 같은 외국인 입장에서는 평소 건물들을 보면 그 내용을 잘 이해하지 못하는 경우가 많은데 이 프로젝트를 통해 정말 많은 것을 알게 되었다. 그중에서도 인천아트플랫폼이 가장 기억에 남는데, 정말 볼거리가 많았던 것 같다. 그리고 촬영 당시 주말이었기 때문에 많은 사람들이 관람을 했던 것 같다. 이 행사를 통해 인천의 역사 문화에 대해 더 많은 것을 알게 되었고, 나에게는 매우 즐거운 경험이었다.

최종 결과물을 객관적으로 평가한다면?

이덕비

인천의 레트로를 소개하는 영상 콘셉트가 획기적이었다고 생각한다. 이에 영상에 담긴 장소들도 영상 콘셉트에 맞게 적절했고 다른 매체에서 자주 다루지 않았던 콘셉트이기에 독특하게 느껴진다. 레트로라는 새로운 시각을 통해 바라본 인천을 영상에 잘 담아냈고 영상 편집으로 레트로 감성을 표현한 도입부가 인상적이다.

그러나 조양방직 카페를 소개하는 영상은 처음에 기획했던 브이로그 방식이 아닌 내레이션을 활용한 소개 영상이 된 것에서 아쉬운 점이 있다. 영상에 진행자가 나오지 않아서 이전 영상보다 밋밋한 구성이 되었다. 그래도 각종 효과를 사용해서 영상들이 매끄럽게 이어지고 있으며 조양방직 카페의 다양한 볼거리가 영상을 보완하였다. 또한, 전체적으로 자막과 내레이션, 대사가 상황에 맞게 적절하게 짜여 인천을 소개한다. 대사도 전부 중국어를 사용하고 중국어 자막까지 달아서 중국인 시청자를 타깃으로 하는 영상의 이해도를 높여주었다고 생각한다.

오민경

아트플랫폼의 주요 동에 대한 소개와 전시와 공연 등에 대해 자세히 다루지 못한 것 같아서 아쉬운 부분이 있다. 아트플랫폼이라는 하나의 장소만으로도 사실 동영상 하나는 거뜬히 제작할 수 있을 것이라고 생각한다. 하지만 보다 다양하고 많은 장소를 소개함으로써 흥미를 이끌기 위해서 이를 다 담지 못한 것이 개인적으로는 가장 아쉬운 부분이다.

예를 들자면, 인천아트플랫폼은 세계 각국의 다양한 장르의 예술가와 연구자를 대상으로 창작과 연구 활동을 지원하는 레지던시 프로그램을 운영하고 있다. 레지던시 프로그램은 교류와 협업, 역량 강화를 목적으로 한 창작지원 프로그램을 통해 예술가들의 창작활동을 극대화하는 한편, 발표 지원 프로젝트, 예술가 참여 교육 프로그램과 같은 다양한 기획 사업을 통해 창작활동의 영역을 확장해 나간다.

입주예술가들의 작품을 선보이는 전시사업(프리뷰전, 결과 보고 전 등)과 동시대 새로운 예술의 경향을 탐구하고 논의를 이끌어내는 다양한 기획 전시를 개최하는 데 이를 영상 속에서 잘 담아내지 못해 아쉽다. 또한, 직접 체험하는 모습을 보여주지 못했다. 이곳은 연극, 무용, 음악, 영화, 다원예술 등 다양한 장르와 콘텐츠를 기반으로 입주작가들의 쇼케이스, 일반 대중 공연 등을 진행함으로써 시민들에게 문화 예술 향유의 기회를 제공하고 있다. 시민이 예술 감상은 물론 예술가들과 함께 예술 창작활동에 직접 참여함으로써 지역 문화 생산자로서의 시민이 되어 예술가와 시민이 일상 속의 예술을 함께 만들어 나갔으면 좋았을 것 같다.

윤서연

먼저, 처음 인천 미래 가치 영상을 제작하면서 보는 대상을 중국인들로 잡았기 때문에 중국어로 내레이션을 입히고 중국어 자막을 달은 점이 알맞은 선택이었다고 생각한다. 아쉬운 점은 결과물을 딱 보았을 때, 장소에 대한 자세한 설명에 비해 실제로 해당 장소를 자세하게 찍지 못했다는 느낌을 준다는 것이다. 촬영을 여러 번 나가지 못해, 촬영 날 닫혀있던 한미서점을 예로 들 수 있다. 촬영 기획에서 한미서점의 책장마다 빼곡하게 있는 책들을 보고 헌책 냄새를 맡는 장면을 촬영하여 보는 사람으로 하여금 간접적으로나마 안락한 분위기를 느끼게 하고자 하였다. 하지만 촬영 날 서점이 닫혀있으면서 이 장소를 제대로 담아내지 못한 것 같아 개인적으로 정말 아쉽다고 생각한다.

은방호

코로나 때문에 소재가 많지 않아 영상으로만 전달하기에는 부족하였고, 준비 기간이 길지 않아서 아쉬웠다. 또한 나의 한국어 능력 때문에 팀원들과의 의사소통이 원활하지 못한 상황이 빈번하게 있었지만, 다른 팀원들이 정말 열심히 해서 좋은 결과물을 만들어 낼 수 있었다고 생각한다.

동영상 만든 후 기대되는 효과는 무엇인가?

이덕비

코로나19로 인해서 외국인들이 인천을 방문하기 쉽지 않은 현재 상황에서 인천의 모습을 영상물로 남기게 되었다. 제작한 영상을 통해서 해외여행이 부담이 될 중국인에게 간접적으로 인천을 알릴 수 있을 거라 기대한다. 이번에 제작된 동영상은 중국인들이 쉽게 접하고 소비할 수 있는 중국 플랫폼에 게시된다. 인천의 새로운 가치를 발굴해낸 영상으로 중국인이 인천을 새로운 시각으로 바라보게 되는 촉매제가 되기를 바란다. 레트로를 주제로 인천을 소개한 영상이기 때문에 영상을 시청한 중국인들이 인천의 레트로 감성에 주목하고 호기심을 가지길 기대한다. 추후에 중국인이 한국으로 여행을 오면서 둘러볼 지역을 선택할 때 인천을 고려해 보게 될 것이라 생각한다. 이처럼 이번 영상은 인천으로 여행을 오는 중국인 여행객 유치에 긍정적인 영향을 줄 수 있다. 인천은 중국과 지리적으로 가깝고 공항이 위치해 있기 때문에 더욱 시너지 효과가 날 것이다.

오민경

최근 인천의 구도심들은 그들만의 정체성을 유지하며 재탄생되고 있는 것을 알 수 있다. 동영상을 만들 때 주목했던 뉴트로는 고유한 이미지를 바탕으로 복고 문화에서 더욱 발전되어 새로운 개념으로 여러 방면에서 등장하고 있다. 동영상을 통해 나타내고자 했던 뉴트로의 특징으로 지역의 역사와 깊은 관련이 있음을 들 수 있다. 또한, 뉴트로 공간에서의 정체성이 뉴트로 특징에 있어서 중요한 부분임이 나타났다고 본다. 이는 도시의 이미지를 형성한다는 것이 뉴트로 디자인과 밀접함을 보여준다. 즉 도시재생 차원에서 문화와 예술을 결합했다고 할 수 있다. 결국, 더욱더 많은 인천 속 도시의 모습이 뉴트로를 통한 도시재생으로서 나타난다면 오래된 공간들이 다시 생명을 얻고 이를 통한 지역의 활성화 또한 긍정적인 효과를 얻으리라고 판단된다.

윤서연

이 영상을 통해 여행이 제한된 상황 속에서 간접적으로나마 인천을 방문한 듯한 느낌을 중국인들에게 전할 수 있을 거라 생각한다. 또한 한국 젊은 학생들에게 유행하는 소비인 '뉴트로'가 영상을 시청하는 중국인들에게 신선한 소비 트렌드로 다가갈 수 있다고 생각한다. K-POP을 넘어서 한국에 대한 전반적인 관심이 있는 중국 젊은 세대 사이에서 '뉴트로' 소비 트렌드가 유행까진 아니더라도 많은 호응을 얻을 수 있기를 기대한다. 또한, 기존에 인천이라는 지역에 대해 무역 이나 바다, 차이나타운 정도로만 기억하고 있었던 중국인이 있다면 이 영상을 통해서는 뉴트로 감성을 갖고 있으며, 미래 도시로서 재생 가능성이 있는 지역으로서 인천이 기억되길 바란다. 마지막으로 인천 에 여행을 올 모든 중국인들에게 이 영상 속 장소들이 그들에게 있어 서 방문해 볼 만한 가치가 있는 장소로서 여겨지길 바란다.

은방호

이 영상을 통해서 많은 사람들에게 인천을 홍보할 수 있는 기회가 될 것이라고 생각한다. 소재의 제약 때문에 기존에 생각했던 영상과 조금은 다를 수 있지만 최종적으로 더 쉽고 쉬운 소재들을 촬영하기로 결정한 것이 눈길을 끌기에 좋다는 점에서 잘 선택했다고 생각한다.

어서오세요, 인천으로!

민지홍1 심화영1 짜오멍치赵梦琪1

1 학과 특성화 사업에 참여하게 된 이유는?!

민지홍

호기심 때문이었다. 평소 어떤 분야든 가리지 않고 참여하여 성과를 내는 것을 좋아했다. 대학교에 와서도 고등학교 때와 별반 달라지지 않았다. 학교에서 주최하는 프로그램이나 다양한 행사들에도 적극적으로 참여하면서 비대면이지만 대면 못지않은 활발한, 말 그대로 '캠퍼스 라이프'를 즐기려고 부단한 노력을 다하였다. 그런 필자에게 중어중국학과 단체 대화방에 올라온 학과 특성화 사업 공지는 호기심을 자아내기에 충분했다.

처음에는 고민도 많이 했다. 코로나19로 인해 혼란한 상황 속에서 무리해서 대면 활동을 하는 것은 아닌지 염려가 되었다. 그렇지만 소수 인원으로 활동을 하여 큰 고민 없이 신청하였다. 사실 사업에 참여하면서 어려웠던 점도 적지 않았다. 언뜻 보기에는 고등학교 때 했던 조 활동처럼 생각될 수 있지만, 조원들끼리 현장 조사를 미리 하고 직접 촬영부터 편집까지 하는 대형 프로젝트여서 쉽지만은 않았다. 하지만 조원들과의 단합심 덕분에 필자가 가졌던 어려움과 부담감을 많이 덜어주었다. 혼자 하였다면 어려웠을 자료 조사, 촬영 및 편집은 조원들 간의 단합과 도움으로 잘 헤쳐나갈 수 있었다. 특히 인천의 미래 가치라는 주제를 처음 마주했을 때 도대체 무엇을 '미래 가치'라고 할 수 있을지 고민되었다. 이러한 상황에서 조원들과 화상회의를 통해 깊은 토론과 대화를 나누어 '항구'와 '국제도시'라는 키워드가 인천의 미래를 빛내줄 수 있음을 쉽게 생각해낼 수 있었다.

처음엔 코로나19로 인한 '대면 활동의 두려움'을 위에서 언급한 바와 같이 모둠 활동을 통해 '대면의 소중함'을 일깨워주는 경험이 되었다. 이는 활동을 통해 얻은 인천에 대한 정보들보다 단합심이 더욱더 값진 결과였음을 느끼게 해주었다. 이 자리를 빌려 조원들에게 다시 한번 고맙고, 수고하였다고 전한다.

심화영

필자의 성격은 평소 도전을 좋아하는 일명 '행동파'이다. 이런 필자에게 학과 특성화 사업은 보자마자 '새로운 도전'이라는 좋은 흥밋거리를 가져다주었다. 흥미와 더불어 신입생이 되어서 대학에 대한 로망은커녕 대학 생활조차 누리지 못해 늘 자리 잡고 있던 아쉬움을 달래주기 좋은 활동이라고 생각했다. 행동파답게 '고민보다 GO'를 선택했고 프로젝트에서도 다양하게 나뉜 역할 중 촬영과 편집을 맡았다. 아직 촬영이나 편집을 전문적으로 배운 적이 없어 조금은 힘든 역할이 될지도 모르지만, 추후 '신문방송학과'를 복수전공 할 계획과 또 하나의 스펙을 만드는 데 도움이 될 것이라는 생각에 역시나 안전보다는 도전적인 선택을 하게 되었다.

'인천의 미래 가치'를 소개하는 영상을 제작한다는 공고는 인천 토박이인 필자에게 거절할 수 없는 요소이기도 했다. 인천에서 출생부터 학창 시절, 대학입학까지 경험한 필자가 다른 친구들에 비해 인천에 대한 자부심과 소개할 수 있는 점이 많겠다는 생각이 들었기 때문이다. 그러나 인천 토박이여도 인천의 모든 걸 알지는 못한다. 인천에 8개의 구와 2개의 군이 있다는 사실조차 모를 만큼 인천에 대해 무지했었다. '인천의 행정구역조차 명확하게 답하지 못하는 나에게 인천에 대해 질문한다면 제대로 답할 수 있을까?', '내가 사는 곳인데 남들에게 설명해줄 만큼은 알고 있어야 하지 않을까?' 하는 생각으로, 인천과 조금 더 가까워지고 자세히 탐색해볼 감사한 기회라고 생각했다.

단지 인천을 소개한다면 그건 혼자만의 취미로 그칠 수도 있을 것이다. 그러나 중국에 가본 적도 없는 필자가 '중국어'로 '중국인' 친구와 '중어중국학과'의 학우와 같이한다는 큰 이점이 이번 학과 특성화 사업을 참여하게 된 큰 이유라 하겠다. 학과 특성화 사업을 참여하게 된 계기에 큰 동기랄 것도 없다. 필자가 대학 생활을 시작하는 첫걸음이자 첫 설렘을 이 활동을 시작으로 느꼈고 마치고 난 후 2학년의 시작을 한층 발전된 모습으로 맞이할 수 있을 것이라는 확신에 시작하게 되었다.

짜오멍치

사실 학과 특성화 사업에 참여하게 된 계기는 우연이라고 할 수 있다. 한·중 대학생 협력 인천 홍보 동영상 제작 프로젝트는 2021년 3월 말에 국어국문학과 담당 교수님께서 보내주신 메일을 통해 처음 알았다. 메일을 받았을 때 이 프로젝트에 참여하면 한국 학생들과 함께 소통할 수 있고, 한국어 연습과 한국 문화를 체험할 좋은 기회라는 생각이 들었다. 주제 예시를 자세히 보니 '인천의 바다와 갯벌', '인천 민속 문화의 뿌리', '인천과 중국' 등의 주제가 있어 너무 재미있을 것 같다는 생각이 들기도 했다. 하지만 교환학생으로서 한국에 온 지 얼마 되지도 않고 인천에 대해서도 잘 알지 못한다는 걱정이 들었다. 더불어 이 사업에 어떤 도움이 될 수 있을지에 대한 고민과 함께 필자의 한국어 실력이 의사소통을 원활하게 할 수 있는 정도는 아니라고 생각했다. 결국 잘 할 수 있다는 확신이 서질 않아 참여하지 않기로 결정하고 교수님께 답장을 드렸다.

한두 달 뒤에 중국인 유학생 위챗(중국의 SNS) 단체 대화방에서 이 프로젝트의 모집 정보를 다시 보게 되었다. 다시 모집 정보를 보았을 때도 여전히 이전과 마찬가지로 참여를 해야겠다는 생각이 없었다. 이번에는 자신감이 없어서가 아니라 수업이 바쁘다고 생각해 양쪽을 다 돌볼 수 없을까 봐 걱정됐기 때문이다. 결국 다시 돌아온 두 번째 기회에서도 포기했고, 이 사업은 필자와 맞지 않는 것 같다는 생각이 들었다. 하지만 놀랍게도 며칠 뒤에 단체 대화방에 모집 정보가 또다시 올라왔다. 3번째의 기회가 다시 찾아왔다. 이번에는 다른 생각이 들었다. 거절할 게 아니라 용감하게 도전해 봐야겠다는 생각과 자신감이 생겼다.

이번 프로젝트에 세 번의 고민 끝에 참여하게 된 것은 인연이라고 할 수도 있겠다. 결국은 이 프로젝트에 참여하게 됐는데 왜 그렇게 고민하느냐고 묻는다면, 솔직히 필자의 성격은 새로운 것을 시도하는 것을 그렇게 좋아하지 않고, 임무를 받아 수행하는 것을 더 좋아하고, 능동적으로 참여하는 것을 별로 안 좋아하기 때문이다. 하지만 한국이라는 낯선 나라에 와서 공부하는 것 자체가 나에게 큰 도전이 아니었나 하는 생각을 하게 되었고 기왕 새로운 나라에 왔으니 전에 시도해보지 않았던 것에 도전하는 것도 나쁘지 않을 것 같아 이 사업에 참여하게 되었다. 추가로 코로나 19로 인해 교실에 가서 대면 수업을 할 수 없고, 지금 상황에서는 새로운 친구를 만날 수 없는 만큼 이번 기회는 한국 학생들과 소통할 좋은 기회라는 생각이 들었다. 이 밖에도 중어중국학과 학생들과 함께 하는 프로젝트이기 때문에 어쩌면 중국인으로서도 그들에게 도움이 될 수 있지 않을까 하는 생각도 해봤다. 그래서 이 사업에 참여하게 된 것은 우연이자 자기 도전이었고 더 큰 인연의 시작이라고 생각한다.

왼쪽부터 짜오멍치, 민지홍, 심화영

2 중국과 인천의 가교, 능허대에서부터 인천항까지
中国和仁川的桥梁, 从凌虚台到仁川港

주제 선정 이유

'인천의 미래 가치'를 바탕으로 조원들의 생각을 물어보았을 때, 조원들 3명 모두 인천을 대표한다고 할 수 있는 것은 "바다" 그리고 "항구"라고 생각하였다. 그래서 주제는 "바다"와 "항구"로 좁혀졌지만 세부적으로 어떤 부분을 다뤄야 할지는 여러 번의 토론에도 불구하고 쉽게 의견이 나오질 않았다. 그런 상황에서 우연히 교수님과 주제 확정과 관련한 회의를 하게 되었다. 교수님께서는 다른 조에서는 "능허대"라는 백제 때부터 중국과 교류를 해오던 나루터에 대해서 주제를 잡고 있는 경우도 있다고 하셨다. 거기서 우리 조는 번쩍이는 아이디어를 얻게 되었다. 과거 인천의 나루터를 대표하는 "능허대"와 현재부터 미래까지 발전지향적인 "인천항"을 엮어서 '인천의 미래 가치'를 홍보해보는 것은 어떨까?

이런 아이디어를 바탕으로 주제를 구체화할 수 있었다. 특히, 능허대가 중국과의 교류수단 중 하나였던 곳으로 과거 나루터로 이용되었다는 점이 한국인들뿐만이 아닌 중국인 시청자들에게도 흥미를 느낄 만한 소재라고 조원 모두가 동감하였다. 더불어 이는 우리에게도 신선하게 다가왔다. 단순히 능허대의 과거 모습과 역할만을 조사하는 것보다 깊이 있는 사전 조사가 필요하다고 생각하였다. 능허대와 엮인 전설, 과거의 능허대가 현재의 능허대 공원으로 탈바꿈하면서 시민들의 편의를 제공한다는 점과 관련 축제, 그리고 가장 핵심적인 부분인 과거 능허대가 현재의 인천항으로써, 인천이라는 항구도시를 빛내주는 모습으로의 변천 과정들을 주로 다뤄보기로 하였다.

직접 바라본 능허대는 과거의 모습과 현재의 모습이 공존하고 있었다. 그렇기에 인천의 과거부터 미래의 가치를 한 번에 조명할 수 있는 좋은 주제라고 더욱 확신하게 되었다. 능허대와 한나루 기생바위의 전설, 능허대 축제, 능허대를 잇는 해상교역의 장, 인천항까지 숨겨진 인천의 가치들을 함께 찾아보았으면 한다.

능허대와 한나루 기생바위 전설

능허대는 백제가 한강 하류까지 세력을 크게 확장하면서 고구려를 견제하기 위해 중국과의 외교 관계를 추진하던 시절, 두 나라 사이의 바닷길을 연결해 사신들이 오고 가던 전초기지 같은 곳이다. 오늘날 작은 공원으로 조성되어 있는 옥련동의 능허대 일대가 당시 백제 사신들이 중국으로 떠나던 곳이다.

능허대 인근의 나루터는 우리말로 한나루라고 불렀는데, 크다는 뜻의 순 우리말 접두사 '한'에 배가 닿고 떠나는 '나루'가 합쳐진 복합어이다. 이것을 의미 그대로 한자로 표기한 것이 '대진(大津)'이고 '한'을 음 그대로 한자로 쓴 것이 '한진(漢津)'이다. 지금도 한진 어촌계니 하는 한자 명칭이 남아 있다.

당시 백제는 중국과 육로를 통해 교류하려고 했지만 북쪽의 고구려가 가로막고 있어서 결국 바다로 중국과 통할 수밖에 없었다. 당시 지금의 경기도 광주에 도읍을 하고 있던 백제는 한나루에서 배를 띄운 뒤 덕적도를 거쳐 산동반도의 등주나 래주에 도달하는 가장 가까운 해상로를 택했던 것이다.

백제가 중국과 교류를 시작한 것은 근초고왕 27년(372)으로 그 후 백제가 멸망할 때까지 계속됐는데, 능허대 한나루를 통해 사신이 오간 기간은 근초고왕 때부터 개로왕 때까지의 100여 년 동안이다. 이 한나루는 조선 광해군 때까지도 배가 드나드는 나루터로 이용되었다고 한다.

사신들은 이곳까지 오기 위해 수도를 떠나 지금의 남동구 만수동 일대 별리현을 넘은 뒤, 문학산과 연경산 사이 삼호현을 거쳐 능허대로 왔다고 하며, 이 때문에 이 길에도 애틋한 내용의 몇 가지 전설들이 전해져 온다.

그날 사신 일행이 삼호현을 돌아와 능허대 한나루에 도착해 배를 준비할 때 갑자기 저 서쪽 해상에서부터 비바람이 불고 파도가 거세지기 시작했다.
"나리, 이것 보세요. 날씨가 이렇게 사나운데 어떻게 그 먼 곳까지 배를 띄우신단 말씀입니까? 저 비바람이 잔잔해질 때까지만 머물다가세요."

이마가 희고 눈이 별빛 같은 젊은 기생 하나가 사신 중 가장 높은 사람에게 간청하는 것이었다.

"나라의 일이 바쁜데 큰일이로구나. 여봐라, 사공아, 이런 날씨에 배가 갈 수 있겠느냐?"

"아이고, 나리 마님, 제가 수십 년 뱃사공 노릇을 했습니다만 이런 날씨에는 아무래도 힘들 것 같사옵니다. 바람이 좀 잦아진 뒤에 떠나심이…"

"허허. 하는 수 없구나. 알겠다."

사신들도 실상 마음이 착잡하기는 했다. 떠나 온 가족과 식구들 생각도 그렇고 험한 바다를 건너 중국에 가서 할 일 또한 만만치 않았기 때문이었다.

"나리, 기왕 머무르시는 동안, 술상이라도 보시면서 한시름 놓으시는 게 어떠하신지요?"

좀 전의 그 앳된 기생이 말했다.

"오냐. 그러려무나."

그렇게 벌써 이레째 되는 날이었다. 그날은 아주 씻은 듯이 날이 맑고 때맞춰 순풍까지 불어 주었다. 이제 출발의 시간이 온 것이다.

"나리, 저도 데려가 주십시오. 그리 되지 않는다면 차라리 여기서 소녀를 죽여주시고 떠나십시오."

"이 무슨 말이냐? 국사가 중하거늘, 내 어찌 사사로운 정분에 끌려너를 중국으로 데려갈 수 있다는 말이냐? 어서 물러서라."

젊은 기생은 사신의 발아래 엎드려 울고 있었다. 정작 사신이 떠나는 날이 오자 그 동안의 정분을 아쉬워한 나머지 울며 매달리는 것이었다. 배는 벌써 서해를 지나 까마득히 멀어지고 있었다. 기생은 바위 위로 올라갔다. 그리고는 서쪽을 향해 큰절을 올리고는 몸을 던져 바다에 빠져 죽고 말았다. 이때부터 한나루 언덕의 이 바위를 기생바위라고 불렀다고 한다.

앞에서 이야기한 대로 몇 가지 이 일대에 얽힌 전설이 있는데 백제의 사신을 따라온 애첩이 임을 보낸 뒤 이별을 슬퍼하며 이곳 바위에서 떨어져 죽었다는 이야기도 그중 한 가지로 전해져 온다.

문학작품 속 능허대로 바라보는 인천의 모습

능허대는 일반 사람들은 물론, 수많은 문인의 발걸음이 이어지던 곳이었다. 인천이 낳은 미술사가 소설가 고유섭의 "애상의 청춘 일기", 수필가 신태범의 "먼어금"과 같은 문학작품 속에는 능허대 일대 인천의 모습이 생생하게 그려져 있다.

> 능허대는 인천서 해안선을 끼고 남쪽으로 한 10리 떨어져 있는 조그마한 모래섬이나 배를 타지 않고 해안선으로만 걸어가게 된 풍치 있는 곳이다. 이곳에서 내다보이는 바다는 항구에서 보이는 바다와 달라서 막힘이 없다. 발밑에서 출렁대는 물결은 신비와 숭엄과 침울을 가졌다. 편편이 쪼개지는 가을 햇볕은 나의 정신을 맑게 하는 데 도움이 되었다.
>
> 고유섭, "애상哀傷의 청춘일기青春日記" 중(1934)에서*

어려서부터 듣던 먼어금은 조개골로 알려진 동네 이름이었다. 먼어금은 현재 옥련동, 동춘동, 청학동을 포함한 일대를 불러온 옛 지명이다. 송도역에서 청학풀장에 이르는 청학동을 내놓고는 바다에 면한 해안지대다. 조수 간만의 차가 극심해서 인천항 주변은 물이 빠지면 넓은 간척지가 나타난다. 그중에서도 먼어금 앞이 가장 넓고 해안선도 길다. 이 광대한 개펄에 풍부한 패류가 서식하고 있는 것이다. 먼어금에서는 주로 상업살, 동죽, 가무락, 맛살이 났는데 생으로 소비되는 수량이 미미해서 남아도는 조갯살을 멸치처럼 데쳐서 말렸다. 이 때문에 당시 전국의 건해산물이 모두 인천으로 집합되었으니 그 풍성한 광경은 참으로 대단하였다.

신태범, "인천 한 세기 – 몸소 지켜본 이야기들"(1883)의
'먼어금' 중에서**

능허대 공원 구경하기

인천 연수구 옥련동에 위치한 문화재 "능허대"는 올림픽이 개최된 1990년에 시市지정 기념물 제8호로 지정된 곳으로, 시민들에게 편안한 휴식처를 제공하고 있다.

현재 능허대 주변은 개발되어 공원으로 단장되었으며 이로 인하여 옛 모습은 다소 변형이 되었다. 아름다운 전통 형식을 띄는 정자와 연못과 산책로, 나무 의자 등을 만들어 공원을 아름답게 조성하였다. 현재에는 과거의 숨결을 느끼며 편안한 휴식을 얻고 싶은 근교 방문객들의 발길이 끊임없이 이어지고 있다. 능허대 공원은 화려하진 않지만, 선조의 숨결을 조용히 음미할 수 있는 곳이다. 자연과 함께 공원을 조성하여 이곳에서 편안한 휴식을 취하며 저마다 여유를 즐기는 모습이 행복해 보인다.

* 고유섭(高裕燮, 1905-1944) : 일제강점기 미술 사학자이며, 호는 우현(又玄)으로 인천 출생의 한국 미술사와 미학의 선구자이다. 인천 시립박물관에 그의 동상이 있다.
** 신태범(愼兌範, 1912-2001) : 인천의 저명한 외과의사이자 수필가, 향토사에 관심을 기울였으며 저서로 "『인천 한 세기』(1883)" 등이 있다.

능허대 공원 속 현재의 능허대 정자

능허대 공원 관리사무소와 화장실이 있는 건물은 능허대 공원이 역사적인 공간인 것이 여실히 느껴질 만큼 고풍스럽게 지어졌다. 능허대지 정자는 기생바위로 향하는 산책로를 따라 조금만 올라가면 되는데 그리 높지 않아서 남녀노소가 쉽게 올라갈 수 있다. 정자 앞에는 능허대지 안내문과 중국 내왕 사신의 배를 정박하던 곳임을 보여주는 표지석이 세워져 있다.

능허대 공원에는 정자 바로 아래에 높이 7.5m 규모의 계단식 인공폭포를 설치하여 봄이 되면 진달래, 개나리 등 5천여 그루의 나무와 꽃으로 아름다운 봄의 정취를 느낄 수 있어 해마다 많은 시민의 발길이 이어지고 있다. 시간이 난다면 이곳 연못 주변으로 산책을 즐기며 삶의 여유를 누려보는 것은 어떨까?

현 능허대 공원 모습

연수 능허대 문화 축제 즐기기

연수 능허대 문화축제는 2004년 10월에 "백제사신이 외교를 위해 출항하던 나루터인 '능허대'라는 장소를 바탕으로 출발한" 백제문화를 기반으로 하는 역사문화축제이다.

지금은 간척사업으로 육지가 조성되어 아파트와 유원지가 들어섬으로써 도심 한가운데 위치하게 되었다. 다만 나루터가 있던 자리라는 것을 잊지 않기 위하여 그 자리를 기념물로 지정하여 작은 정자와 연못을 갖추어 놓았다. 연수 능허대 문화축제의 핵심인 능허대는 1990년 11월에 인천광역시 기념물 제8호로 지정되었다.

연수 능허대 문화축제는 '백제사신 퍼레이드, 연수구민의 날 기념식, 능허대 빅 콘서트' 등 다양한 기획전과 공연, 전시 및 체험행사로 진행되며, 능허대 공원 및 문화공원 일원에서 개최된다. 2018년에는 문화체육관광부 문화관광축제의 육성 축제로 선정되기까지 하였다. 2020년과 2021년에는 코로나19의 영향으로 축제가 개최되지 않았지만, 이후에는 향후 상황을 봐서 개최될 예정이다.

과거의 능허대에서 현재의 인천항으로!

백제 때부터 중국과의 해상교류 역할을 하던 능허대에 이어, 해상교류의 핵심지점이라는 이점을 바탕으로 발전된 인천항은 국제교류의 항구로서 자리매김하고 있다. 인천항은 1883년 개항한 이후 국가 경제 개발에 중추적인 역할을 충실히 수행해왔다. 조수간만의 차를 극복하고 대형선박을 수용하기 위하여 1974년 축조된 갑문은 동양 최대규모를 자랑한다.

인천항 매표소   인천항의 모습

    2015년 조성된 신항新港은 초대형 컨테이너 선박도 접안할 수 있으며, 자동화 하역 장비 도입 등을 통한 최첨단 항만으로서의 입지를 다지고 있다. 또한, 글로벌 해양관광 거점으로 도약하기 위해 건설된 국제여객터미널, 크루즈터미널 그리고 골든하버는 바다와 도시가 공존하는 신개념 해양문화 관광단지로 거듭날 것이다.

    2000년 이후, 현재의 인천항은 항만의 효율성, 균형적 성장을 위한 항만정책을 추진하고, 대형화, 자동화, 선진화를 추구해 나가고 있다. 또한, 국제여객, 크루즈, 배후단지 등을 개발 및 발달시키고 원활한 물류 흐름을 새로 마련함으로써 동북아 물류 중심 항으로 전진해 나가고 있다.

    현재 인천항 내항 및 연안항의 이원화 운영으로 이용자의 불편을 해소하고, 항만운영 효율성을 증대 시켜 국제적 관광미항으로 개발 중이다. 앞으로 동북아에서 세계로 뻗어 나갈 인천 해상의 미래가 더욱 기대되는 이유이다.

개항 이전

농본주의 경제체제의 조선 사회에서는 해금 정책으로 국제해운은 거의 없었으며, 국내 연안 운송도 국가에 수납하는 전세 및 대동미를 중앙으로 운송하는 국가 운영의 조운 위주였다.

개항기(1876~1910)

부산, 원산에 이어 인천은 1883년 강화도 조약에 의해 개항되었다. 조선의 자주적 결정이 아닌 일본의 제국주의 침략을 위한 전략적 성격이 강했고, 1900년, 점차 국제항으로 성장하였다.

일제강점기(1910~1945)

일본의 대륙 침략을 위한 대륙 수송기지로 항만 · 철도를 건설하였고, 5~10년 단위로 대대적인 항만 개발 사업을 진행하였다. 1907년 한국무역총액의 50%를 인천항이 차지하였고, 1910년에서 1939년까지 인천항의 총 무역액은 약 40배로 성장하였다.

산업 발전기(해방 이후~1990년대)

해방 직후 인천항은 수입항 기능이 활성화되었고, 정부 수립 후 전체적으로 항만하역은 대외 원조물자나 연안수송 물자를 제외하고는 별다른 취급 물자는 없었다. 이후, 1962년 경제개발 5개년 계획 등으로 인해 비약적으로 해운산업이 성장하면서, 1974년에는 국내 최초 민자 부두 건설(인천항) 등이 이루어졌다.

2000년 이후(~현재)

현재 인천항은 항만의 효율성, 균형적 성장을 위한 항만정책을 추진하고, 대형화, 자동화, 선진화를 추구해 나가고 있다. 또한, 역사적으로 해상교통 및 물류의 중심 요충지 역할을 해왔던 인천항은 단순히 항만기능에만 초점을 맞추는 것이 아니라, 국제여객, 크루즈, 배후단지 등을 개발 및 발달시키고 원활한 물류 흐름을 새로 마련함으로써 동북아 물류 중심 항으로 전진해 나가고 있다.

3 현재와 미래, 두마리 토끼를 잡고 있는 인천
仁川：现在和未来两手抓！

주제 선정 이유

'인천'이라고 하면 여러분은 가장 먼저 무엇이 떠오르는가? 많은 사람들은 '바다'와 '인천항'을 많이 생각한다. 그렇지만 이런 대답에 못지않게 '송도', '영종', '청라'라고 답하는 사람들이 많다. 우리 조는 이러한 지역들에 초점을 맞추었다. 사람들이 많이 알고 있는 인천의 송도와 영종, 청라의 공통점에는 무엇이 있을까. 그리고 차이점은 또 무엇일까. 인터넷을 통해 조사해본 결과, 모두 지역명 뒤에 '국제도시' 라는 명칭이 붙는다는 점과 "인천경제자유구역"에 포함된다는 점을 알게 되었다. 그래서 이 세 도시의 발전이 인천에 어떤 영향을 가져다 주었고, 미래에는 어떤 방향으로 발전해나갈 수 있을지를 주제로 잡기로 하였다.

사실, 처음에는 도시의 범위가 너무 넓기도 하고 어떻게 미래 가치를 효과적으로 보여줄 수 있을지가 가장 큰 고민이었다. 조원들과 여러 번의 토론을 통해, 각 도시의 랜드마크를 정하여 그 도시가 품고 있는 미래의 잠재능력을 보여주는 것이 가장 좋을 것 같다는 계획으로 수립되었다. 그러기 위해서 각 도시의 특성을 가장 먼저 분석하기로 하였다. 송도 국제도시는 첨단지식서비스 산업의 글로벌 거점을 표상하고 있는 대표적인 국제도시임을, 영종 국제도시는 세계적 공항 시설인 인천국제공항을 갖춘 물류와 아름다운 해양 환경을 중심으로 한 관광·레저 복합도시임을 알게 되었다. 또한, 청라 국제도시는 국제 금융·유통을 중심으로 개발되고 있는 도시임을 알게 되었다. 이러한 특성을 바탕으로 소개할 랜드마크를 선택하게 되었다.

처음에는 어떤 부분을 소개하면 좋을지 고민을 많이 했는데, 조원들과 하나씩 각 도시의 특성에 맞는 랜드마크를 하나씩 선정하다 보니 촬영 계획까지 금방 세울 수 있었다. 이 영상을 보는 시청자들도 각 도시의 특성에 집중하며 랜드마크들을 구경하다 보면 어느덧 인천의 국제도시 속 무궁무진한 매력에 빠지게 될 것이다.

인천경제자유구역(IFEZ)이 뭐야?!

인천 경제자유구역은 영어로 "Incheon Free Economic Zone"이라 하며, 줄여서 'IFEZ'라고 한다. 이는 정부가 추진하고 있는 동북아 경제중심 실현 전략의 핵심지역으로서, 2003년 8월 국내 최초로 인천국제공항과 항만을 포함하여 송도, 영종, 청라 국제도시에 총 122.43km^2 규모가 지정되었다.

개발 방향으로는 송도는 "비즈니스 IT·BT"를 중심으로 하고, 영종은 "물류·관광"을 중심으로, 청라는 "업무·금융, 관광·레저, 첨단산업"을 중심으로 하여 개발에 총력을 다하고 있다.

대내적으로 인천은 국토개발과 경제·산업발전의 축인 서해안지역의 출발점이자 2천3백만 명의 대규모 배후시장을 형성하고 있는 서울 및 수도권의 관문에 위치하고 있다. 인천경제자유구역은 인천 도심과 8km, 서울 중심지역에서 50km의 거리에 있으며, 인천항과 인접하고 수도권의 주요 대도시에서 60~90분 이내에 접근이 가능하다.

추가로 경제자유구역Free Economic Zone이란 외국인 투자기업의 경영환경과 생활 여건을 개선하고, 각종 규제 완화를 통한 기업의 경제

활동 자율성과 투자 유인을 최대한 보장하여 외국인 투자를 적극적으로 유치하기 위한 특별경제특구를 의미한다. 또한, 다양한 세제 혜택, 자유로운 경제활동을 위한 규제 완화, 편리한 생활환경과 간편한 행정서비스 제공으로 자유롭고 폭넓은 기업 활동을 보장한다.

청라 국제도시 인천 로봇랜드, 청라 호수공원

청라는 국제 금융·유통을 중심으로 개발되고 있는 도시 중의 하나이다. 산업과 주거 그리고 업무를 포함해서 이 모든 것이 공존하는 신개념 비즈니스 타운이라고 할 수 있다. 그중에서도 세계 로봇 산업을 선점하기 위해 산업통상자원부와 인천광역시가 공동으로 추진하고 있는 인천 로봇랜드를 먼저 소개하겠다.

인천 로봇랜드

인천 로봇랜드는 국내의 "지능형 로봇 개발 및 보급 촉진법"에 근거하여 인천시가 로봇랜드 조성지역으로 지정됨에 따라 인천 청라 경제자유구역 내 약 767,000㎡의 면적으로 조성되는 국내 최대의 로봇 산업 클러스터이다. 4차 산업혁명 시대 핵심 산업인 로봇산업의 혁신성장 지원을 위해 산업통상자원부와 인천광역시가 공

인천 로봇랜드의 로봇타워 전경

동으로 추진하는 대규모 국책 사업으로서 로봇 관련 기업, 연구시설 등이 입주하는 산업시설과 전시, 체험, 교육을 아우르는 로봇 테마파크, 단지 내 산업기능을 지원하는 업무시설과 로봇 산업에 특화된 상업시설로 구성된다.

로봇타워에서 내려다본 청라의 모습

2009년부터 개발이 시작된 인천 로봇랜드는 2024년에 완공될 예정이며, 현재는 로봇 체험관만 구경과 체험을 할 수 있다. 로봇 체험관은 로봇 타워 1층에 개관하였으며 댄스, 코딩, 자율주행, 드론, 교육을 비

로봇체험관 입구

롯해 다양한 로봇 체험을 할 수 있다. 인천 로봇랜드는 산업용 로봇, 서비스 로봇, 지능형 로봇을 아우르는 통합 로봇 산업 클러스터 구축을 목표로 하고 있으며, 완공되면 청라를 로봇 클러스터로써 국내를 대표하는 지역이 될 것이라는 기대가 된다.

청라 호수공원

청라 호수공원은 전체면적 106만2천m²(약 32만 평)의 넓은 크기를 자랑하고 있는 청라의 대표적인 명소이다. 레저, 전통, 예술, 생태 문화공간을 만끽할 수 있으며, 순환산책로, 대형 음악분수, 물속광장, 바닥분수, 음악시설 등 다양한 시설이 갖추어져 도심 속 휴양지로서 자리 잡고 있다. 공원 내에는 4.3km의 산책로가 자전거와 보행자 길로 완전히 분리되어 있다. 호수를 따라 한 바퀴 도는 데 1시간 이상이 소요될 만큼 넓은 곳이지만, 공원 곳곳에 운동하거나 아이들이 놀 수 있는 각종 형식의 놀이터가 조성되어 있어 지루할 틈이 없다. 특히, 피노키오 얼굴 모양의 미끄럼틀이 인상적인 '환상의 숲 놀이터'는 아이들을 키우는 부모님들에게는 가히 최고의 놀이 여건이라고 할 수 있다.

청라 호수공원 내 환상의 놀이터 모습

더불어, 공원 안의 호수에서는 오리 배와 개인 수상 레저가 가능하며 다양한 보트들을 체험할 수 있어서 레저를 즐기려는 많은 관광객들이 몰려 평균 한 해에 5만여 명의 사람들이 공원을 찾는다.

청라 호수공원은 무엇보다 음악분수로 유명세를 떨치고 있다. 드넓은 호수 위에 화려한 조명과 감미로운 음악이 흐르면, 물줄기가 70m까지 치솟으며 흔들흔들 춤을 추기 시작한다. 다양한 음악과 시원한 물줄기가 엮어내는 경치는, 호수공원에 드리운 청라국제도시의 야경까지 더해져 달콤하고 감미롭게 변한다. 또한, 음악분수대 광장은 멜로디에 따라 모습을 달리하는 수경 분수가 있어서 신비로움을 자아내는데 한몫을 한다.

이와 함께 호수공원 중심부에 2024년과 2025년 사이에 완공할 453m 높이의 시티타워와 함께 청라국제도시의 관광, 레저, 쇼핑이 한 자리에서 이루어지면 복합문화공간과 레저문화의 명소로 자리매김할 것으로 기대하고 있다.

영종 국제도시 인천국제공항, 을왕리 해수욕장, 인천대교 기념관

영종은 세계적 공항시설인 인천국제공항을 갖춘 물류와 아름다운 해양 환경을 중심으로 한 관광·레저 복합도시라고 할 수 있다. 세 가지 키워드로 설명하자면 첫 번째로 '복합관광'이다. 가족과 즐길 수 있는 한국형 복합리조트 및 해양 레저 등을 바탕으로 복합 관광단지 개발을 추진 중이다. 두 번째로 '항공 물류'이다. 인천공항을 국제화물의 허브공항이 되도록 집중지원을 하고 있으며, 마지막으로 가장 주요 키워드인 '항공 산업'이다. 항공 관련 교육기관 및 제조, 연구시설이 집적된 항공 산업 클러스터를 구축함으로써 세계로 뻗어 나갈 인천의 밑바탕을 마련하고 있다.

인천국제공항

인천국제공항은 국제교류의 중심지이다. 지리적 이점을 활용한 세계적인 복합위락단지, 항공 정비, 물류 산업단지 개발을 통해 물류, 문화, 관광, 상업 등 높은 부가가치를 창출하는 거대한 산업으로 변화시켜 동북아시아 대표적인 관광, 비즈니스 허브로서의 개발을 목표로 하고 있다.

공항 내 여객 터미널은 제1여객 터미널과 제2여객터미널로 모두 2곳이다. 특히나 제2여객터미널은 쾌적한 대기 공간, 프리미엄 서비스, 스마트&편의라는 가장 두드러진 특징을 가지고 있다. 건물 내부는 대규모 실외정원, 신재생에너지, 최첨단 ICT 기술 등을 다양하게 적

왼쪽부터 인천국제공항 제2터미널 입구

용한 최첨단 친환경 터미널이다. 연간 수용 능력 5,200만 명 규모의 초대형 터미널로 확장하며 하늘의 풍경을 표현하기 위해 다양한 건축 요소를 접목하여 차별화된 설계 방향을 가지고 있다.

을왕리 해수욕장

인천국제공항에서 30분 거리인 을왕리 해수욕장은 초승달처럼 반원으로 생긴 백사장으로 유명하다. 물 평균 깊이가 1.5m 정도의 완만한 경사와 백사장으로 어린아이와도 함께 가족 단위로 즐길 수 있는 천연적인 좋은 조건을 가지고 있다. 소나무 숲이 우거진 가운데 양옆으

을왕리해수욕장

로 다양한 기암괴석이 있고, 바닷물에는 여러 물새가 서식하고 있어 좋은 환경을 지닌다.

특히 인천국제공항에서 매우 가깝다는 이점을 살려 한국 관광 100

선에 실릴 정도로 해변 관광지로의 명성이 있어서 지금까지도 자국민 뿐만 아니라 많은 해외 관광객들도 방문하는 곳이다.

인천대교 기념관

세계 10대 건설프로젝트에 포함 된 인천대교를 기념하기 위하여 2010년 3월 5일 개관한 기념관은 인 천대교 프로젝트의 시작부터 완공 까지의 건설과정, 국내 교량 건설의 기술력, 아시아의 허브공항인 인천 국제공항을 연결하는 관문으로서 파 급 효과 등을 볼 수 있다.

인천대교 기념관

1층부터 3층까지 인천대교에 대한 모든 것을 관람하고 체험할 수 있으며, 4층에는 전망대가 있어 망원경을 통해 아름다운 서해안과 함 께 송도국제도시의 스카이라인과 이어지는 인천대교의 경관을 직접 조망할 수 있다.

송도 국제도시 송도 컨벤시아, 송도 센트럴파크

송도는 첨단지식서비스 산업의 글로벌 거점을 표상하고 있는 대표 적인 국제도시이다. 송도를 나타내는 대표적인 네 가지 키워드로는 첫 번째 "바이오산업"이다. 국제병원, 바이오산업, 연구시설이 집적된 바이오 단지를 조성함으로써 의약 분야에서의 도약을 해나가고 있다. 두 번째 "교육·연구"이다. 세계 명문 교육기관 및 연구소 등이 집적

되어 융합 기술형 산업혁신 클러스터의 기반을 마련하여 인재 양성에 힘쓰고 있다. 세 번째 "문화·관광"이다. 아트센터, 락 및 대중음악 공연장과 수변 레저시설 조성 등을 통한 고품격 문화 관광단지로 조성하였다. 마지막으로 "MICE 산업"이다. 송도 컨벤시아 구축, MICE 복합지구 조성 및 국제기구와 연계한 특화된 글로벌 컨벤션을 육성함으로써 세계로 나아가는 준비를 하고 있다.

송도 컨벤시아

송도 컨벤시아 외부의 모습　　송도 컨벤시아 내부의 모습

송도 컨벤시아는 인천광역시 연수구 송도동에 위치한 지상 3층, 지하 1층의 대규모 전시장이다. 2005년 3월 7일에 착공한 후 2008년 10월 7일에 개장하여 인천관광공사가 운영한다. 독특한 외관과 내부의 품격 높은 인테리어 디자인으로 각종 공연과 패션쇼의 촬영 배경으로 자주 사용된다.

서울과 경기도가 연계하여 관광 최첨단 공학과 건축 미학의 결합을 통해 국제 친환경 LEED인증*을 받은 건축물로써, 첨단 유비쿼터스를 바탕으로 수려한 디자인의 건축 미학 최상의 국제 업무 단지를 조성했다는 평을 받는다. 더불어, 국내 최초 국제회의 복합지구의 중심이라고도 불린다.*

송도 센트럴파크

송도 센트럴파크의 모습   송도 센트럴파크 내 인공호수의 모습

송도 센트럴파크는 국내 최초로 바닷물을 이용한 해수 공원이자 한국의 지형적 특성을 살린 도시공원으로 인공수로에는 수상 택시, 카누 등 수상 레저 시설이 갖춰져 있고 공원 곳곳에서 다양한 문화와 예술을 만끽할 수 있는 송도의 랜드 마크이자 휴식공간이다.

....

* LEED는 미국의 녹색건축위원회(USGBC)에서 개발한 국제적으로 인정받는 녹색건물 인증제도로 Leadership in Energy and Environmental Design의 약자이다.
* 송도 컨벤시아 행사 및 일정 안내
https://songdoconvensia.visitincheon.or.kr/sch/main.do

주요시설: 보트하우스(수상택시), 산책정원, 초지원, 정형식정원, 테
라스정원

- 초지원 : 초지원은 오줌싸개 동상, 관찰 데크, 습지 원, 반딧불이
  집 등 다양한 조형물과 공공미술작품을 감상할 수 있는 복합 예술
  공간이다.
- 산책 정원 : 산책 정원은 한가로이 풀을 뜯는 꽃사슴을 만날 수 있
  는 전통 테마 공간이다. 산책정원 동쪽 높은 곳에 있는 송화정은
  달빛과 함께 한 폭의 그림 같은 야경을 선사해 준다.
- 테라스 정원 : UN 광장, 이스트 보트 하우스, 민속놀이마당 등이
  위치한 테라스 정원은 연중 다양한 행사가 열리는 문화 예술 공간
  이다.*

'2040 인천도시기본계획'으로 보는 앞으로의 인천은?

인천 인구가 2040년에는 현재보다 35만 명 늘어난 330만 명으로
예상된다. 인천의 모습은 어떻게 달라질까. 인천시는 향후 1인 가구
증가 등의 인구 변화와 함께 주택, 교통 등의 도시 기반시설의 비약적
인 변화 등으로 도시 미래 예측을 반영하여 〈2040 인천 도시 기본계획
(안)〉을 발표했다.

인천시는 〈2040 인천 도시 기본계획(안)〉에서 '다 같이 누리는 시민
행복 도시, 글로벌 플랫폼 기반의 국제도시, 건강하고 지속 가능한
환경 도시' 등의 3대 목표를 설정했다. 또한, 그동안 바다를 매립한

....

* 더욱 자세한 송도 센트럴파크에 대해 알고 싶다면
  https://itour.incheon.go.kr/NTK_10000/Read.jsp?No=31

송도와 청라 등의 경제 자유 구역 개발 위주의 외형적 성장에서 시민 삶의 질 개선 등의 내적 성장을 지향하기로 했다.

세부 사항

인천시는 수도권 광역급행철도(GTX)-B 노선이 경유하는 연수구 송도, 남동구 구월, 부평구 부평 등의 3도심과 영종에서 강화에 이르는 평화벨트, 영종에서 청라에 이르는 국제기반, 검단에서 고양까지의 미래성장, 부평에서 계양까지의 도시재생 등 4개 지역을 축으로 발전할 것으로 예상했다.

8개 생활권 중에서 영종 생활권은 영종~청라의 제3연륙교와 경인선 인천역~영종도~인천공항을 잇는 제2공항철도 개통으로 인구가 9만 명에서 16만 명으로 늘고, 항공 산업 클러스터와 리조트형 거점공간으로 개발될 것으로 전망했다.[*]

4 영상 촬영 속 숨겨진 에피소드

"인천항 촬영의 비하인드"

인천항을 촬영하는 날에는 조금 덥고 날씨가 좋았다. 처음에 항구 안을 찍기 위해서는 그냥 들어가서 촬영만 하면 될 줄 알았다. 그렇지만 항구 안에는 배의 탑승권을 끊은 사람들만 들어갈 수 있다는 예상

----

[*] (인천광역시 누리집) 2040년 인천도시기본계획(안) 공청회 자료집
https://www.incheon.go.kr/IC010101/view?nttNo=2040571

치 못한 난관에 부딪혔다. 결국 우리 조원들은 항구 안까지 들어갈 방법을 찾지 못하였다. 그런데 항구의 매표소만 촬영을 하고 돌아가는 길에 항구 건너편의 옆에 나 있는 쪽문을 본 것이 아닌가! 우린 그것이 기회라고 생각을 하였다. 다행히 항구 건너편에서 근접 촬영을 할 수 있었고, 조금이나마 인천항의 생동감 넘치는 바다를 촬영할 수 있어서 행운이었다.

"처음 중국어로 대화한 주제"

인천항 촬영을 마치고 다음 촬영지로 가는 길에 인천항의 마스코트인 귀여운 아기 물고기 '니모' 캐릭터를 보았다. 영화 '니모를 찾아서'의 주인공 니모를 보고 우리 조원의 한국인 남학생이 니모의 중국어 이름에 대해서 매우 궁금해 하며 중국 유학생인 필자(짜오명치)에게 물어보았다. 필자는 한국어에서 영어의 발음을 빌려 부르는 "니모"가 중국어에서도 발음의 유사성을 바탕으로 "尼莫(Ní mò)"라고 불린다는 것을 알려주었다. 설명을 듣고 고마워하는 한국인 남학생을 보니 모르는 부분을 쉽게 설명해준 것 같아서 뿌듯한 마음이 들었다. 이것은 우리 조원들이 처음으로 중국어에 관한 이야기를 나눈 경험이었다.

"능허대 전설 상황극의 비밀"

능허대가 인천항의 시초라는 점을 설명하는 영상 앞부분에는 '능허대의 전설'에 대해 이야기 형식으로 촬영해야하는 부분이 있었다. 우리 조원들은 이 부분을 생동감 있게 살리기 위해 각자 역할을 나눠 목소리 연기를 하기로 하였다. 녹음 장소는 바닷바람이 자연스럽게

깔리는 인천항의 매표소 벤치 앞이었다. 처음에는 바람이 매우 세고 잡음이 있어서 여러 번 녹음했지만 결국에는 생생한 바다의 소리로써 능허대 전설의 멋을 더욱 높일 수 있어 좋은 선택이었다고 조원들 모두가 기뻐하였다.

"좌충우돌 국제공항 촬영기"

인천의 국제도시를 소개하는 영상에서 영종 국제도시를 대표하는 장소 중 인천 국제공항을 촬영하러 갔을 때의 일이었다. 공항도 다른 장소들과 마찬가지로 공항 내 승객들과 직원들에게 피해만 주지 않고 조용히 촬영만 하면 되는 줄 알았다. 그렇지만 공항 촬영을 시작한 지 30분 정도가 됐을 무렵, 갑자기 저 멀리 있던 공항 안전요원이 우리에게 다가왔다. 허가 없이 촬영은 불법이라는 것이다. 당시는 주말이어서 촬영 허가를 즉시 받기가 불가능하였고, 결국 우리는 이미 촬영한 부분의 사용만 허락받고 풍부한 더 이상의 촬영을 중지할 수밖에 없었다. 이번 기회를 바탕으로 공항은 국내인 뿐만 아니라 해외에서도 들어오는 사람들도 많기에 더욱 엄격히 관리한다는 사실을 알게 되었고, 일반 촬영 또한 허가가 필요하다는 점을 숙지하게 되는 계기가 되었다.

"다난흥방多難興邦*의 순간"

인천 국제공항 촬영이 안전요원의 제지로 일찍 끝나버리자 우리

---

* 多難興邦 : 어려움이 많을수록 서로 단결하고 분발해 부흥시킨다.(=위기를 기회로)

조원들은 예상치 못한 촬영 분량 부족에 당황하였다. 결국 '촬영 장소 추가'라는 결정을 그 자리에서 내렸다. 하지만 미리 생각해놓은 추가적인 장소가 없었기에 우리는 재빠르게 인터넷 검색을 하기 시작하였다. 찾기 시작한 지 얼마나 지났을까. 우리는 근처 30분 정도밖에 안 되는 거리에 "을왕리 해수욕장"이라는 명소를 찾아냈다. 사실 어딜 가든 똑같은 바다라고 생각을 하여서 별 기대는 하지 않았다. 그렇지만 막상 가서 두 눈으로 본 을왕리 해수욕장은 조개가 잘게 부서져 만들어진 흰색 사장沙場, 초승달 모양으로 굽어든 해변의 모습, 수많은 관광객과 여러 기암괴석이 합쳐 자아낸 풍경으로 대단했다. '이런 상황을 두고 "多難興邦(다난흥방)"이라고 하지 않을까'하는 생각이 들었다. 정말이지 위기를 기회로 바꾼 위대한 순간이었다.

"오! 위대한 도전, 청라"

영상 촬영 중 가장 기억에 남았던 점을 뽑으라 하면 인천 경제자유구역에 대해 다룬 영상 중 '청라'에서의 촬영을 뽑을 것 같다. 다른 장소들도 방대하고 험난한 길들이 많았지만, 청라보다 덜하면 덜했지 더하진 않았던 것 같다. 첫 장소인 '청라호수공원'에서 조원들과의 만남부터 순탄하지 않았다. 호수공원이 워낙 넓었기 때문에 각자의 위치가 어디인지도 모를 정도로 헤맸고 서로도 모르는 길을 사진 찍으면서 SNS로 위치를 공유했다. 날씨는 그날따라 여름보다도 더 여름처럼 더웠고 만나기도 전에 다들 정신적으로도 육체적으로도 지쳤었다. 특히, 백신을 하루 전날에 맞은 필자(심화영)는 다음날 아플 것 같은 불길한 예감이 가득했다. 겨우 만남이 성사되었지만, 호수공원 전체를 알지 못하는 우리에게 호수공원 내 장소를 하나하나 찾기에도 쉽지 않았다. 카메라를 포함한 모든 짐들이 그날따라 유독 더 무거운 느낌이었다. 그러나 이 모든 일은 다음 장소인 청라 '로봇랜드'로 가는 길에 비하면 새 발의 피에 불과했다. 버스를 기다리던 우리의 눈앞에서 타야 할 버스를 놓치는 것을 시작으로 다음 장소도 순탄치 않겠다는 직감이 강하게 들었다. 버스로 어찌저찌 내렸지만, 우리를 맞이한 건 '공사 중'이라는 표지판이 세워진 포장되지 않은 길이었다. 도로를 걷는 건지 인도를 걷는 건지 분간이 안 될 정도로 흙과 진흙으로 덮인 땅과 바로 옆에는 손 뻗으면 닿을 거리에 차들이 무섭게 달리고 있었다. 역시나 해는 질 생각을 하지 않았다. 다음 다리를 건너면서 '지홍' 학우님이 이야기해준 것이 생각난다. 마치 다리 밑 강들이 마치 북한과 남한을 이을 만큼 큰 임진강 같다는 것이었다. 그 말에 잠시나마 웃으면서 임진강만큼 큰 다리를 건너갔다. 정말 진흙 속 진주 같은 로봇랜드에 도착했지만, 로봇 체험관은 선착순 예약이었고 우리가 입장하려면 2시간 정도는 대기해야 했다. 주변에 카페, 음식점, 가게 하나 보이지 않았다. 정말 잊지 못할 추억이자 기억이 될 것 같다. 그리고 주의사항도 함께 얻었다. 혹시 로봇랜드를 가실 계획이라면 '반드시' 자가용을 이용하시길 바란다.

5 우리들의 참여 전후前後 이야기

민지홍

무엇보다도 찬란했던 단합

학과 특성화 사업에 참여하기 전에는 이 사업을 그저 단순히 인천의 미래 가치에 대해서 알아보고 영상을 제작함으로써 중국 사람들에게 홍보하는 목적으로만 생각했다. 하지만 시간이 지나면 지날수록 그것이 전부가 아님을 깨달았다. 처음에는 4명의 조원으로 시작한 모둠 활동이 한 명의 조원이 개인적인 사정을 이유로 빠지면서 3명이라는 적은 수로 활동을 할 수밖에 없었다. 4명에서도 벅찰 것 같은데 3명에서는 시작이라도 제대로 할 수 있을지 걱정이 있었다. 그런데 웬걸, 각자가 잘 할 수 있는 분야로 역할을 나누고 부족한 부분에 대해서는 끊임없이 서로 의견을 나누는 과정을 반복하니 오히려 4명 그 이상의 결과물을 내놓을 수 있었다.

사실 결과물 자체도 매우 마음에 들었지만, 그 결과물을 내놓기까지의 과정에 있어서 '단합' 자체가 너무나도 소중하게 느껴졌다. 코로나19의 상황에서 사람과 사람 간의 소통의 부재에 오는 답답함이 활동을 하면서 있을까봐 지레짐작으로 걱정했다. 그러나 직접 대면으로 회의를 하는 것이 어렵다면 문자로, 문자로 하는 것이 답답할 때는 화상회의를 하면서 일반적인 상황에서의 소통보다 더욱 많이 소통하려고 노력했다. 이런 과정에서 "단합"이라는 건 자연스럽게 길러질 수밖에 없었다.

단합의 과정에서 서로 부족한 부분이 있다면 꾸짖고 화내는 것이 아닌 이해와 배려의 마음으로써의 조원들의 모습도 무척 인상 깊었다. 이전에는 내가 잘못한 것이 있다면 조원들에게 얼마나 피해가 갈지 고민을 자주 하였는데, 분위기 자체가 '괜찮다.', '다시 생각하면 된다.'라는 응원의 분위기여서 실패의 두려움을 극복하는데 긍정적인 영향을 받았다. 앞으로의 사회생활에 있어서 이번 기회를 통해 배운 '단합'과 '배려와 이해'는 큰 도움이 될 것이다.

순탄하지 않은 과정이었기에 더욱 빛을 발한 결과

우리 조원들은 누구 하나 못지않게 1인분 이상의 역할을 해냈다고 말할 수 있다. 초반에 한 명의 조원이 함께하지 못하는 상황이 있었지만 그런 상황에서도 모두 침착하게 역할을 분담했고 필자는 이런 조원들을 만날 수 있어서 감사했다. 시작하기 전에는 촬영과 편집을 담당한다는 점에서 막중한 책임감과 같은 부담이 컸었다. 물론, 이런 경험은 필자를 포함한 모두가 처음이었기에 모두가 서툴렀고 주제를 잡기부터 쉽지 않았다. 그러나 쉽지 않은 과정이었기에 더욱더 값진 경험이었던 것 같다. 서로의 의견을 절충하는 방식을 찾아 나가는 것부터 '존중'의 자세를 가져야 했고 가끔은 줏대 있는 의견을 피력해야 하는 '강직함'이 있어야 했고 한발 앞서서 앞을 내다보는 '혜안'이 있어야 했다.

필자는 평소에 마치 햄릿과 같은 우유부단한 면이 있다. 물건을 하나 고를 때도 십 분은 족히 걸릴 정도로 선택지가 많으면 많을수록 고르지 못하는 성격이다. 필자의 평소 성격이 조 활동에서는 '독'이 된다는 사실을 깨달았고 조금씩 유연성 있게 바꾸어나가려고 노력했다. 조원들이 바라본 필자의 모습이 어땠을지 모르지만, 조에서 결정할 사항, 대처해야 할 사항들을 최대한 빠르게 처리하고자 했다. 그 과정에서 조 활동에서 가져야 할 자세에 대해 생각해보는 계기가 되었고 '함께' 이루어나가는 것에 대해 뿌듯함을 느끼게 된 것 같다.

신입생이 되자마자 시작된 비대면 수업으로 보지 못했던 또래 친구를 만나도 보고 중국인 친구도 얻은 의미 있는 활동이었다. 특히, 한국에서 한국인들을 대상으로 한 콘텐츠들은 얼마든지 만들 수 있지만,

중국인들을 대상으로 한 콘텐츠는 쉽사리 다루기가 어렵다. 걱정도 잠시, 중국인 친구를 포함한 조원들을 통해 중국 콘텐츠에 대한 지식도 얻고 다양한 시각으로 생각해보는 기회가 되었던 것 같다. 앞서 이야기한 참여하게 된 계기 중 하나인 '인천에 대해 알아보고자 했다는 점'도 인천에 '이런 장소', '이런 미래 가치'가 있다는 사실에 대해 목표한 것 이상으로 많은 정보를 얻은 것 같다. 많이 서툰 작품이지만 우리들의 진심과 정성을 알아주어 많은 중국인 시청자들이 좋아해주었으면 좋겠다는 작은 소망을 해본다. 그리고 필자를 포함한 우리 조원들 모두에게 수고했다고 말하고 싶다.

짜오멍치

시작은 미약하였으나 그 끝은 무엇보다 창대했다

우선, 이 프로젝트에 참여하기 전에는 사실 막막하고 갈팡질팡했다. 이런 유형의 프로젝트에 처음 참여하면서 팀 내에서 어떤 역할을 할 수 있을지 몰랐기 때문이다. 프로젝트의 총체적 방향이 '인천 미래 가치'라는 사실을 알고 나니 고민이 더 깊어졌다. '미래 가치'라는 단어가 생태, 과학 기술, 경제 등 많은 방면을 포함하고 있는데 매우 광대한 개념이라고 생각했다. '어떻게 하면 미래 가치라는 주제를 동영상으로 구현해 분명하게 표현하여 시청자들에게 전달할 수 있을까'라는 의문이 들었다. 게다가 시청자 대상이 중국 bilibili(중국의 영상 플랫폼 서비스)이용자이고 대부분 젊은 층이라서 영상은 우선 재미가 있어야 한다고 생각했다. 또한, 어떤 콘텐츠가 미래 가치와 융합돼 시청자들에게 부담을 주지 않고 쉽게 이해를 도울 수 있을지 몰랐다. 그래서 참여하기 전부터 프로젝트에 대해 많은 걱정을 했다.

그렇지만 프로젝트가 거의 마무리 되고 결과 보고서가 작성되기 전까지 마음이 너무 편했다. 왜냐하면 모든 과정이 이렇게 잘 진행될 줄 몰랐고, 팀원 간 소통에도 문제가 거의 없었기 때문이다. 그 과정에서 많은 것들을 얻었다.

첫 번째는 협동심이다. 중국인인 필자로서는 한국에서 한국인 조원들과 함께 한 일이라서 서로의 이해가 더욱 필요했고, 결과적으로 서로 부족한 부분을 채워 넣어주면서 돕는 경험을 많이 하였다. 우리 조의 다른 조원들도 필자와 같이 좋은 느낌을 받았으면 좋겠다는 생각이 든다.

두 번째는 소통 능력이다. 개인적으로 영상의 내용을 구성하는 시작부터 영상 촬영을 하고 편집 후 결과 보고서를 작성하는 마무리 과정까지 서로 대화를 하면서 좋은 영상을 만들기 위해 노력을 했기에 소통이 원활했다고 생각한다.

세 번째는 창작능력이다. 영상을 제작하는 과정에서 처음으로 대본을 스스로 한국어로 써보았고, 글쓰기 능력을 새로이 향상시킬 수 있었다.

마지막은 인천이라는 도시에 대한 이해이다. 처음에는 인천에 대해 자세히 알지 못했다. 그러나 이 프로젝트를 위해 인터넷으로 자료를 하나씩 찾아보다 보니 인천의 역사문화와 발전상등을 자세히 알 수 있었다. 또한 현지 방문을 통해 인천의 역사성과 현대성을 직접 두 눈으로 볼 수 있었다.

이 프로젝트에 참여해 최종적인 완성작까지 만들 수 있어 기쁘고 만족스럽다. 우리가 만든 영상을 본 시청자들이 인천에 대해 새로운 인식을 갖고 이 도시를 좋아하게 되었으면 좋겠다.

참고자료

• 인천광역시 누리집, 인천설화 – 능허대와 한나루의 기생바위
  https://www.incheon.go.kr/IC040310/1515702
• 개미실 사랑방 블로그, 명소여행 – 능허대, 한나루터
  https://m.blog.naver.com/roaltlf/221370574863
• 인천항만공사, IPA 소개 – 인천항 개요
  https://www.icpa.or.kr/content/view.do?menuKey=114&contentKey=44
• ifez 인천경제자유구역, Why IFEZ – 개념) https://www.ifez.go.kr/ivt003
• ROBOT RAND, 로봇과 로봇랜드 https://www.robotland.or.kr/robot-robotland/
• ifez문화관광, IFEZ 나들이 – 청라중앙호수공원
  https://www.ifez.go.kr/tour/ctc001
• 인천대교, 인천대교기념관 https://www.incheonbridge.com/company/memorial
• ifez 인천경제자유구역, 송도국제도시 – 개발개요 https://www.ifez.go.kr/ivt074
• 인천투어, 송도 센트럴파크 https://itour.incheon.go.kr/NTK_10000/Read.jsp?No=31
• 인천광역시 누리집, 2040년 인천도시기본계획(안) 공청회 자료집
  https://www.incheon.go.kr/IC010101/view?nttNo=2040571

인천을 소개합니다!

고은비1 박성혁1 한희정1 까오루高露1

1 학과 특성화 사업에 참여한 이유

고은비

어딜 가든 빠지기 싫어하고 재밌는 일이 있으면 꼭 껴야지 직성이 풀리는 성격, 고등학교 시절부터 대외활동, 교내활동, 학생회 등 하나도 빠짐없이 활동한 필자를 두고 하는 이야기라고 생각한다. 다양한 사람들과 어울리거나 내 취미를 함께 공유하는 동아리 생활을 하는 등 즐거운 캠퍼스 라이프를 꿈꾸며 대학에 진학했지만 현실은 비대면 수업이라는 큰 벽이 가로막고 있었다. 대학교에서 친구를 사귀거나 동아리 활동을 하는 건 이젠 드라마, 웹툰에서나 보는 일이 되었다. 이런 상황에서 같은 학과 학우들과 한 팀이 되어 영상을 만드는 프로젝트는 구미가 당기는 이야기가 아닐 수 없었다. 게다가 인천의 미래가치? 초중고 시절을 전부 인천에서 보내며 자라왔지만 단 한 번도 생각해 본 적 없는 주제였다. 인천 토박이로 인천에서 자라오며 인천에 대한 애정이 깊었지만 홍보 영상을 만드는 프로젝트는 없었기 때문에 이번 프로젝트에 참여하였다. 평소 사진이나 영상에 애정이 많아 사진 동아리 활동을 하기도 했고 친구들과 다녀온 여행 동영상들을 브이로그로 제작했던 경험들도 있었기 때문에 편집/촬영이라는 포지션으로 프로젝트에 참가하게 되었다. 하지만 이런 가벼운 마음으로 덥석 프로젝트에 참여한 건 아니었다. 본 프로젝트는 약 1년간 진행되는 대형 프로젝트였고 그만큼 부담이 컸다. 1년간 프로젝트 활동을 하며 본 활동이 시험이나 과제, 학생회 활동과 겹치게 되는 상황은 불가피하다고 생각했다. (실제로 기말고사 시험기간과 겹치며 편집에 어려움이 있었다.) 4명에서 한 팀을 이루어 진행하는 프로젝트인 만큼

3명의 조원들에 대한 걱정도 컸다. 하지만 아직 벌어지지도 않은 미래의 일을 벌써부터 걱정하는 건 쓸 데 없는 걱정이라고 생각했고 본 프로그램에 참여하게 되었다.

까오루

그동안 중국에 있을 때는 한국어를 체계적으로 배우거나 일상적으로 한국인을 접할 기회가 적었고 한국어로 대화할 기회가 적었다. 한국 문화에 관심이 많았기 때문에 한국에 오면 꼭 한국 사람들과 많이 대화하며 한국 문화를 제대로 느껴야겠다고 다짐했다. 하지만 코로나 바이러스 때문에 한국 문화를 체험하거나 한국 학생들과 제대로 대화를 나눌 기회가 적어 아쉬웠다. 한국으로 교환학생을 왔는데 아는 한국 친구가 없다는 건 말이 안 된다고 생각했다. 그래서 중국인 유학생 단체 대화방 위챗(중국의 SNS)에서 이 프로젝트의 모집 공지를 보게 되었고 설레는 마음으로 친구들과 함께 본 프로젝트에 지원하게 되었다. 팀원들은 모두 중어중국학과이기 때문에 중국 문화와 중국어에 관심이 많았다. 공통 관심사로 인해 더욱 수월하게 이야기를 이끌어 갈 수 있을 거라 생각했고 서로에게 더 친근하게 느껴질 거라고 생각했다. 또 서로의 전공을 잘 알고 있기 때문에 더 큰 도움이 될 수 있을 거라고 예상했다. 이 프로젝트는 새로운 한국 친구를 만날 기회일 뿐만 아니라 서로의 조국을 소개할 수 있는 기회였다. 특히 팀원들을 알게 되는 것은 한국 교류 생활이 더욱 풍부해질 것이라고 생각했다. 대화를 나누는 것만으로도 각자의 전공 공부에 큰 도움이 되었고 다양한 문화를 이해할 수 있었다. 또한 한국 문화를 종합적인 관점에서 이해하며 한국어 회화 능력을 향상시켜 한국어 운용능력을 향상시킬 수 있었다. 몸과 마음을 단련하고 인간관계도 넓힐 수 있었기 때문에 이 프로젝트는 스스로에게 큰 도움이 되었다.

박성혁

특성화 사업을 하면서 시간이 많이 뺏길 수도 있고 '내가 과연 영상을 잘 만들어 낼 수 있을까?'라는 생각에 고민이 많았다. 올해 코로나로 인해 학교에서 활동을 많이 주최하지 않았는데 학과에서 주최하는 행사인 만큼 참여해보고 싶은 마음이 컸고 이번 학기 동안 놀지만 말고 의미 있는 일을 해보고자 지원하게 되었다.

인천에 살고 있으면서 '인천이라는 도시가 발전할 수 있는 잠재적인 가치가 어떤 것이 있을까?'에 대해 한 번도 생각해본 적이 없었다. 그래서 이번 특성화사업의 "인천이라는 도시가 발전하기 위해 우리가 어떤 가치에 주목해봐야 하는가"라는 주제에 흥미가 생겨 참여하게 되었다. 또한 인천이라는 도시에 대해 더 알아볼 수 있는 기회라고 생각했다. 팀원들과 같이 주제에 대해 조사하는 것에 멈추지 않고 직접 영상을 촬영/편집하고 중국어로 번역 하여 다른 사람들에게 소개한다는 것이 매우 흥미로웠다. 내가 팀원들과 함께 만든 영상이 다른 사람들에게 정보와 도움을 준다면 좋을 것 같다고 생각 했고 그 과정에서 나도 많은 것을 배울 수 있겠다고 느껴 특성화사업에 참여하게 되었다.

이번 특성화 사업을 통해 동기들과 중국인 유학생과 같이 활동할 수 있다는 점이 좋았다. 코로나 때문에 학교를 가지 못해 동기들을 만날 기회가 없었기 때문에 이 특성화 사업을 함께 활동 하면서 동기들을 알아갈 수 있다는 점은 나에게 큰 메리트로 다가왔다. 본 프로젝트 활동 이전까지는 외국인 친구가 없었고 중국인 친구를 만나며 중국어로 대화도 해보고 싶었기 때문에 본 프로젝트에 참여하게 되었다.

한희정

이 사업에 참여하게 된 첫 번째 이유는 예전부터 우리가 실제로 장소를 방문하여 영상을 찍고 다녀와서 느낀 점이나 생각들을 적는 유튜브의 브이로그 형식의 영상을 만들어 보고 싶다는 생각을 항상 해왔기 때문이다. 그리고 나는 우리가 만들게 될 두 개의 영상을 거창한 영상으로 만들어야겠다는 생각보단 다른 유튜브 브이로그 영상처럼 사람들이 편하고 가볍게 그리고 재미있게 볼 수 있는 영상을 만들어 보고 싶었다. 다시 말해 처음 영상을 제작하는 것이기에 나의 수준에 맞는 영상을 만들되, 나의 수준이 한하는 선에서 열심히 만들어 보고 싶었다. 그리고 오랫동안 동영상을 제작 하고 싶다는 생각만 하며 살아온 나에게는 이 사업이 내가 진심으로 동영상을 제작하는 것을 좋아하는 것인지 아니면 단순히 궁금해만 했던 것 인지 알 수 있게 해주는 기회라 생각을 하였다. 그리고 현재 대중들을 보면 글보다는 보기 편한 동영상을 통해 정보를 얻는 경우가 정말 많다. 이를 생각해 보면 동영상 제작 특히 정보를 제공하는 동영상 제작을 내가 할 수 있게 된다면 앞으로 나에게 큰 도움이 될 수 있을 거라고 생각했다. 동영상 제작을 통해 보다 많은 사람들에게 정보를 효율적으로 표현할 수 있게 된다는 것이 나에게는 외국어를 터득하여 좀 더 다양하고 많은 사람들에게 정보를 전달하는 거와 같은 맥락으로 느껴졌다.

두 번째 이유는 코로나로 인한 대학교의 비대면 수업으로 과 동기들과 만나지 못한 게 아쉬웠고 그래서 나는 이번 특성화 사업 참여를 통해 동기들을 만나보고 싶었다. 물론 4명이 한 조가 되어 많은 동기들을 만나지 못 한 것은 사실이나 4명도 나에겐 동기들을 알아가기에 적지 않은 숫자였으며 그들과 같이 영상 제작에 대해 토론을 해 볼 수 있다는 점이 나는 좋은 경험이라고 생각했다. 그리고 같은 중어중국학과 학생으로서 중국인의 관점에서 이목을 끌만한 영상의 주제를 정해야 한다는 점, 중국어로 영상을 제작해야 한다는 점에서 같이 중국어라는 장벽을 헤쳐 나가는 것도 참 의미가 있을 것이라 생각했다. 따라서 내가 앞서 말한 것들을 한마디로 정리해 보자면 동기들과 협력, 중국의 이해, 동영상 제작 이 모든 것들이 나에게 새로운 경험과 또 다른 시각을 던져줄 것이라 생각했다.

2 인천공항 환승여행

주제 선정 이유

우리 조가 처음부터 인천공항 환승여행을 주제로 정하고 신기시장과 월미도를 설명하려 했던 것은 아니었다. 우리 조가 인천공항도 아닌 인천공항의 환승여행을 주제로 잡게 되었는지는 다음과 같다.

먼저 우리는 사람들이 인천의 미래 가치에 관한 정보를 흥미를 가지고 볼 수 있도록 효율적으로 정보를 전달하는 영상을 만드는 것이기 때문에 사람들이 관심을 가지고 있는 것을 중심으로 하여 주제를 잡는 것이 좋을 것이라고 생각했다. 그래서 우리는 코로나로 인해 전 세계적으로 사람들이 여행을 자유롭게 다니지 못하는 점을 생각해 사람들이 궁금해하고 관심을 가질 만한 한국 여행에 대해 초점을 두어 주제를 정하기로 하였다. 그래서 우리는 인천에서 외국인들이 관심을 가지고 여행할 만한 곳을 조사하였다.

그렇게 우리가 인천의 미래와 관광가치에 집중하여 조사를 하던 중 "우리가 다른 동영상에선 송도의 발전하는 기술과 송도 바이오의 성장에 대해 초점을 맞추었으니 반대로 무뎌져 가는 우리의 전통을 다뤄 보는 건 어떨지, 우리의 전통이 인천의 미래가치가 될 수 있지 않을까"라는 생각이 들었다. 그래서 우리는 전통시장에 대해 조사를 했고 조사를 하던 중 들었던 생각이 있었다. 시장을 소개 하는 건 다른 여행 유튜브 영상에도 무수히 많을 텐데 과연 우리가 제작한 영상을 사람들이 흥미를 가지고 볼 수 있는지, 그리고 이 영상을 본 사람들이 실제로 방문하고 싶어 할 지에 대한 실질적인 의문이 들기 시작했다. 그래서 우리 조는 시장만 영상에 담기에는 무언가 부족하며 우리 조만의 특색이 필요하다고 생각했다. 그래서 "우리나라의 전통시장을 우리나라를 사람들만 보고 느끼는 것이 아닌 해외 여러 나라 사람들이 보고 체험해볼 수 있다면 어떨까, 그리고 한국에 여행하러 오는 외국인들에 국한되는 것이 아니라 인천공항을 통해 매년 수많은 외국인들이 환승을 하러 오는데 이런 많은 사람들이 한국의 전통시장을 방문해 잠깐이라도 잊지 못할 기억을 만드는 건 어떨까"라는 생각을 하게 됐다. 즉 인천공항 환승 여행을 주제로 영상에 담으면 좋겠다는 생각을 하게 된 것이다.

인천공항에 대해 조사를 해 본 결과 실제 인천공항은 우리가 생각한 그 이상으로 많은 해외 이용객들이 환승을 하러 들르는 공항이며 세계에서 가장 영향력 있는 공항 중 하나였다. 즉, 인천공항은 환승여행이라는 우리의 주제에 적합한 촬영 소재였다. 그래서 우리는 두 번째 영상의 주제를 인천공항 환승 여행으로 하기로 하였고 인천공항에서 가까운 시장을 조사했다. 조사를 하면서 신기시장을 알게 되었고 신기시장이 엽전을 통해 시장에서 물건을 구매할 수 있다는 것이 외국인들이 이목을 끌 거 같아 신기시장을 영상에 담기로 했다. 그리고 신기시장 하나로는 부족하다는 생각이 들어 신기시장과 거리가 멀지 않은 월미도도 같이 영상에 담아 인천공항 환승 여행의 주제의 영상을 만들기로 했다.

촬영계획

우리 조는 학교에서 카메라 대여 날짜에 맞춰 하루에 한 가지 주제의 영상을 만드는데 초점을 두고 촬영하기로 정했다. 그래서 카메라 대여 첫날은 인천공항의 환승 여행을 촬영하기로 정했다. 그러나 인천공항 환승여행 촬영 계획을 좀 더 자세하게 짜면서 든 생각이 우리가 우리 조의 주제인 인천공항 환승여행에 너무 치중하여 영상 촬영을 계획하다 보니 인천의 미래 가치보다는 인천 홍보 영상을 만드는 것에 가까워지는 것을 느꼈다. 그래서 우리 조는 우리가 찍을 신기시장과 월미도를 계획대로 찍되 영상 앞에 인천공항에서 찍은 영상을 담고 나레이션으로 인천공항이 현재 많은 이용객들이 이용하는 이유를 설명하고, 향후 어떻게 더 발전될 공항인지를 설명하는 방식으로 영상을 제작하기로 계획했다. 이렇게 인천공항의 발전될 전망을 설명하고 앞으로 인천공항의 환승객들이 비행기 환승을 기다리는 동안 가볍게 관광을 할 수 있는 효율적인 여행 영상을 만드는 것으로 영상 계획을 수정했다.

우리는 수정된 계획대로 영상을 찍기 위해 콘티를 각각 자신이 원하는 방향으로 짠 다음 각자 짜온 콘티를 공유해 마음에 드는 것을 골라서 뽑힌 것들을 모아 콘티를 완성하기로 했다. 하나의 영상이 5분 정도의 길이가 되는 걸로 목표로 잡고 앞에 1분 30초 정도를 인천공항의 발전 계획을 넣고, 나머지 3분 30초 중 2분을 신기시장을 찍고 마지막 1분 30초 정도를 월미도 영상을 찍는 것으로 계획했다.

우리 조는 이렇게 대략적으로 정해진 콘티를 가지고 어떤 모습을 촬영하여 영상에 채워 넣을 것인지 줌 미팅을 통해 서로 의견을 내놓는 시간을 가졌다. 그 결과 우리는 처음 영상에 넣을 인천공항은 제1터미널과 2터미널을 모두 촬영해 인천공항이 지금까지 발전해온 모습을 보여주고 앞으로도 발전될 공항이라는 것을 설명하기로 했다. 그리고 인천공항 내부에 있는 여러 예술 조형물과 한국의 전통을 가진 예술 조형물도 같이 촬영하여 영상에 잠깐 소개하는 것으로 정했다.

다음으로 찍을 신기시장은 우리가 가장 관심을 가지고 주목한 엽전을 신기시장에서 직접 사용하여 물건을 구매하는 모습을 촬영하기로 했다. 그리고 한국 전통음식을 단순히 찍는 것 말고도 우리가 직접 먹는 장면을 넣어 좀 더 몰입감을 주는 영상을 찍기로 했다. 도한 신기시장에 있는 한국 전통체험관에서 한국 전통공예를 우리가 직접 만들어 보는 영상을 촬영하여 한국 전통을 체험할 수 있다는 것을 영상에 담으려고 했으나 전통체험관이 코로나로 인해 운영하지 않아 촬영할 수 없었다.

마지막으로 찍게 될 장소였던 월미도는 월미도의 바다의 경관을 좀 더 아름답게 찍을 수 있게 노을 시간에 맞춰 가기로 계획하였고 월미도의 재밌는 놀이 체험과 외국인이 재미있게 관광할 수 있는 곳을 촬영하기로 하며 우리의 첫 번째 주제 콘티를 완성하게 됐다.

그러나 우리는 계획했던 바에 있어 예상치 못했던 문제에 봉착하게 되었는데 인천공항 촬영 허가에 관한 문제였다. 당연히 인천공항에서 자유롭게 영상을 촬영하는 것이 가능할 줄 알았으나 먼저 인천공항을 촬영한 다른 조가 인천공항에서 영상을 촬영하던 중 촬영 허가 없이 촬영하는 것이 안돼서 영상을 찍지 못했다는 사실을 알게 되었다. 우리 조의 주제가 인천공항 환승여행인 만큼 인천공항을 꼭 촬영해야 했기에 우리에게는 예상하지 못했던 큰 문제였다. 이 문제를 해결하지 못하게 되면 아예 새로운 주제를 다시 만들어 계획해야 하는 상황이었기 때문에 꼭 해결해야만 했다. 그렇게 의논한 결과 인천공항을 우리가 계획했던 만큼 자세하게 촬영하는 것이 아닌 인천공항 밖에서 전체적으로 인천공항을 찍고 안에서도 대략적으로만 영상을 찍기로 했다. 대신에 나레이션을 좀 더 자세히 설명하여 영상의 부족한 점을 채우기로 했다. 이렇게 인천공항 환승여행의 촬영 계획을 마무리했다.

인천공항의 모습

신기시장만의 특색

코로나 19로 인해 인천의 많은 시장과 테마파크에 손님이 줄었다. 인천공항을 방문하는 많은 환승객들이 비행기 환승을 기다리는 시간에 한국에 놀러 오지 않아도 한국의 문화를 간단하게 엿볼 수 있고 이를 통해 인천이라는 도시가 발전할 수 있는 두 가지 효과를 내기 위해 환승여행이라는 주제를 소개하기로 했다.

신기시장은 1975년에 문을 열었다. 골목길에 120여 개의 가게가 늘어선 아담한 전통시장으로 인천국제공항과 지리적으로 가

신기시장의 신기통보

깝다. 또한 신기시장은 가격표시제 시범시장으로 외국인들이 쉽게 구분할 수 있는 업종별 간판이 있어 외국인들이 이용하기 편리한 시장이다. 신기시장에는 한 개당 한국 돈 500원 가치로 신기시장에서만 통용되는 신기통보가 있는데 이 신기통보를 가지고 신기시장 내의 먹거리와 주전부리들을 구매할 수 있다. 신기통보는 조선시대 상평통보를 본떠서 만든 엽전으로 외국인 이용객들에게 특별한 경험과 함께 조선시대의 화폐를 보여줄 수 있다.

또한 시장에는 한국의 전통음식인 막걸리, 송편, 다양한 종류의 전

과 부침개 등등을 먹을 수 있다. 지금은 코로나 19로 인해 운영하지 않지만 다시 코로나 이전 시대로 돌아가게 된다면 신기시장 내에 있는 전통 공예 체험관에서 한지공예, 자개공예, 민화채색 등 다양한 공예품들을 만들어 보며 한국의 전통문화를 체험해 볼 수 있다. 체험을 할 때에도 신기통보로 체험료를 지불 할 수 있기에 색다른 재미를 느낄 수 있다.

월미도의 볼거리와 놀거리

월미도에서는 월미도를 순환하는 국내 최장 도심형 관광모노레일인 월미바다열차가 있다. 월미바다열차를 타고 월미도의 경치를 구경할 수 있다. 또 월미도 테마파크에서 다양한 놀이기구를 타거나 뽑기, 불꽃놀이 등과 같은 체험을 해볼 수 있다. 환승객들이 오게 되면 정말 시간 가는 줄 모르고 즐길 수 있는 테마파크이다.

월미도에는 또 월미공원이 있다. 월미공원은 외국인 환승객들이 꼭 한번 들렸으면 하는 곳이다. 월미공원 안에는 월미 문화관이 있는

월미도 풍경들

데 한국 음식을 체험해볼 수 있고 한국의 전통 혼례에 대해 정보를 얻고 직접 체험해 볼 수도 있다. 또한 시청각 자료를 통해 한국의 전통 악기와 그 소리를 체험해 볼 수 있고 역사적 자료들을 두루 살펴볼 수 있다.

월미공원 내에서 볼 수 있는 부용지의 미니어처 형식

월미공원 안에는 조선시대 옛 정원 양식을 재현해 놓은 한국전통공원이 있는데 궁궐정원, 별서정원, 민가정원 이 세 가지 정원으로 구성되어 있다. 이 세 가지 정원 안에는 실제 국내 각 지역의 명소들을 그대로 미니어처 형식으로 옮겨다 놓아서 관광객들이 실제로 한국 각 지역의 명소들을 방문하지 않아도 분위기를 느껴볼 수 있다. 또 월미공원 안에서 제기차기, 팽이치기, 구슬치기, 비석치기 등 한국의 전통놀이들을 직접 체험해 볼 수 있다. 그리고 월미공원 정상에 올라가면 테마파크, 인천대교와 영종대교까지 모두 조망할 수 있는데 일몰 시간에 맞춰서 가면 아름다운 일몰을 볼 수 있다.

월미공원 입구

밤거리가 예쁜 월미공원

3 스마트 시티 송도와 스마트 시티

주제 선정 이유

우리 조가 영상을 제작하면서 큰 난관에 부딪힌 적이 있었는데 그 난관이 바로 주제를 정하는 것이었다. 이 이유는 먼저 우리 사업의 포괄적인 주제는 인천의 미래 가치였지만 우리는 주제를 잡는데 있어 '미래'라는 관점에 치중하여 생각하다 보니 주제를 잡는데 어려움이 있었다. 제일 고민이 되었던 문제를 말해보자면 "과연 우리가 제대로 된 견해를 가지고 미래를 전망할 수 있을 것인가", "우리가 정한 주제가 아직 보이지 않는다면 미래 가치에 대한 것을 어떻게 영상으로 담아낼 것인가"과 같은 여러 고민들을 많이 하게 됐다. 그래서 인천의 여러 도시, 축제, 자연 지형 등을 찾아보며 고민을 많이 해보면서 우리는 미래에 대해 너무 어렵게 생각하지 말고 우선 인천이라는 도시가 발전할 수 있도록 도움이 되는 가치 있는 것들을 찾아보았다. 그래서 우리는 자연스럽게 기술이 빠르게 발달되고 있는 도시를 찾아보게 되었다.

우리가 찾는 적합한 도시가 바로 송도였고 그래서 송도 중에서도 앞으로 가치가 있을 만한 지역을 집중하여 조사를 하기 시작했다. 조사를 하는 과정에서 송도의 개발이 생각보다 폭이 넓은 것을 알게 되었다. 그래서 우리는 포괄적인 송도의 도시를 영상에 담을 것인지 아니면, 송도 도시 중에서 특정 부분을 집중적으로 설명하는 내용을 영상에 담을지 고민했다. 그리고 그보다도 주제를 정하기에 앞서 송도에 대해 제대로 조사해 본 다음 송도의 구체적인 주제를 잡기로 했다. 그래서 조원들 모두 송도에 대해서 조사를 하여 각 자신이 조사

240

한 내용을 줌 미팅을 통해 공유하였다. 조사하며 대략적인 송도의 이미지와 현재 개발 상태와 전망 등을 알게 된 결과 우리가 내린 결론은 송도를 설명하는 동영상은 이미 많으니 송도의 특정 서비스, 특정 건축물을 선정해서 좀 더 구체적으로 설명하는 것이 더 나을 거 같다는 생각을 했다. 그래서 우리는 송도의 아이모아 서비스와 바이오 기업에 대해 설명하기로 정했다.

촬영 계획

우리가 촬영하기로 했던 주제인 송도의 스마트 모빌리티 서비스 그리고 바이오 산업단지의 촬영계획은 인천공항 환승여행보다는 순조롭게 진행 되었다. 우리가 정한 아이모드와 바이오의 산업단지의 주제를 어떻게 촬영할지 고민하며 조사를 진행하던 중 아이모드 외에도 아이모드와 비슷한 맥락인 아이트립, 아이오더와 같은 스마트 모빌리티 서비스를 송도에서 이용할 수 있음을 찾았다. 그래서 우리는 아이모드를 소개하면서 아이모아, 아이오더를 같이 소개해 이 세 가지를 모두 영상에 담기로 했다.

아이모드와 아이모아를 이용해 혼잡한 출근 시간에 대중교통을 보다 효율적으로 이용할 수 있음을 보여주고 송도 내의 교통이 불편한 지역에서도 편리하게 이용할 수 있음을 보여주기로 했다. 또한 아이오더를 통해 음식을 대기하지 않고 미리 주문하여 픽업하는 장면을 순서대로 넣기로 했다. 그리고 영상에서 출퇴근 시간에 혼잡한 대중교통의 문제점을 아이모아와 아이모드가 효율적으로 완화할 수 있다는 것을 영상에서 강조하기로 하였다. 그리고 아이모드와 같은 시스템 사용법을 잘 모르는 사람들이 많기에 사용법 또한 우리가 직접

해보고 설명하는 모습을 영상에 담기로 했다.

다음으로 송도에서 개발 중인 바이오를 설명하는 것은 이미 개발된 건물과 개발 중인 공사현장을 찍어 지금까지 어떻게 개발이 되어왔으며 앞으로 어떻게 개발이 될 것이지 설명하는 방식으로 영상을 찍기로 계획했다. 그리고 송도 바이오를 설명하는 영상에 아이모아를 이용해 바이오 단지 내에서 이동하는 장면을 넣어 아이모아의 편리성을 다시금 한번 알 수 있도록 촬영하기로 계획했다. 따라서 두 번째 주제인 송도 영상의 진행 순서는 아이모드와 아이오더를 직접 이용하는 것과 이용방법 설명을 하는 내용을 먼저 넣고 그 다음으로 송도 바이오의 현재 상황과 앞으로의 전망을 설명하는 방식으로 영상을 찍기로 계획했다.

송도의 아이모드, 아이모아, 아이오더

송도는 대한민국 1호 경제자유구역으로 지정되어 있으며 대한민국 1호 경제자유구역답게 2030년까지 개발된 1~7공구를 포함해 총 11공구까지 개발을 계획하고 있다. 인천시는 2020년부터 2022년까지 송도, 영종을 포함한 인천 지역 몇 군데에서 교통 혼잡, 주차, 환경 등 도시문제를 해결할 수 있는 다양한 스마트 모빌리티 서비스 모델을 발굴하기 위한 단계적 실증을 추진하고 있다. 여기에는 I-MOD(아이모드) 버스, I-MOA(아이모아), I-ORDER(아이오더) 등이 있다.

I-MOD(아이모드) 버스란 스마트폰 앱으로 차량을 호출하는 수요 응답형 버스이다. 스마트폰 앱으로 승객이 원하는 버스정류장으로 차량을 호출해 버스노선과 관계없이 가고 싶은 버스정류장으로 이동할

수 있는 새로운 개념의 스마트 모빌리티 서비스이다. 송도국제도시에서는 도시형 운영모델의 효율적인 실증을 위해 상대적으로 교통이 불편한 신규 입주지역인 송도2동, 4동, 5동에서 총 8대의 I-MOD(아이모드) 버스가 운행되고 있다.

아이모드 버스

I-MOA(아이모아)는 인공지능이 탑승자를 연결해주는 합승택시로 합승을 통해 이동속도 개선과 요금 감면 효과를 높이고 안전과 편의성을 개선한 새로운 스마트 모빌리티 서비스이다. 지능형 합승택시 운영 방식으로는 운영 지역 내 합승이 가능한 '단거리 합승 서비스'와 1+1 합승 방식으로 승객 당 운송요금의 30%를 할인받는 형태의 '합리적 서비스', 실명인증을 통해 동성 간 합승만 허용하고, 앞·뒤 지정좌석제로 운영되는 '안심 택시 서비스'를 제공하고 있다.

I-ORDER(아이오더) 서비스는 이동 중 이용 가능한 사전 주문·결제 서비스로 교통수단을 이용하는 중 앱을 이용하는 동안 음료·식사 메뉴를 주문·결제하고, 도착 후 대기 시간 없이 사전 주문 메뉴를 픽업하거나 매장에서 즐길 수 있다. 현재 아이오더 가맹점은 영종과 송도의 I-멀티모달 운행지역을 중심으로 70여점이 있으며 음식점과 카페

가 주를 이루고 있다. 인천시는 계속해서 가맹점 수를 확대해 나갈
예정이다.

아이오더 서비스

이렇게 교통 혼잡뿐만 아니라 주차, 환경 등 도시문제를 해결할 수
있는 다양한 스마트 모빌리스 서비스를 지금보다 더 넓은 범위에서
더 효율적으로 운영할 수 있게 된다면 인천이라는 도시가 발전하는데
큰 기여를 할 수 있을 것으로 보인다.

송도의 바이오

인천시는 아이모드와 같은 스마트시티 사업 뿐만 아니라 뉴딜 정책
을 추진하고 있다. 인천을 세계적 바이오 클러스터로 조성하는 것이
인천시가 추진하고 있는 뉴딜 정책 중 하나인데 인천경제자유구역에
위치한 송도는 국제공항과 항만이 인접해 있고, 바이오산업 최대 성
장 시장인 중국과도 가까워서 최적의 바이오산업 클러스터 입지 조건
을 갖추고 있다.

현재 송도에는 약 60개의 바이오 기업이 밀집해있다. 송도에는 한

국을 대표하는 바이오 기업이자 전 세계 바이오의약품 생산설비 규모 3, 4위를 기록하고 있는 삼성바이오로직스와 셀트리온이 입주해 있으며, 2022년에는 SK바이오사이언스까지 본사를 착공하기로 되어 있어 한국의 바이오 big3가 모두 송도에 들어오게 된다. 또한 송도에는 여러 바이오 기업들이 모여 있어 시너지 효과를 낼 수 있고 국내외 유명 대학들이 밀집해 있어 바이오 기업과의 유기적인 협력이 용이하다.

삼성바이오로직스는 현재 공사 중인 최대 규모의 제4공장에 이어 송도에 제5공장, 제6공장을 증설할 예정이고, SK바이오사이언스는 2022년 본사 착공과 함께 송도에 백신 연구개발 시설을 착공하기로 했다. 또 송도의 세계적인 바이오 기업 셀트리온은 2023년에 6만리터 규모의 바이오 의약품 제3공장을 준공할 예정이다. 제3공장이 완공되면 셀트리온은 기존 1, 2공장의 19만 리터와 합쳐 연간 생산량 25만 리터의 생산시설을 확보한다. 추가로 20만 리터 규모의 제4공장과 복합 바이오타운을 건설할 계획이다. 가까운 수도권에 위치한 기업뿐만 아니라 타지역의 바이오 기업이나 창업을 준비하는 신생기업들도 송도로 입주하려고 하고 있다.

현재 증설 공사 중인 삼성바이오로직스

송도에 입주해있는 셀트리온

코로나 이전에 크게 각광받지 못하던 바이오산업이 코로나로 인한 백신의 중요성이 대두되면서 바이오산업의 중요성이 커졌고 동시에 크게 각광받고 있다. 국내뿐만 아니라 세계 최대 규모의 바이오 의약품 생산기지를 통하여 송도의 바이오산업이 인천이라는 도시의 발전에 크게 기여할 수 있을 것이다.

4 촬영 속 숨겨진 에피소드

(1) 촬영 첫날 조원들끼리 모여 촬영을 시작하려던 찰나 문제가 발생했다. 촬영한 영상이 제대로 촬영/저장되었는지 확인을 할 수 없는 것이었다. 촬영 시작 전부터 생각지 못 한 난관이 닥쳐 많이 당황스러웠다. 하지만 시간을 더 이상 지체할 수 없었기에 카메라로 촬영은 하되, 혹시 모르니 각자의 휴대폰으로 촬영을 하기로 하였다. 촬영 이후 메모리카드를 확인해 본 결과 영상은 저장돼있지 않았다. 메모리 저장 공간이 없어서 촬영한 영상이 저장되지 않은 것이다. 하지만 다행히 휴대폰으로 찍은 사진과 영상들이 있기 때문에 재촬영하지 않아도 되었다. 만약 그때 카메라 문제를 무심코 넘어갔더라면 신기 시장을 다시 촬영해야 하는 아찔한 상황에 봉착했을 것이다.

(2) 신기시장을 촬영하면서 한국 전통음식을 중점적으로 찍었다. 카메라를 들고 여러 가게들을 찍으니 여러 상인들이 우리가 무엇을 찍는지 많이 궁금해 하셨다. 떡 가게에서 알록달록한 떡을 촬영하던 중 떡가게 사장님이 자신의 가게를 홍보를 많이 해달라며 서비스를 왕창 주셨다. 그래서 우리는 서비스로 받은 떡과 산 떡을 맛있게 먹었

다. 또 신기시장에서 가게 음식을 촬영하고 있을 때 가게 사장님께서 촬영하고 있으면 손님들이 많이 온다며 좀 더 오래 찍다가 가라고 하셨던 기억이 난다.

(3) 신기시장에서 한국 전통음식을 직접 먹어보는 장면을 영상에 담기로 계획했기 때문에 어떤 음식을 사서 먹어볼지 고민을 하고 있었다. 고민을 하던 와중 맛있는 냄새를 풍기는 전 가게가 우리 눈에 들어왔고 우리는 아무 고민 없이 전을 먹는 장면을 촬영하기로 결정했다. 마땅히 먹을 장소가 없어 고민하던 우리를 사장님께서는 시장 안쪽에 위치한 작은 가게로 안내해 주셨고 우리는 얼떨결에 테이블에 마주 앉게 되었
다. 이왕 가게에서 편하게 전을 먹게 된 김에 막걸리도 함께 주문하기로 하였다. 따뜻한 전 한 입, 그리고 막걸리 한 모금을 번갈아가면서 먹으니 생각했던 것보다 훨씬 맛있었고, 전통시장에서만 느낄 수 있는 매력에 매료된 것 같았다. 우리는 전 가게에서 막걸리와 전을 먹으며 처음으로 서로에 대해 알아가며 두런두런 여러 얘기를 나누었다. 우리의 예상보다 전의 종류가 훨씬 많았고, 맛도 있었기 때문에 우리나라를 환승하는 환승객들에게 진심으로 추천해주고 싶었던 음식이었으며 관광지였다.

(4) 월미도에서 어두워지기 시작하면서 폭죽을 터트리는 사람들이 점점 늘어났다. 우리는 밤하늘에 밝게 피어오르는 예쁜 폭죽들을 보

며 폭죽을 터트리는 장면을 꼭 영상에 담아야겠다고 생각했다. 즉석으로 폭죽 촬영을 계획했고 바로 폭죽을 구매했다. 라이터 또한 구매해야 했지만 한 번만 쓰고 버리는 게 아까워 구매하지 않고 사람들이 모여 폭죽을 터트리는 곳에서 빌리기로 하였다. 라이터를 빌리기 위해 라이터를 가진 사람을 찾았는데 웬걸 많은 사람들이 이미 라이터를 한 사람에게 빌리고 있었다. 우리도 마찬가지로 줄을 서서 라이터를 빌렸던 웃긴 에피소드이다.

(5) 월미도에서는 최근 넷플릭스 오징어게임에 나와 화제가 되었던 달고나 뽑기가 많이 있는 것을 볼 수 있었다. 전통놀이인 달고나 뽑기를 직접 체험하기로 하였다. 사장님께서는 직접 달고나를 만들어 보라고 자리를 비켜 주셨다. 그래서 우리는 한 명씩 각각 자신의 달고나를 직접 만들어 보는 체험을 했다. 생각보다 어려웠으나 어려운 만큼 재미있었다. 달고나를 다 만든 후에 조원들과 함께 뽑기를 했다. 4명 중에 3명은 다 뽑기에 실패하고 까오루高露님 혼자 뽑기에 성공해 상품을 받아 간 것이 기억에 남는다.

(6) 월미도를 촬영하다가 저녁쯤에 월미공원을 가게 돼서 어둡지 않을까 걱정했었다. 그런데 막상 도착했을 때 월미공원의 어둑한 하

늘에서 단풍진 모습을 보니 오히려 더 아름다워서 좋았다. 그리고 사람들도 거의 없어서 영상을 찍기 훨씬 수월했기 때문에 우리는 공원의 거리를 마음껏 보고 영상도 편하게 찍을 수 있었다. 또 월미공원에 대해 조사할 때 월미공원 안에 실제 국내 각 지역의 명소들을 그대로 미니어처 형식으로 옮겨 놓았다는 정보를 보고 조원들 모두 기대를 안고 있었는데 실제로 월미공원에 가서 미니어처 형식으로 옮겨 놓은 각 지역의 명소들을 보니 각 지역의 명소들을 가보지 않더라도 그 분위기를 느낄 수 있었다.

(7) 송도 바이오시티를 촬영하던 중 다음 촬영지를 촬영하러 가기 위해 택시를 탔는데 우리가 있던 곳이 한창 공사 중인 바이오단지 근처여서 어쩌다가 이런 곳까지 오게 됐냐고 택시 기사님이 궁금해하셨다. 우리가 인천대학교 학생이며 지금 촬영하고 있는 주제에 대해 기사님께 말씀드렸고, 기사님도 흥미가 있으신지 주제에 대해 같이 얘기했던 기억이 있다. 또 택시 안에는 안마기가 있었는데 기사님이 우리에게 안마기를 사용하도록 해주셨다. 우리는 안마기가 있는 택시는 처음이라 모두 신기해했다. 촬영으로 피곤해진 몸을 안마기로 피로를 풀며 이동해서 좋았었다.

5 특성화 사업을 마무리 하며

고은비

개개인의 역량이 출중한들 단합하지 않는다면 50%도 보여줄 수 없다. 좋은 팀원들을 만나 프로젝트 활동을 성공적으로 끝마칠 수 있었다고 생각한다. 하지만 '영상 결과물에 만족하냐?'고 묻는다면 100% 확신을 가지고 '만족한다'라고 대답할 수 없다. 영상에 대한 아쉬움이 많이 남는 프로젝트였다. 하지만 본 프로젝트의 결과물은 '인천의 가치 동영상' 단 하나라고 생각하지 않는다. '단합'과 '역할 분담의 중요성'이라는 결과물을 얻었다고 생각한다.

프로젝트를 진행하는 과정이 순탄했다고 한다면 그건 거짓말이다. '인천의 미래가치'라는 방대한 범위 속에서 영상의 주제를 정하는 일은 생각보다 어려웠다. 주제를 정하는 데만 족히 한 달이 걸렸을 정도였다. 한 달이 넘는 시간 동안 매주 하루, 요일을 정해 팀원들과 '줌'이라는 '화상회의 플랫폼'을 통해 회의를 진행했다. 한 달이라는 시간 동안 하나의 주제를 가지고 일주일에 하루 한 시간씩 팀원들과 이야기를 나누는 일은 '단합'이라는 가치를 알게 하였다. 영상 기획 과정을 거치며 '역할 분담의 중요성'에 대해서도 깨달았다. 촬영/편집, 기획이라는 역할이 분명하게 나누어져 있었지만 영상 기획 과정에서 뚜렷하게 역할의 구분이 드러나지 않았다. 충분한 역량을 지녔음에도 본 프로젝트에서 개개인의 능력이 충분히 발휘하지 못하게 되어 너무 아쉽게 생각한다. 팀 활동은 각자 개인의 역할 안에서 최선을 다해야 한다고 생각했기 때문에 '역할 분담'의 착오는 개인적으로 굉장히 아쉬웠다.

하지만 아쉬운 점만 있는 건 아니었다. 앞서 본 프로젝트에 참여한 이유에도 언급했듯이 학과 학우들과 중국인 유학생 친구를 알게 됐다는 점만으로도 충분히 의미 있는 활동이었다. D팀의 팀원들 3명을 알게 됐다는 점이 이번 프로젝트에서 얻은 또 하나의 결과물이라고 생각한다. '환승여행'에서 첫 번째로 소개하는 '신기시장'을 촬영하는 과정에서 메모리 카드의 문제로 영상이 녹화가 안 되는 일이 발생했다. 촬영본이 전부 날아가는 사고였다. 하지만 팀원들의 빠른 대처로 팀원들의 핸드폰 카메라로 촬영한 영상을 활용할 수 있었고 무사히 영상을 제작할 수 있었다. 실수해도 괜찮다는 분위기를 조성해 주어서 더 편하게 촬영, 편집할 수 있었다. 프로젝트를 성공적으로 마칠 수 있도록 함께한 팀원들에게 감사의 인사를 전한다.

까오루

프로젝트 시작 전에는 내 생각을 표현하기에 서툰 한국어와 한국인 팀원들과 어울리는데 어려움이 있을까에 대한 걱정과 두려움이 컸다. 처음 프로젝트가 인천 동영상인 걸 보고 여행 영상처럼 가볍고 즐거운 영상인 줄 알았지만 '인천의 미래 가치'라는 방대한 주제를 촬영해야 한다는 말을 듣고 사실 많이 방황했다. 한국말에 익숙하지 않은 외국인으로서는 이해하기 힘든 심층적인 내용일까 봐 많이 걱정했다. 그래서 주제를 정할 때도 고민을 많이 했다. 인천의 미래 가치라는 주제를 어떻게 영상으로 표현할 수 있을지가 정말 큰 고민이었다. 동영상을 업로드하는 곳은 유튜브와 중국의 빌리 빌리(bilibili)라는 앱이 있었는데 평소에도 나는 이 두 앱을 자주 사용했지만 이런 주제에 대한 영상을 찾아 본 적이 없었기 때문에 우리가 찍은 영상을 보는 사람이 정말 있는지 의문도 들었다.

촬영할 때도 여러 가지 문제가 발생했는데, 처음에는 인천공항에서 촬영이 불가능하다는 문제였고 두 번째는 신기시장에서 찍은 영상이 카메라에 잘 저장되지 않아서 오랫동안 신기시장 입구에서 배회했던 상황이었다. 여러 난관들이 있었지만 이런 사소한 문제들은 우리가 함께 활동하며 느낀 즐거움에 비하면 문제가 되지 않았다. 프로젝트 덕분에 오랜만에 나갈 수 있는 것은 정말 설렜고, 팀원들과 함께 이야기를 나누며 처음으로 한국에 있다는 실감이 들었다. 팀원들과 소통하는 것은 한국어 실력 향상에 큰 도움이 됐다. 촬영하는 과정 또한 전부 재미있었지만 꼭 한 가지를 꼽자면 월미도에서 뽑기 체험을 할 때였다. 은비는 달고나 뽑기를 만드는 과정에서 이미 한번 뽑기를 깨트리고 뽑기 체험을 하기 위해 하나를 더 샀는데도 불구하고 또다시 깨져서 그 상황이 정말 웃기고 귀여웠다. 촬영을 무사히 마칠 수 있어 정말 고맙고 기쁘다.

촬영 과정에서 많은 것을 얻었지만 가장 소중한 건 우리 팀원 3명을 알게 된 것이다. 프로젝트 전까지는 한국에서의 생활이 외로웠는데 팀원 셋을 만나며 '이게 교환학생 생활이구나'라는 생각을 했다. 오랜 시간 동안 이 추억이 내 마음을 따뜻하게 해줄 것 같다. 두 번째는 이번 행사에서 한국어 의사소통 능력이 크게 향상됐다는 점이다. 팀원들과 어울리면서 말하기 연습을 많이 했고 특히 교과서에서 많이 배우지 않는 반말에 익숙해졌다.

촬영하면서 인천 송도라는 도시를 더 알게 됐고, 알면 알수록 좋아져 앞으로 이곳에서 살고 싶다는 생각이 들 정도이다. 마지막으로 담당 교수님께 정말 감사드리고 그동안 고생 많았던 팀원님들에게도 감사의 말을 전한다. 이번 프로젝트로 쌓은 경험과 추억을 소중히 간직할 것이다.

박성혁

'인천이라는 도시가 발전하기 위해 도시의 자원, 환경, 위치를 고려해 향후 인천이 살기 좋은 도시로 발전하기 위해서는 우리가 인천의 어떠한 가치에 주목해야 할까?' 라는 주제를 처음 접했을 때 많이 당황했었다. 지금은 크게 주목받지 못하지만 앞으로 인천의 미래가치가 될 만한 것을 조사하는데 매우 많은 시간과 노력이 들었다. 힘들게 조원들과 함께 주제를 정하고 교수님께 줌을 통해 피드백을 받았는데 막상 정한 주제가 건설 중이거나 건설 계획 중이라 촬영할 것이 없어서 다시 주제를 새로 정하기도 했다. 또 인천공항경제권으로 주제를 정하기도 했었는데 촬영 제한이 너무 많아서 도중에 주제를 바꾸기도 했다. 하지만 조원들과 잦은 회의를 통해 아이디어를 공유하면서 주제를 정했다.

이 특성화 사업을 통해 처음에 주제를 정하기 위해 인천의 미래가치에 관한 것들을 조사하면서 인천이 무궁무진하게 발전할 수 있는 잠재력이 있는 도시라는 것을 알게 되었고 한국의 전통시장에 대해 흥미가 생기기 시작했다. 또 아이모아 서비스라는 것을 처음 알게 되었고 송도에 바이오 기업들이 많이 들어와 있었다는 것도 처음 알게 되었다. 아이모드와 같은 서비스는 송도에 살고 있는 친구들도 모르는 서비스라 내가 알려주고 있다. 힘들었지만 우리가 주제를 정하고 자료 조사, 촬영, 편집, 보고서 작성을 직접 해 영상을 만들어 다른 누군가에게 소개한다는 것이 의미 있었다. 같이 특성화 사업을 하면서 한국어를 이해하기 어려웠을 텐데도 불구하고 엄청 적극적으로 참여해주고 번역에 큰 도움을 준 까오루님, 영상을 촬영하고 시험기간에 편집하느라 고생하신 은비님, 나와 같이 기획하느라 고생하신 희정님께 감사하다는 말을 전하고 싶다.

한희정

특성화 사업을 하면서 느낀 여러 가지의 생각과 경험들을 얘기해

보자면 먼저 나는 우리 조의 동영상 주제를 정하는 게 가장 어려웠다. '인천 미래 가치'에 부합하는 주제를 찾으려다 보니 생각보다 너무 광범위한 주제였다. 그래서 어떻게 효율적으로 우리가 원하는 방향으로 주제를 좁혀 나갈 수 있는 것인지, 그리고 주제에서 '미래'를 나타내는 관점을 우리가 어떻게 조사, 전망 그리고 촬영을 하여 영상에 나타낼 것인지 많은 난관이 있었다. 그런 까닭에 우리는 많은 시간을 줌을 통해 토론을 했었다.

처음에는 진전이 되는 느낌이 들지 않아 힘든 점이 있었으나 시간이 흐르면서 자연스레 우리 조만의 영상 제작 방향을 잡아 나갔다. 이렇게 어려운 난관을 조원들과 같이 헤쳐 나가면서 든 생각은 비대면 토론도 한계가 있다는 것을 느끼게 되었다. 그 느낌을 나는 촬영을 위해 실제로 조원들이 처음 모였을 때 비로소 비대면 토론이 거리감이 있었다는 것을 알게 되었다. 실제로 만나보니 다들 나와 같이 비슷한 또래에 비슷한 생각을 가지고 살아가는 한 명 한 명의 대학생이었다는 것을 너무 당연하지만 다시금 인지하게 되었다. 그래서 나는 우리 조원들과 좀 더 친근하게 다가 갈 수 있었다.

그리고 이들과 촬영하는 과정에서 인천공항 촬영 허가 문제, 카메라 문제로 인해 찍히지 못 한 동영상들, 문을 닫아 찍지 못한 곳 등 계획대로 진행이 안 된 부분이 예상보다 더 많았다. 하지만 이런 예상 외의 일들이 있었기에 나는 더욱 중요한 교훈을 알게 되었다. 내가 세상을 살아가면서 스쳐 지나오며 본 모든 것들이 보여지는 것보다 훨씬 더 많은 노력을 통해 나왔다는 사실을 알게 되었다. 이를 통해 나는 간단해 보이는 모든 것들이 다 하나하나 사람의 노력을 통해 나온 결과물이기 때문에 나 또한 이런 세상 속에서 살아가기 위해 많이 발전을 해야겠다는 생각을 했다.

살기 좋은 도시,
살고 싶은 인천

김한아[1] 박예나[1] 신유림[1] 이채은[1] 추려경邹丽琼[3]

1 첫 번째, 우리의 시작

김한아

프로젝트를 시작하기 전 엄마의 따끔한 충고를 들었다. 나태해지지 말아라. 그 말을 듣고 양심에 가책을 받았다. 그 후 어떻게 방학을 지내면 좋을지 고민했다. 학과 SNS에 방학 프로그램에 대해 많이 올라왔었다. '내가 과연 이 프로그램들을 책임감 있게 해낼 수 있을까' 하는 자신에 대한 의문이 있었다. 하지만 나중에 학교생활을 하기 위해 한 번쯤은 해봐야 하는 활동이라 생각했다. 그렇게 학교 프로그램 중 2개를 지원하게 되었고 인천 미래 가치 영상 제작 프로젝트에 참여하게 되었다.

처음에는 인천의 미래 가치라는 말이 혹하게 했던 것 같다. 나는 청주에 살아서 인천이 정말 국제도시인지에 대한 궁금증이 있었고 필자의 미래를 위해 인천에서 대학을 졸업하고 직장을 구한다면 삶의 질이 향상될 것으로 오래전부터 생각했었다. 좋은 취지로 프로그램에 참여하게 되었다. 참여를 결심하고 단체 SNS에 들어간 순간 상당히 많은 인원이 참여해서 놀랐다. 그뿐만 아니라 많은 인원의 아이디어가 모인다면 폭발적인 영향력을 펼칠 수 있겠다는 생각도 들었다. 하지만 당시 코로나19로 인해 영상 촬영이나 회의가 어떻게 진행될까 하는 의문도 들었다. 그래도 나름 대학교에서의 첫 활동이었기 때문에 설렘도 있었다. 그 후로는 이 프로그램을 전적으로 학생들이 주도해 나가고 중국의 사이트에 올려 인천을 알려야 했기에 긴장감을 가지고 활동에 임했다.

박예나

코로나19가 길어지면서 캠퍼스 생활은 기대할 수도 없었을 뿐더러 학교에서 진행하는 다양한 활동에 참여할 기회가 적었기 때문에 처음 이 프로젝트를 시작하면서 가진 마음은 아마 다들 '이 시국에 뭐라도 해보고 싶다'는 마음이었을 것이다. 프로젝트 오리엔테이션 당시 교수 님께서도 코로나 상황이지만 학생들이 무언가 서로 의논하고 소통하 며 말 그대로 협업하는 그 자체를 강조하셨기에 해당 프로젝트는 학과 측에서나 학생 측에서나 같은 마음으로 시작했을 것으로 생각한다.

초반에는 순조로운 듯했다. 팀 선정이 되었고, 우리 팀은 중어중국 학과 1학년 4명에 중국인 유학생 1명으로 이루어진 팀이었기에 누구 나 그렇듯 조금은 어색하지만 1학년에 걸맞은 나름의 열정으로 자주 비대면 회의를 하고 SNS로 이야기를 주고받았다. 하지만 첫 시작이라 고 볼 수 있는 주제 선정이 굉장히 힘들었다. 특히나 가장 많이 고민 했던 부분이 '대학에 와서 이렇게 단순한 생각으로 이야기를 전개해 도 될까?' 하는 점이었다. 실제로 단순한 주제를 생각해냈다기보다도 각자의 생각에 다들 확신이 없어 보였다. 개인적으로는 대학에 와서 해본 것이 별로 없어서 더 고민했던 것 같다. 이것 말고도 각 조원의 시간을 맞추는 부분이나 직접 만난 적이 없어서 서로 소통이 잘 안 되었던 점 등, 따지자면 다양한 고민거리들이 존재했지만, 걱정할 즈 음 불쑥 '팀'이라는 든든한 조건이 자연스럽게 해결책이 되어주었다.

신유림

대학교에 들어와서 수업 중 조별 활동이 아닌 다른 하나의 프로젝 트에서 조의 일부가 되어 활동하는 것이 처음이라 복합적인 감정을 느꼈다. 현재 코로나 상황으로 학교에 한 번도 가지 못했던 터라 다른 사람들과 만나 함께 과제물을 완성한다는 것에 설레기도 했다. 하지만 전혀 모르는 사람들과 잘 어울려서 협동하여 원활한 조별 활동을 할 수 있을지 걱정이 많았다. 그래도 내가 직접 지원해서 시작한 활동인 만큼 잘 마무리하고 싶었다. 조가 편성되고 조원을 확인했을 때는 그래도 수업에서 본 이름들이 있어서 반갑기도 했다.

나는 주제 정하기까지 시간이 좀 소요됐다고 생각한다. 인천에서 오랜 시간 동안 살아왔지만, 인천의 미래 가치에 대해서는 한 번도 생각해본 적 없기 때문이다. 조원들과의 회의에서 인천의 미래 가치에 대한 핵심 단어들을 먼저 생각했다. 처음에는 방향 잡기가 어려웠다. '이런 부분도 이번 프로젝트 주제에 부합한다고 볼 수 있을까?'라는 생각이 많이 들었다. 그래도 조원들과 몇 번의 회의를 거쳐 어느 정도 우리만의 주제와 영상에 들어갈 내용의 큰 틀이 만들어지기 시작했다. 역시 '팀'의 존재는 이런 것이 아닌가? 함께 고민하고 협업해 결과까지 달려나가는 것이다. 다시 한 번 더 잘해야겠다는 생각을 했다.

이채은

원래 영상 편집하는 것을 좋아했기 때문에 과에서 인천 미래 가치 영상 프로젝트 공지가 내려왔을 때부터 많은 관심이 있었다. 영상을 팀으로 만들어 본 적은 이번이 고작 두 번째이기 때문에 스스로 잘할 수 있을지 걱정이 되면서도 어떤 영상을 다 같이 만들게 될지 기대가 됐다. 또한 주제를 처음 알게 되었을 때, 단순히 인천을 소개하는 것이 아닌 미래 가치를 다루는 것이 의미 있다고 느껴졌다. 나에게 인천은 굉장히 생소한 곳이었고 프로젝트 공지가 내려왔을 당시에 기숙사에 있기는 했지만 대면 수업이 없어 학교 건물 안으로 들어가 본 적도, 동기를 만난 적도 없었기 때문에 인천이라는 장소를 제대로 경험해 보진 못한 상태였다. 기숙사 입사 전에는 인천에 가본 적도 없었다. 그렇기에 내가 생각한 '도시의 미래 가치'라는 정의는 어느 정도 형태를 이루고 있었지만 '인천에 그런 곳이 있을까?'라는 생각이 먼저 들었다. 그리고 반년 동안 진행하는 프로젝트이기 때문에 시간에 쫓기지 않고 수월하게 일을 마무리할 수 있을 것이라는 생각이 어렴풋이 들기도 했다.

추려경

인천 미래 가치 영상 제작에 참여할지에 대한 고민이 많았다. 하지만 졸업할 예정이었기에 마지막으로 의미 있는 활동을 함으로써 추억을 쌓고 싶다는 생각에 참여하게 되었다. 비대면 방식으로 팀 활동에 처음 참여해봤다. 활동하기 전, 팀원들과 만나는 것이 기대됐고 한편으로는 신기했다. 활동을 잘 해내는 것도 중요하지만 팀원들과 잘 지내고 협동하는 것이 더 중요하다고 생각했다. 처음 만나 본 팀원들은 성격이 다 좋아 내 걱정이 필요 없었다.

2 두 번째, 인천 미래 가치 탐구의 시작 : 살고 싶은 도시

인천에 대해 한 가지 알고 가자면, 인천은 광역시 중 유일하게 수도권에 위치한다. 현재도 경제자유구역 조성 사업으로 3개 지구의 국제도시가 개발사업 진행 중이며 IT·BT의 첨단 지식 및 서비스 산업의 글로벌 거점, 복합 레저 관광도시, 국제 금융·유통 중심지로서의 개발에 중점을 두어 도시를 재편하고 있다. 이렇게 국제도시의 발판을 만들어감으로써 인천은 무궁무진한 가능성을 보여준다. 지리적 위치를 강점으로 해수와 인간의 조화를 인천의 미래 가치로 어떻게 만들지에 대한 문제가 인천시의 숙제가 아닐까 싶다.

인천이 경제·교육 등 여러 분야에서 더 성장하여 미래에 인천을 밝게 빛낼 수 있는 많은 가치가 인천의 미래 가치라고 생각한다. 우리가 생각하는 것뿐만이 아닌 인천에서도 미래 가치로 여기고 중요하게 생각하는 것으로 보고, 처음부터 차근차근 인천 미래 가치에 대해 생각해보았다. 조사해보니 인천에서 지원하는 8대 전략 산업이라는 플랫폼을 알게 되었다. 항공, 첨단 자동차, 로봇, 바이오, 물류, 관광, 뷰티, 녹색 기후 금융이라는 8개의 키워드가 주어졌다. 조원들은 8개의 키워드 중에서 인천의 가치라 여길만한 것을 선택하기로 했다. 조원들 각자 자신들이 생각하는 인천의 가치에 관해 이야기를 나누어보았다. 그중 물류에 관해서 인천의 가치를 알리면 좋을 것 같다는 다수의 의견을 모아 첫 번째 주제를 물류의 중심 인천이라고 정하게 되었다. 두 번째 주제를 찾기 위해 인천이 현재 도시 발전을 위해 가진 전략에 대해서 찾아봤다.

두 번째 주제는 '시민과 바다' 쉼이 있는 삶 · 2030 인천 바다 이음이라는 인천시의 사업추진 목표 및 전략에 주목했다. 이를 바탕으로 개방적, 재생적, 상생적, 보전적, 국제적으로 총 5개의 해양친수도시와 녹색을 결합하여 '쉼이 있는 인천'이라는 주제를 정하게 되었다. 추가로 문화재 공간을 인천 시민들의 삶에 어우러지게 하여 하나의 문화공간으로 조성한 장소를 찾아 인천의 가치를 모색해보고자 하였다.

첫 번째 주제는 '물류를 중심으로 한 국제도시'이다. 인천은 대형 기업체와 공업단지, 항만, 항공 등으로 다른 지역보다 국제도시로서의 발돋움이 되어 있는 도시라고 생각했다. 물류와 해양관광을 선도하는 복합가치 공간인 인천항은 국내 2위 항만으로 도약하였고 초대형 크루즈가 접안 할 수 있는 인프라 구축, 글로벌 물류 기업이 입주하고 싶은 배후단지 개발 및 운영을 통해 세계적인 항만으로 성장하고 있다. 그렇기에 인천항을 공고히 한다면 인천지역의 사회적 경제조직이 사회적 가치를 창출할 수 있다 생각했다. 그뿐만 아니라 인천항과 관련해 인재를 양성하는 인천대학교의 동북아국제통상학부에 대해 소개해 널리 알린다면 인천의 미래 가치를 더욱 공고히 자리매김할 기회라 여겼다.

두 번째 주제는 해양친수도시와 녹색을 결합한 쉼이 있는 삶과 문화재를 활용한 공원을 결합해 '쉼이 있는 녹색도시'로 결정했다. 앞서 언급했듯이 인천시의 사업추진 목표 및 전략에 주목해 바다와 인접한 인천의 특징을 살리고자 했다. 쉼이 있는 녹색도시 인천에는 근린공원이 많이 형성되어 있다. 즉, 근린거주자 또는 근린생활권으로 구성된 지역생활권 거주자의 보건·휴양 및 정서 생활의 향상에 기여하는 근린공원이 곳곳에 형성되어 있다는 것이다. 조원들과 줌 회의를 하며 첫 번째로 떠오른 장소였고 많은 사람들이 알다시피 인천의 근린공원 하면 떠오르는 공원이 하나 있을 거라 생각된 곳이 바로 송도 센트럴파크이다. 송도 센트럴파크는 국내 최초로 바닷물을 이용해 만든 해수 공원이자 한국의 지형적 특성을 살린 도시공원으로 인공수로에는 수상 택시, 카누 등 수상 레저 시설이 갖춰져 있다. 공원 곳곳에서는 다양한 문화와 예술을 만끽할 수 있어 명실상부 송도의 랜드마크이자 휴식공간이 될 만하다. 우리 조원들이 본 센트럴파크는 밤낮이 달라 낮과 밤의 각각 색다른 아름다움을 볼 수 있었다. 그뿐만 아

니라 지하철에서 나와 도보로 갈 수 있는 거리에 있기 때문에 자차를 이용하지 않아도 대중교통으로 쉽게 갈 수 있다는 점이 또 하나의 장점이다.

두 번째 장소는 과거의 역사적인 공간이 현재 시민 생활과의 공존을 통해 역사적 가치를 보여주는 능허대지이다. 이곳은 백제시대 때 중국으로 가는 배의 선착장이 있었던 자리이다. 현재는 인천광역시 기념물로써 자리를 지키고 있다. 능허대지를 촬영하기 위해 가보았던 영상 2팀은 상당히 놀랐다. 그 이유는 정말 이런 곳에 있을까 하는 생각이 들 만한 장소에 있었기 때문이다. 정말 평범한 아파트 사이에 산책로와 공원으로 조성되어 있었다. 시민들이 산책할 수 있는 산책로도 마련되어 있었으며 한때는 드넓은 바다로 둘러싸였을 능허대에는 작은 정자와 연못만이 남아있었다. 그나마 연못에는 인공폭포와 분수대를 조성해 놈으로서 볼거리도 있었다. 하지만 아쉽게도 1960년대 매립으로 인해 능허대 주변의 해안과 수려했던 풍광은 사라졌다고 한다. 그렇지만 현재의 능허대에 올라가 공기를 한 번 내뱉으며 살기

바쁜 현대 사회 속의 쉼을 잠깐이라도 느낄 수 있었다.

팀은 1팀, 2팀으로 나누어 자료 조사와 촬영을 진행했다. 팀은 처음에 비슷한 주제를 언급한 조원끼리 구성했다. 1팀은 '물류의 중심 국제도시'의 두 번째 주제인 '쉼이 있는 녹색도시' 팀이다. 자료 조사는 각자 1팀과 2팀의 조원들 간에 조사 후 줌을 통해 회의를 진행하고 영상에 필요한 장면들을 구상해 촬영하는 형식으로 진행됐다. 1팀에는 인천이 국내 무역 및 물류 통상의 핵심 지역으로 거듭나기 위해 밟아온 길을 무역을 중심으로 알아보아, 국제도시로서의 위상을 공고히 한 인천의 물류 중심지적 가치를 전달하고자 하였다. 또한, 인천은 어떠한 교육을 통해 미래의 글로벌 인재를 양성하는지 궁금증을 풀어볼 수 있는 영상을 제작하는데 힘을 기울였다. 2팀에서는 쉼이 있는 녹색도시로 발전하고 있는 인천의 푸른 가치에 대해 중심적으로 탐구해보고자 하였다. 결과적으로 시민들에게 '쉼'이 있는 삶을 가능케 함으로써 분주한 현대 사회의 생활에 활력을 불어넣을 기회를 제공하고자 한다.

3 세 번째, 살고 싶은 도시의 조건 : 물류와 녹색

세계를 통하는 길, '물류 : 대한민국의 물류 중심지 인천

'재화가 공급자로부터 조달·생산되어 수요자에게 전달되거나 소
비자로부터 회수되어 폐기될 때까지 이루어지는 운송·보관·하역 등
과 이에 부가되어 가치를 창출하는 가공·조립·분류·수리·포장·상
표부착·판매·정보통신 등을 말한다.' 이는 〈물류정책기본법〉 제2조
에 명시된 물류의 정의이다. 국토교통부에서는 물류 효율의 향상이
물류비를 절감하여 기업의 경쟁력을 높이고 물가 상승을 억제한다고
말했다. 즉, 단순히 개인이나 기업의 차원을 넘어 국가 경제에 큰 영향
을 끼친다는 것이다. 생산비를 줄이는 것은 어느 한도가 있지만 물류
의 경우 관리혁신으로 크게 줄일 수 있다. 특히 우리나라는 무역 의존
도가 높아 수출화물의 가격 경쟁력이 물류비에 의해 크게 움직이기에
중요한 것이 바로 '물류'이다. 이러한 점에서 최근 물류에 관해 국가적
으로 '글로벌 공급망', '스마트 물류 시스템' 등의 이야기가 나오는
것이다. 최근 코로나 백신에 대해서만 생각해보더라도 다양한 백신의
움직임이 모두 물류와 연관되어있다. 아니, 멀리 볼 것 없이 당장 눈앞
에 보이는 많은 것들이 (직접 수확하거나 만든 것이 아닌 이상) 물류
라는 과정을 거쳤다고 할 수 있겠다.

영상 1팀은 영상 내용에 관한 논의 당시 인천을 대표하는 키워드로
'물류'를 이야기했음을 앞서 말했다. 물류는 위의 정의대로 다양한 것
을 포함하는 말이다. 그리고 그 다양한 과정 중 대부분을 인천의 공업
단지들과 인천공항, 인천항 등이 수행하기에 해당 키워드를 생각한
것이었다. 하지만 인천과 물류는 다소 지루한 조합이라고 생각될 수

있다. 국제공항이 생긴 이래로 인천과 물류는 떼어놓고 보는 것이 더어색할 정도였기 때문이다. 인천과 공항, 물류는 굉장히 유명한 조합이었고 믿음직했다. 그렇기에 오히려 영상 제작에 있어 장점으로 작용할만한 것이 부족했다. 영상 1팀은 다들 아는 내용을 다시 말하기보다 들어봤던 이름을 영상을 통해 다시 꺼내보기로 하였다.

과거부터 현재까지의 물류를 보는 곳, 인천항

영상 1팀에서 선정한 첫 번째 장소는 인천항이다. 인천의 옛 지명은 미추홀이다. 물의 도시, 바닷가의 마을이라는 뜻의 이 말은 인천이 과거부터 해상활동을 펼치기에 적합하여 해상교통에 엄청난 역할을 한 장소였다는 점에서 그 유래를 찾을 수 있다. 개항 전에는 해금정책, 쇄국정책 등 국외와 소통하기 힘든 상황이었기에 국내 연안 운송을 인천이 맡았다. 개항하자 급격히 국제항으로 성장한 인천항은 1907년 한국무역총액의 50%를 차지하고 1910년에서 1939년까지 총 무역액이 40배로 성장, 최초의 이중 갑문식 도크(배의 건조나 수리, 혹은 짐을 적재 및 하역하는 데 쓰이는 시설. 선거라고도 함)를 완공하는 등 급격한 성장을 맞이하였다.

물론 한국전쟁으로 인해 인천항이 한동안은 그 형체를 알아볼 수 없을 정도로 파괴된 적이 있었다. 하지만 경제개발 5개년 계획 등 대한민국의 다양한 국가사업 등으로 인천항은 차근차근 회복해나갈 수 있었다. 현재 인천항은 내항, 남항, 북항, 신항 등 부두시설 및 계류시설, 국제·연안여객터미널, 배후단지, 크루즈터미널로 구성되어있다. 원자재 화물을 주로 취급하며 빠른 물자 조달이 가능한 여건을 지닌 북항, 우리나라 최초로 생긴 컨테이너 부두인 내항, 다목적 만능 부두로 떠오르는 남항, 다른 지역과의 적극적 교역 증대의 목표를 가진 신항, 세계에서 가장 큰 크루즈를 댈 수 있는 크루즈터미널까지 갖추고 있는 곳이 바로 인천항이다. 지금 인천항은 항만의 효율성, 균형적 성장을 위해 노력하며 대형화, 자동화, 선진화를 추구한다고 말한다. 더불어 단순한 항만 기능만 키우는 것보다도 국제여객, 크루즈, 배후 단지 등을 개발하고 원활한 물류 흐름을 새로 마련하는 것이 목표라고 한다.

그렇다면, 이러한 인천항의 어떤 부분에서 물류적 가치를 발견할 수 있었던 것일까? 1팀은 과거를 보면 미래도 알 수 있다고 생각하였기에 인천항의 물류적 가치를 파악하기 위해서 인천항의 역사를 들여다보았다.

위에서 이야기했던 '미추홀'이라는 이름의 유래부터 시작하여 고대 비류세력의 남하와 그가 인천을 도읍으로 삼은 이유 중 하나가 해상교통에 유리한 지리적 조건 때문일 것이라 말하기도 한다. 백제 이래 대중국 교류 창구였던 인천의 모습도 과거 해상교통의 요충지로써 활약했던 인천에 대해 알 수 있는 부분이다. 또한 한강 유역과 함께 삼국시대의 인천이 영토 쟁탈의 중심에 있었다는 역사를 보면 더욱 인천의 지리적 장점을 실감하게 된다. 또 신라의 외교에 많이 쓰인 항로가 인천의 항로인 것으로 짐작한다는 점, 이후 일제강점 당시 일본 또한 인천의 정치적 군사적 가치를 알아채고 인천을 제국주의의 공간으로 바꾸는 것 등도 역사를 통해 볼 수 있는 인천의 가치이다.

이러한 역사를 거쳐 현재의 인천항에서 찾을 수 있는 가치도 있다. 인천항은 중국과 매우 가까이 있다. 중국은 매우 급속도로 성장했고 현재도 성장하고 있기에 이 상황에서 앞으로 중국과의 교역이 더욱 증대된다면 인천항은 진정한 거점 항만으로 위상을 드높일 수 있을 것이다. 또한 미래의 인천항은 과거 항만에만 초점을 맞추던 시각을 버리고 레저산업이나 해양관광 등에도 더 큰 역할을 수행하게 될 것이기에 전과 다른 새로운 물류 흐름과 질 높은 서비스, 엄청난 부가가치를 지닌 동북아 물류 중심항으로 거듭날 수 있을 것이다.

이러한 인천항의 가치를 지금까지의 현황으로도 실감할 수 있다. 인천항은 컨테이너 물동량 사상 첫 100만 TEU 달성에 성공하였으며 최근 국제여객과 연안 여객이 증가해 2019년에는 인천항 개항 이래 최초로 상반기 100만 명의 여객터미널 이용객이 있었다고 한다. 국제 여객의 경우에는 집계 당시, 지난해 같은 기간보다 21만 2천명이 증가 하고 연안 여객의 경우 6만 1천 명이 증가했다. 우리가 실감하지 못하는 동안에도 인천항은 발전하고 있다. 무엇보다 코로나로 인해 침체된 세계 경제 가운데 2021년 12월 한 신문 기사에 따르면 인천항 물동량이 5년 연속 300만 TEU를 돌파하여 코로나에도 끄떡없는 모습을 보였다고 한다.

이와 같이 인천의 물류는 인천의 지리적 위치와 인천항이라는 특별함이 많이 발전시켜왔고 또 발전의 계기를 마련하고 있다. 하지만 이러한 진보의 발판 앞에서 중요한 것이 하나 더 있다.

현재와 미래의 물류를 책임지는 곳, 인천대학교

영상 1팀의 두 번째 장소는 인천대학교이다. 갑자기 웬 인천대학교, 특히 대한민국에는 대학교가 수도 없이 많은데 왜 굳이 인천대학교일까 하는 생각이 들 수 있으리라 본다. 하지만 인천대학교가 누구보다 자신있게 이야기할 수 있는 것이 있다. 바로 물류와 무역을 위한 미래 인재를 양성하는 곳이라는 점이다. 다양한 국제 학생을 받아들이는 것도 장점이라고 할 수 있겠지만 이야기하고자 하는 바는 '동북아국제통상학부'에 대한 것이다.

동북아국제통상학부는 1997년 시와 정부의 지원을 받아 현재는 특성화대학으로 설립된 학부로, 해당 학부에서는 동북아를 둘러싼 세계 통상환경과 이에 대한 동북아 각국의 통상현실 및 통상정책 등을 학습하고 미래의 통상전문가 양성을 목표로 한다. 현재 학석사 통합과정과 외국인 대상으로 한국통상과정을 신설한 것은 물론 2004년 이후부터 국내 최초의 물류전문대학원을 통해 국제수준의 물류 전문가 양성의 역할을 수행하고 있다. 이외에도 다양한 활동 지원으로 국내외 통상전문가를 양성하는 이 학부는 경제, 통상분야의 대표적인 특성화 학부가 되었다.

단순히 발전해온, 발전하는 인천에서 앞으로 '발전할' 인천이 되게 해줄 것은 위와 같은 인재 양성의 동력이다. 이렇듯 인천은 인천항 발전과 물류 관련 인재 양성의 무한한 가능성으로 '물류'라는 가치가 과거에서부터 미래까지 이어지는 도시이다. 이런 인천을 설명하는데, 어떻게 물류가 빠질 수 있겠는가?

살기 좋은 도시, 녹색 더하기

아파트 건물들을 빽빽하게 세우기에 급급했던 예전과 달리, 현대에는 아파트 단지 속과 주거지 근처 공원의 유무가 중요한 요소로 자리잡았다. 도시민들은 삶의 질 향상에 관심을 가지고 도심 속의 자연친화적인 모습들을 필요로 하기 시작했다. 회색빛만 가득했던 도시에도 녹색이 필요한 시대라고 볼 수 있다. 또한 살기 좋은 도시란 도시의 정체성인 역사를 잊지 않으면서도 현대화에 발맞춰 경관을 발전시

키는 것이고 주민 참여적인 문화까지도 개발하는 도시이다. 도시 속
자연 친화적인 공간을 조성해 시민들에게 여유를 주는 것도 도시의
중요한 요소이다. 청라국제도시에는 청라호수공원 등 6개의 공원이
조성되어 있고, 송도국제도시에는 13개의 공원이 조성되어 있다. 이
를 통해 인천에도 청라, 송도 등의 도시가 생겨나는 과정에서 공원이
중요하다는 인식이 빠지지 않았다는 것을 알 수 있다. 역사와 녹색
공간의 융합과 함께 더욱 살기 좋은 도시로 발전하는 것은 나아가
미래의 인천을 밝게 빛낼 가치이다. 이것이 우리 조원들이 생각한 '푸
른 가치'이다. 푸른 가치는 녹색 공간을 통해 사람들에게 쉼을 제공해
삶의 질을 올릴 수 있는 도심 속 잊어서는 안 될 중요한 요소이다.
이러한 이유로 이번 조원들과의 회의를 통해 영상2에서 소개할 장소
를 능허대지와 센트럴파크로 정했다.

능허대지, 역사와 쉼의 가치 더하기

능허대凌虛臺는 삼국시대
백제가 근초고왕 27년(372년)
처음으로 중국에 사신을 파견
한 이래 중국으로 가는 우리나
라의 사신들이 출발했던 나루
터가 있는 곳이다. 지금의 연

수구 옥련동 일대이다. 능허대의 '凌虛'의 표현은 '허공을 가르다'라
는 뜻으로 중국에서는 위진시대(220~420년) 이래, 우리나라는 조선 전
기 이래 사용하였다. 이 표현은 특히 조망이 좋은 냇가와 호수 주변

의 누각이나, 절경의 해안가에 많이 붙여졌다. 이때 사신들이 중국 가는 배를 탔던 곳이 바로 능허대 밑의 한 나루였다.

백제 사신들이 배를 내어 중국으로 향하던 능허대는 우리나라가 바닷길을 열어 외국과 교류한 역사상 최초의 지점이자 중국과의 바다를 통한 최초의 교류처라는 역사적인 장소이다. 당시 한반도의 정세는 삼국(백제·고구려·신라)이 서로 적대관계에 있었고, 중국 대륙 내에서도 남북조가 서로 대립하고 있었다. 이러한 상황에서 남조와 통교하던 백제는 고구려를 거쳐야 하는 육로를 이용할 수 없었기에 능허대를 이용했다. 능허대가 있던 자리는 중국에서 온 사신들이 귀국할 때 배가 출항하기를 기다리기에도, 그들을 배웅하는 백제의 관원들이 멀어져가는

배를 지켜보기에도 좋은 위치였다. 현재 능허대지는 간척사업으로 아파트와 유원지가 개발되어, 도심 한가운데 자리 잡고 있다. 현재 이곳에는 1955년에 세운 능허대지 표석과 1988년에 조성한 작은 정자와 연못이 있으며, 연못에는 인공폭포와 분수대가 있다. 또한 이에 맞추어 '능허대문화축제'를 만들어 주민들에게 문화 활동을 제공했다. 이축제는 '해상교류와 세계 문화 중심의 고대 능허대와 인천 신앙을 잇

다'라는 주제로 개최되었다. 해당 축제는 백제 사신 퍼레이드, 주민 참여 뮤지컬 등 주민 참여형 축제이다. 많은 아파트가 세워진 도심 속에 깊은 역사를 잊지 않을 수 있으면서 주민들이 이용할 수 있는 공원이 조성됨으로써 녹색을 더했다고 할 수 있다.

송도 센트럴파크, 도심 속 푸른 가치 더하기

국내 최초로 바닷물을 이용한 해수공원이자 한국의 지형적 특성을 살린 도시공원이다. 인공수로에는 수상 택시, 카누 등 수상 레저 시설이 갖춰져 있고 공원 곳곳에서 다양한 문화와 예술을 만끽할 수 있는 송도의 랜드마크이자 휴식공간이다. 센트럴파크 구경거리는 8경으로 나눠볼 수 있다. 1경은 수상 택시이다. 센트럴파크의 중심을 가로지르는 해수 위에서 공원의 경관을 조망할 수 있다. 이외에도 카누, 문보트 등의 수상기가 마련되어 있다. 2경 철쭉동산은 다홍색과 분홍색의 조화로 이루어진 동산으로 5월에 가장 아름답다. 3경은 경원재 앰배서더호텔이다. 빌딩 숲 속에서 전통미를 뽐내는 5성급 한옥 호텔이다.

4경 호수교 석양은 호수교에서 바라보는 석양 한 폭의 그림과 같다. 5경 지구촌의 얼굴은 세계 120개 나라를 상징하는 탈로써 각 나라의 고유한 민족 정서를 반영한 대표적인 상징물이다. 공원 내에서 가장 높은 조형물이다. 6경은 야경으로 여러 포토존 중 하나이다. 7경 사슴 농장은 도심 속에서 사슴을 볼 수 있는 곳이다. 현재는 코로나바이러스 확산으로 운영이 되지 않고 있다. 마지막 8경 송화정 달빛은 밤에 달빛과 함께 보면 더욱 아름답게 빛나는 장소이다. 송도 센트럴파크는 시민들이 살기 좋은 도시로 발전하고 있는 인천의 푸른 미래 가치에 적합한 장소이다. 또한 근린공원으로써 시민들에게 '쉼'이 있는 삶을 가능케 해 생활에 활력을 불어넣는다. 주변 녹지가 어우러져 회색 빌딩이 밀집한 도시 분위기를 녹색도시로 탈바꿈해주는 도심 속 시민의 낙원이다.

능허대지와 송도 센트럴파크를 통해 현대 도시 속 녹색 공간의 중요성을 다시 한 번 깨달았다. 높은 아파트들이 빽빽하게 자리 잡아 답답함이 느껴지는 도시가 아닌 공원과 같은 녹색 공간을 더해 도시민들의 삶의 질 향상에 도움을 주는 것도 중요하다. 현대에는 도시 생활 속 공원이 필수 요소라고 생각한다. 인천은 앞에서 언급한 송도 국제도시와 청라국제도시에 조성한 공원들처럼 녹색 공간들이 증가하면서 시민들이 살기 좋은 도시로 발전하고 있다. 또한 도심 속 역사적 의미를 살려 능허대지와 같은 더욱 뜻깊은 장소를 만들었다. 이러한 공간들로 도시민들에게 '쉼'이 있는 삶을 가능하게 함으로써 생활에 활력을 불어넣을 수 있다. 인천의 푸른 가치를 위한 녹색공간은 시민들이 살기 좋은 도시로 발전시킬 수 있고 미래에 더욱 빛날 수 있는 중요한 가치가 될 것이다.

4 | 네 번째, 다사다난했던 우리의 발자취

영상 1팀

시나리오 및 줄거리

영상 1은 인천을 명실상부 대한민국의 대표 물류 도시로 떠오르게 한 인천항의 역사 및 현황을 보는 과정을 통해 그 속의 가치인 물류를 보여준다. 이후 그러한 물류의 새 역사를 써내려가는 원동력이 될 새로운 물류 인재 양성의 중심지 인천대학교와 동북아국제통상학부에 대해 이야기한다. 이 영상에서 강조하고자 했던 내용은 우리가 잊고 지냈지만, 과거부터 인천은 통상의 중심지였다는 점과 그에 큰 역할을 했던 것이 인천항의 오랜 걸음이라는 점이다. 또 앞으로도 이러한 역사와 새로운 인재 양성을 토대로 더 크게 성장할 인천임을 보여주고자 함이었다. 기획하던 영상의 분위기는 세련된 느낌의 인천이었는데 생각보다는 단순한 분위기로 연출되었으나 만족스러웠다.

밑에 추가한 것은 해당 영상의 시나리오(방대한 분량으로 인해 생략된 부분 있음)인데 실제로는 시간의 제약으로 내레이션을 줄이거나 촬영본의 한계로 생략된 장면도 있다.

인천항 모습(직접촬영)

자막(괄호 혹은 자막효과 등)	영상 혹은 사진	나레이션 혹은 효과음
(타이틀 띄우기) # 인천 (글자 크게, 등장 강조) # 어떤 곳인지 아시나요? (다양한 인천 관련 키워드들 중앙에서 바깥 방향으로 던져지듯 흩어지기, 글자 다양한 크기 및 색) # 이 모든 것들이 인천이지만 # 잘 알지는 못했던 인천의 가치를 찾아서 # 인천의 과거 현재 미래의 모습을 누구보다 깊이 지닌 # 인천항 (키워드 흩어졌을 때 '인천항' 키워드가 있던 자리에서 나타났으면 좋겠어요. 강조되는 색으로, 점점 텍스트 커지며) # 인천이 명실상부 대한민국의 대표 물류도시가 될 수 있었던 이유, # 인천항(큰 텍스트, 색 강조) # 인천의 가치를 깊이 지닌 인천항,	검은 화면에 자막만 띄운다.	웅장한 배경음악
# 그곳으로 함께 떠나봅시다	자막 3초 정도 유지 후 검은 화면과 인천항 앞에서 찍은 영상 디졸브(영상은 카메라 손으로 가렸다가 뗀 후 카메라에 손인사하면서 카메라 점점 멀어져 인천항 전경까지 보여주기)	위에서 쓰이던 배경음악 차차 줄이기
(여기서부터 자막은 편집 과정에서 나레이션 및 사진, 동영상 진행 시간에 맞게 작업해주시면 될 듯합니다.) # 인천의 옛 지명, 미추홀 # 물의 도시, 혹은 바닷가의 마을	인천 개항장 주변 과거 사진 혹은 그림	인천의 옛 지명은 미추홀로, 미추홀 彌鄒忽은 '물의 도시' 혹은 바닷가의 마을이라는 뜻입니다.

274

자막(괄호 혹은 자막효과 등)	영상 혹은 사진	나레이션 혹은 효과음
# 긴 해상교통의 역사를 지닌 요충지 인천. (이 아래 글은 작은 글씨로 부탁드립니다.) ex : 고대 비류 세력이 남하한 인천, 백제 이래 대중국 교류창구로서 쓰인 인천, 삼국시대 때 영토쟁탈전의 한 가운데 위치한 인천 등	인천의 지형 나타내는 사진 혹은 과거 인천에서 무역 등을 하던 그림	인천은 그 지형이 서해로 둘러싸인 작은 반도로 곳곳에 만이 발달해 있어 해상활동을 펼치기에 적합했기에 과거부터 동아시아의 해상교통에 큰 역할을 한 장소입니다.
# 1883, # 강화도조약에 의해 인천항 개항	강화도조약 관련 사진 혹은 개항 당시 사진	그런 인천은 제국주의 침략을 위한 전략적 성격을 띤 일본과의 1883년 강화도조약에 의해 개항되었습니다.
# 국제항구도시 인천, # 인천항의 1907년 한국무역총액 50% 달성	인천항 20세기 초 사진	개항 후 외국과의 무역이 증가하면서 인천은 국제항구도시로 급속히 변모 및 성장하였고 1907년에 이르러 인천항은 한국무역총액의 50%에 이르는 국제항으로 성장하였습니다.
#1910~1939 #인천항 총무역액 약 40배 신장	인천항 20세기 초 사진 바탕으로 성장했다는 그래프(일러스트 같은 느낌) 삽입	1910년에서 1939년에 이르는 30여 년간은 인천항의 총무역액이 약 40배로 신장되기도 하였습니다.
# 1918 # 조수 간만의 차에 상관없이 선박의 입·출항, 접안 및 하역이 가능한 최초의 이중 갑문식 도크 완공	이중 갑문식 도크 사진	1918년에는 조수 간만의 차이에 상관없이 선박의 입·출항과 접안 및 하역을 할 수 있는 최초의 이중 갑문식 도크 또한 완공되었습니다.
# 해방 직후의 인천항 = 수입의 최전방 # 1946, 한국 총수입의 94% # 1948, 85% # 1949, 88% # 수도의 관문도시 인천, 산업 물자의 조달항 인천항.	20세기 중반 인천항 사진 및 성장 그래프(이런 부분들이 조금 싱거우면 인천항 배경으로 서 있다가 양쪽으로 손(몸 W자로 해서)내미는 영상 찍은 다음에 양쪽 손 위에 영상효과로 그래프 넣어도 괜찮을 것 같아요. 마무리는 엄지 척! 하면서 끝내는 등의⋯)	해방 직후에는 인천항이 수입항으로써 더 활발히 역할을 수행했는데요, 1946년에는 한국 총수입의 94%, 1948년에는 85%, 1949년에는 88%를 차지하는 등 압도적으로 높은 비중을 차지할 정도였습니다. 해방 후 생산이 위축된 상황임에도 인천이 수도의 관문도시로써, 각종 산업물자의 조달항으로써 얼마나 그 역할을 톡톡히 수행했는지 알 수 있는 부분입니다.

자막(괄호 혹은 자막효과 등)	영상 혹은 사진	나레이션 혹은 효과음
# 6.25로 인한 피해, 그러나 (이 자막은 빠르게 영화크레딧 올라가듯 슈루룩 보여주는 게 어떨까요) # 1973~1978 제1단계 인천항 개발사업 - 갑문방파제, 항만도로 포장 등의 시설보완 # 1973 내항 제4부두에 민간자본을 유치, 우리나라 최초 컨테이너 전용 취급시설 완공 # 1981~1985 제2단계 인천항 개발사업 - 내항의 일부 부두 안벽 연장 및 석탄부두 조성, 컨베이어 시설, 기중기 등 하역설비 보강. 양곡전용부두, 싸이로시설, 제8부두 등의 건설	한국전쟁, 인천항 개발과정 사진 5장 정도 넘기는 방식	이후 인천항은 6.25로 인한 시설 파괴로 잠시 그 걸음을 멈출 수밖에 없었지만 이내 이같이 개발 사업 등으로 빠르게 다시 그 역할을 되찾았습니다.
# 한국 - 중국 간 교역 증가 → 중국과 가까운 지리적 특성 → 경제자유구역 지정 및 항만물류단지 확충 활발히 진행 등의 여건	인천과 중국 모두 담긴 지도 사진, 그 위에 지리적 외교적 여건 표시해두기	이와 같이 발전해온 인천항은 중국과의 교역이 증가하면서 지리적으로나 외교적으로 인천만의 독특한 여건이 형성됨으로써 인천항의 위상을 더욱 높일 수 있는 전기를 맞이하고 있습니다.
# 연간 300만 TEU 이상의 물동량 # 국내 2위 항만 # 세계적인 항만을 향한 도약 (세 자막이 나레이션 타이밍에 맞게 딱 딱 나오면 좋을 것 같습니다.)	현재 컨테이너 쌓여있는, 수입출하는 사진, 신항 사진, 개발 중인 배후단지 사진(영상이나 사진 직접 찍게 된다면 인천항의 규모를 보고 놀란 듯한 표정, 몸짓(우와~ 같은 거)으로 찍어도 되겠네용)	현재는 연간 300만 TEU 이상의 컨테이너 물동량을 처리하는 국내 2위 항만으로 도약하였고, 초대형 크루즈가 접안 할 수 있는 인프라 구축과 글로벌 물류기업이 입주하고 싶은 배후단지 개발 및 운영을 통해 세계적인 항만으로 성장하고 있습니다.

자막(괄호 혹은 자막효과 등)	영상 혹은 사진	나레이션 혹은 효과음
# 인천항 only 물류, (위 자막 only에 엑스표시 딱 나오면서) # and 관광!	인천항 관련 영상(물류 관련된 곳(컨테이너 같은 거?)을 찍고 있으면 한 명이 카메라에 대고 손짓하면서 여객터미널 매표소로 카메라맨을 데리고 가는 듯한 연출도 괜찮을 것 같아요.)	한편, 인천항은 물류 이외에 관광 면에서도 크게 발전하고 있는데요.
# 국제여객 항로 개설 # 2011 국제여객 100만 시대	한국과 중국 왕복하는 국제여객 항로 표시된 이미지	한국과 중국을 왕복하는 10개 국제여객 항로를 개설하여 2011년에는 국제여객 100만 시대를 열었습니다.
# 2019년 상반기 여객터미널 이용객 100만 명 돌파	인천항 여객터미널 관련 사진(여객터미널에서 매표하는 듯한, 혹은 배 타러 가는 듯한 사진 찍어도 되겠습니당)	2019년 6월까지 인천항 여객터미널 이용 여객을 분석한 결과 1백만 2천 명으로 인천항 개항 이래 최초로 상반기 100만 명을 돌파한 것으로 집계되었습니다.
# 해상교통 서비스 제고	연안 도서지역 관련 항로 표시된 이미지 혹은 예매처 관련 사진	이외에 연안 도서지역을 오가는 12개 항로를 운영하여 도서민 등 이용객의 해상교통 서비스 제고에 기여하기도 하였습니다.
# 해양문화관광단지로 발전하는 인천항	인천항 관련 영상(인천항 배경으로 자연스럽게 대화 혹은 놀고 있는 사진도 괜찮겠네용)	앞으로도 인천항은 글로벌 해양관광 거점으로 도약하기 위하여 건설된 국제여객터미널, 크루즈터미널 그리고 골든 하버와 함께 바다와 도시가 공존하는 신개념 해양문화관광단지로 거듭날 것입니다.
# 미래 인재를 양성하는 인천	인천항, 인천공항 등 인천 대표하는 사진들 콜라주	국내 물류의 중심지로 떠오르는 인천, 그 뒤에는 인천항, 인천공항도 있지만, 해양무역을 위한 미래 인재 양성이라는 동력도 있는데요,

자막(괄호 혹은 자막효과 등)	영상 혹은 사진	나레이션 혹은 효과음
#1년간의 해외 무상 유학 어학연수 프로그램 #3개국의 외국어 교육 현지문화를 아우르는 지역 연구학 경제학 및 통상 이론·실무	해외 유학 혹은 어학연수 관련 이미지, 외국어 일러스트, 국제 학습 관련 이미지 콜라주	이와 같은 프로그램을 통해 국제통상분야에 집중함으로써 국립인천대학교는 물론이며 경제·통상 분야의 대표적인 특성화 학부로 자리매김하였습니다.
#학·석사통합과정 외국인 대상 한국통상과정 국내 최초 물류전문대학원 #국제 수준의 물류전문가 양성	동북아국제통상학부, 대학원 관련 사진, 영상 등 첨부	현재는 학·석사통합과정과 외국인 대상으로 한국통상과정을 신설한 것은 물론 2004년 이후부터 국내 최초의 물류전문대학원을 통해 국제 수준의 물류전문가 양성이라는 중요한 역할을 하고 있습니다.
#인천의 #가치 (네온사인처럼 깜빡거리다 불 들어오는 느낌)	검은 화면	인천의 가치를 찾기 위해 인천항에서부터 인천대학교까지 살펴보았던 시간

영상 제작 과정

영상 1팀은 중국인 유학생인 추려경과 기획 담당 박예나, 촬영 및 편집 담당 이채은으로 구성되어있었다. 그렇다 보니 각자의 할 일이 더 뚜렷하게 구분되는 느낌이었다. 그렇기에 기획이나 시나리오를 구성하는 데는 오래 걸리지 않았다. 하지만 역시 문제가 되는 것은 촬영이었다. 코로나로 인해 비대면 수업을 듣다 보니 각자 집이나 기숙사에서 생활했고, 당시 거리두기와 인원제한으로 팀 전체가 한 번에 만날 수도 없었다. 다행히 영상 1팀은 그나마 2명이 인천에 거주했기에 일정 잡기가 힘들지는 않았지만 촬영을 도맡아 했던 이채은은 영상 1, 2 촬영으로 꽤 먼 길을 떠나야 했다.

촬영 당시, 인천에 거주하는 사람이 둘이나 됐어도 인천항에 직접 가본 사람은 없었다. 처음 가보는 곳인데다가 비교적 한적한 곳이라 모두 열심히 지도에 검색해가며 길을 찾아갔는데, 이런 과정이 재미있었다. 이동 시간 동안 비대면으로는 잘 못 했던 이야기들을 나누고 서로 근황도 물으면서 친해질 수 있었다. 무엇보다 촬영 당시 중국 유학생 추려경과 함께 하다보니 분위기가 더욱 신선했다. 신기한 것은 다들 비대면으로만 이야기를 나누어보아서 어색할 것 같다는 생각으로 만났었는데 비대면 회의를 자주 해서 그런 것인지 생각보다 빠르게 마음이 풀어져 편하게 촬영하였다. 과도하게 편한 촬영을 한 것인지 인천항에서는 들어가면 안 되는 곳을 들어가 직원분에 의해 나가게 되기도 했던 새로운 경험도 했다. 아쉬운 점이라면 촬영 시간을 짧게 잡을 수 밖에 없었다는 점이다. 각자의 일이 있고 무엇보다 인원 제한이나 각자 거주지가 너무 다르다보니 하루 만에 촬영을 마무리해야 했다. 촬영본에 대한 아쉬움은 물론, 밥 한 끼도 같이 하지 못했다는 점이 더욱 더 아쉬웠던 듯하다.

인천대학교 모습(직접촬영)

영상 2팀

영상 촬영 과정, 스토리보드

　영상에서는 능허대지와 송도 센트럴파크의 '도심 속 역사가 담긴 쉼터'와 같은 부분을 강조했다. 처음 주제 선정 당시 인천이 지닌 가치이자 이를 통해 더 미래를 빛낼 수 있는 것에 초점을 맞췄다. 살기 좋은 도시를 떠올리며 이를 충족시킬 수 있는 요소를 생각하다가 녹색 공간, 푸른 가치를 생각해냈다. 모든 주제와 장소를 정하고 난 후 자료조사를 바탕으로 스토리보드 제작에 들어갔다.

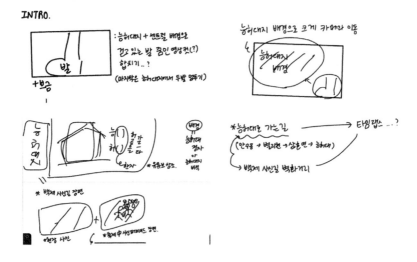

　위 사진은 능허대지 관련 스토리보드이다. 영상 촬영 전 각도와 담아야 할 부분을 생각한 후 조원들에게 설명하기 위해 인트로부터 안에 들어갈 핵심 장면들과 송도 센트럴파크로 자연스럽게 넘어갈 부분을 조원들의 이해를 도울 수 있게 그림으로 그려봤다. 처음으로 그린

스토리보드라 그린 내용이 적었고 세부적인 부분들은 직접 현장에 가서 담기로 했다. 그림에 재주가 없기에 머릿속으로 생각한 장면들을 눈에 보이는 그림으로 그려내는 과정이 어려웠다. 촬영 당일 조원 모두는 아니지만 대면으로 처음 보는 조원들이라 설레기도 긴장되기도 했다. 서로 어색할지에 대한 걱정이 가장 컸던 것 같다. 그래도 다들 밝은 성격 덕에 금방 친해질 수 있었다. 촬영 당일 날씨가 생각했던 것보다 맑지 않아서 아쉬웠다. 하늘에 구름이 적었더라면 더욱 예쁜 능허대지를 담아낼 수 있었을 것 같다.

같은 날 송도 센트럴파크도 찍기로 해 능허대지에서 담을 수 있는 장면들을 최대한 촬영하고 다음 장소로 이동했다. 센트럴파크에서는

8경을 최대한 담는 방향으로 잡았다. 역시 날씨가 아쉬운 부분이었다. 그리고 코로나와 계절상 촬영하지 못한 장소들이 생겨서 아쉬웠다.

위 사진은 송도 센트럴파크에 대한 스토리보드이다. 조사한 센드럴파크의 8경을 담기 위해 하나하나 구도를 다 생각해 그렸지만 다 담지 못했다. 특히 사슴 정원을 촬영하지 못한 것이 제일 아쉬웠다. 그리고 공원이 넓은 탓에 처음에는 길이 헷갈려서 많이 걸었다. 특히 8경 소개가 적힌 표지판을 찾으려 애도 많이 썼다. 또한 센트럴파크의 야경을 담기에는 이른 시간이라 이후에 다시 촬영했다. 센트럴파크의 야경 장면은 서로 스케줄을 맞추다 보니 계절이 바뀌고 급격하게 기온이 떨어지는 날 밤에 촬영하게 되었다. 바람도 많이 불어서 촬영하는 동안 손도 얼고 몸이 잘 안 움직여 원하는 각도로 담기지 않아서 다시 찍기를 반복했다.

5 마지막, 아쉬움과 뿌듯함 사이

김한아

체감상으로나 실제 기간으로나 긴 시간 동안 프로그램을 진행한 것 같다. 프로그램 덕분에 코로나19로 인해 만나지 못했던 동기들을 만나 신기했던 감정이 아직 남아있다. 회의를 통해 주제를 정해야 했기에 줌으로 여러 번 만났다. 줌으로 만나는 것이 자연스러웠던 우리는 실제로 만나 촬영을 하게 되었다. 줌으로는 다 말하지 못했던 대학생활에 대해서도 많은 이야기를 나눴다. 사실 프로젝트를 진행하면서 맞지 않는 시간을 맞춰 회의하기도 만나기도 쉽지 않았다. 쉽지 않은 것투성이었지만 막상 만나니 새로운 경험을 하는 것 같아 웃음이 나왔다. 주제를 정하는 과정에도 5명의 조원의 생각이 다 똑같지 않아 한 주제로 정하기도 어려웠던 것 같다. 그런데도 불구하고 조원들이 서로 배려하고 양보하는 모습을 보며 팀플레이에서 배울 점을 알아가는 것 같아 뿌듯했다. 프로젝트는 시험 기간에도 진행되었다. 촬영은 시험 기간 전에 마무리됐지만 편집을 해야 했고 편집을 하면서 부족한 부분들의 자료 조사가 시험기간에 이루어졌다. 1학년이었지만 나름대로 바쁜 1학년 생활을 한 기분이다. 또, 이 프로그램 촬영을 위해 인천 송도에도 많이 올라갔다. 촬영했던 사진이나 영상을 보면 여름부터 겨울까지의 계절이 담겨있었다. 그 긴 시간 동안 프로젝트에 임했던 우리가 대견하게 느껴졌다. 이렇게 길 줄 몰랐던 프로그램이 끝난다고 하니 시원섭섭하다. 다 끝내면 편하기야 하겠지만, 이번 연도에도 비대면 대학 생활을 하게 된다면 다시는 동기들을 만날 기회가 없을 것 같아 아쉽다.

박예나

당장은 프로젝트가 드디어 끝났다는 기쁨이 크다. 단순히 '내가 사는 곳'에서 '다양한 가치가 어우러진 도시'가 되기까지 대주제를 보고 당황했던 1학년의 어느 날에서부터 예상보다 긴 여정이었다. 단 한 번도 인천의 가치에 대해 생각해본 적 없던 5명이 모여 어느 순간 인천의 어떤 한 분야만큼은 어쩌면 잘 알고 있는 사람이 되었다는 것을 느낄 때쯤 끝난 이 프로젝트는 팀원들에게 거의 '전우애' 비슷한 감정을 남겼다.

글에 종종 드러난 고민에서 보이듯이, 처음부터 끝까지 모두 정답이었다고 하면 거짓말이다. 보고서로 해당 프로젝트를 마무리하는 지금까지 이 활동에 참여한 것을 조금이라도 후회하지 않았다고 하면 더 큰 거짓말이다. 아무것도 모르는 1학년이라는 말이 생각보다 좋은 핑계가 되어주었으며, 가깝지 않아서 편하게 하지 못했던 표현도 있었을지 모르고, 나의 시간에 쫓겨 온전히 최선을 다하지 못한 적도 있었던 것 같다. 내 시선에는 나만 뒤로 빠지는 듯 보였기에 팀원들에게 미안한 것도 많았고 누가 또 그랬다고 한들 아무 말도 하지 못하겠다. 하지만 이 프로젝트에서 얻어가는 것은 확실하다. 인천에 대한 지식과 협력의 힘에 대한 생각이다. 내가 살아가는 인천이 물류의 역사를 탄탄히 지니고 있다는 점이 머리로 알게 됐다면 팀이라는 존재가 개인의 활동에 주는 힘을 내면으로 익혔다. 여기에 긴 과정에 쌓인 친분까지 생각하면 충분히 의미있는 프로젝트였다고 생각한다. 인천에, 인천대에, 혹은 우리가 배우는 중국에 대해서 끼칠 영향은 두고 봐야 알겠지만, 나와 우리 학과에 대해서는 소중한 시간이었다.

신유림

아무래도 당시 인원 제한으로 조원들과 함께 만날 기회가 없었던 것이 가장 아쉬웠다. 줌을 통해서만 했던 회의에서 내가 전달하고 싶은 부분을 자세히 전달하지 못했던 부분도 있어서 소통에도 조금의 불편함이 존재했다. 그래도 조원들과 함께 주제를 선정하고 의견을 나누며 협동심을 발휘했기에 완성된 영상을 보니 뿌듯했다. 이 프로젝트가 처음 시작되고 조원들과 우리 조의 주제를 정하고 몇 달이 지났다. 그렇기 때문에 지금에서야 프로젝트 초반 단계를 생각해보니 면 과거인 것처럼 느껴진다. 실제로 몇 달이 지나 이처럼 느꼈을 수도 있지만 그만큼 우리 조원들이 다함께 열심히 했다는 것을 보여준다고 생각한다.

사실 영상과 우리의 영상에 대한 소개가 담겨있는 내가 쓴 이 글에서 처음 우리 조가 생각한 인천의 미래 가치에 대한 생각이 다른 사람들에게도 제대로 전달이 되었는지는 모르겠다. 우리가 생각한 것들을 하나로 모으는 것도 어려웠지만 이것을 다른 사람들에게 직접 이야기를 하는 것이 아닌 영상과 글로 압축하려고 하니 생각보다 힘들었다. 인천의 미래 가치를 생각하게 했던 이번 프로젝트를 통해 나는 내가 지금까지 살아온 인천에 대한 혼자만의 힘이 생긴 것 같다. 내가 살면서 인천을 더 자세히 들여다본 첫 번째 기회이다. 또한 긴 시간 동안 이 프로젝트에 참여해 같이 고민하고 영상까지 완성한 우리 조원들에게 고맙고 어딘가 모르게 끈끈해진 사이라 생각한다.

이채은

인천에 대해 아는 것 없이 시작한 프로젝트를 끝내면서 인천의 역사, 자연, 경제적인 부분에서 어느 정도 지식을 쌓았기 때문에 인천에 대한 공부를 한거 같은 느낌이 든다. 앞으로 인천에서 보낼 나의 생활에서 좋은 첫 단추를 꿰기 위한 발판이 되어줬다고 느껴지기도 한다.

프로젝트를 진행하며 팀이라는 것을 형성해 함께 활동하며 때로는 답답했을 순간도 있었겠지만 돌이켜보면 즐거웠던 경험으로 남아있다. 그래도 팀 활동을 하면서 내가 집단에서 행동할 때 어느 부분이 부족한지 느끼게 되었고 이 프로젝트를 마치니 앞으로 과나 다른 집단에서 하게 될 다양한 활동들에 대해 기존보다 다른 마음가짐을 가지게 되었다. 팀워크를 위해서 더욱 세심하고 적극적인 조원이 되어야겠다고 생각하기도 하고 팀원들과 직접 만나 활동할 때 스스로 컨디션 관리도 중요하다고 생각했다. 실제로 우리는 개개인이 다른 지역에 살아서 두 팀으로 나눠 각각 한 번의 만남으로 촬영을 끝냈기 때문에 내가 두 번째 촬영 때는 피곤함을 느껴 집중력이 떨어지고 촬영본에 대한 아쉬움이 많았다.

추려경

이번 촬영은 인천에 대해 더 많은 것을 알게 해줬다고 말할 수 있다. 평소에 일부러 한 도시를 알아보는 일은 없었다. 하지만 이번 기회를 통해 인천을 알아갈 수 있어 좋은 기회라 생각한다. 저도 예전에 대학을 선택할 때 도시를 먼저 생각하고 선택했다. 그때도 송도가 우리 고향 풍경과 비슷하다는 생각에 인천대학교로 오게 되었다. 물론 공항이 있다는 점도 빼놓을 수 없었다. 이번 활동을 통해 인천이 대단한 항구도시라는 것을 알게 되었다. RCEP(역내 포괄적 경제 동반자 협정)을 통해 인천이 더욱더 발전되리라 생각된다.

이름 뒤 숫자는 학년표시

조사·연구

김민주 2	김한아 1	까오루高露 1
류쉐柳雪 3	리치샹黎琪香 1	민지홍 1
박서현 4	박성혁 1	박예나 1
박지은 3	신유림 1	양가은 2
엄준서 1	오민경 1	윤서연 1
은방호殷方皓 4	이유나 4	이하늘 3
임수경 3	임지혜 1	조아진 3
짜오멍치赵梦琪 1	최지혜 4	추려경邹丽琼 3
태가영 1	한청韩晴 3	한희정 1
허지영 2		

촬영·편집

강인영 1	고은비 1	김민지 1
심보경 3	심화영 1	심희정 2
양준철 3	이덕비 2	이지원 1
이채은 1	이호윤 3	임수민 2
정다진 3		

한중 대학생이 찾아낸
인천의 미래가치

초판 인쇄 2022년 1월 20일
초판 발행 2022년 1월 28일

기   획 | 인천대학교 중어중국학과
엮 은 이 | 권기영
지 은 이 | 인천대 중어중국학과 학생들
펴 낸 이 | 하운근
펴 낸 곳 | 學古房

주   소 | 경기도 고양시 덕양구 통일로 140 삼송테크노밸리 A동 B224
전   화 | (02)353-9908 편집부(02)356-9903
팩   스 | (02)6959-8234
홈페이지 | www.hakgobang.co.kr
전자우편 | hakgobang@naver.com, hakgobang@chol.com
등록번호 | 제311-1994-000001호

ISBN 979-11-6586-435-4 03300

값: 23,000원